〈際〉からの探究：
国際研究の多様性

広島市立大学国際学部〈際〉研究フォーラム【編】

文眞堂

広島市立大学国際学部叢書　第 8 巻の刊行にあたって

　広島市立大学国際学部が 2008(平成 20)年に学部叢書シリーズを発刊して以来 8 巻目となる今回の叢書『〈際〉からの探究：国際研究の多様性』。それは、「国際政治・平和」「公共政策・NPO」「多文化共生」「言語・コミュニケーション」「国際ビジネス」という 5 つの教育プログラムを有する我が学部が、学際性という観点から教育と研究を模索し続ける中で、その成果を世に問うものです。

　学部名にも用いられる国際 (international) という言葉は、元々国家と国家の関係という狭い領域で用いられることが多かったと言われます。やがてそれは、世界のあり方が変化するに伴い、国境という壁を縦横無尽に越える、国家以外の様々なアクター(行為体)をも含んだ、トランスナショナル (transnational) な関係をも含むものと解されるようになってきました。

　もちろん、〈際〉は、国家と国家の間だけに存在するわけではありません。何かと何かが接し、ふれあい、出会う〈際〉で生み出されるのは、多様性と知的刺激に富んだ光景です。私たちはそこから何を学び取ることができるのか。本書は、そうした様々な〈際〉に触れた国際学部・国際学研究科の教員やゆかりのある研究者たちによる、自らの専門性を活かしながらも、それぞれの学問領域を乗り越えながら新たな地平に向かうという知的挑戦です。

　ぜひ一人でも多くの方々が本書に、そして広島市立大学国際学部に関心を持って下さり、ともに歩み続けるための忌憚のない御意見を賜りますよう、願ってやみません。

2018 年 3 月

広島市立大学　国際学部
学部長　吉田　晴彦

まえがき

欒　竹民

　「見つめる先は国際社会、自由なアプローチで豊かな人間性を培う」。広島市立大学国際学部のWEBサイトの最初に掲げている文章である。本書は、国際人の育成を人材育成の目標にしている広島市立大学国際学部また大学院国際学研究科に縁のあるメンバーが、〈際〉をめぐり、それぞれの視座からの探究した論考を編んだものである。叢書7巻は、『〈際〉からの探究：つながりへの途』（文眞堂）であったが、第8巻は続刊に位置づけられるものである。

　2008年に刊行された本叢書の6巻までのタイトルをあげれば、『現代アジアの変化と連続性』（彩流社）、『多文化・共生・グローバル化』（ミネルヴァ書房）、『HIROSHIMA & PEACE』（渓水社）、『日中韓の伝統的価値の位相』（渓水社）、『Japan's 3/11 Disaster as Seen from Hiroshima：A Multidisciplinary Approach』（創英社／三省堂書店）、そして『世界の眺めかた』（千倉書房）となっている。

　「国際政治・平和」、「公共政策・NPO」、「多文化共生」、「言語・コミュニケーション」、「国際ビジネス」の5つのプログラム（5プロ）から構成され、人文科学から社会科学まで幅広い教育課程の広島市立大学国際学部らしくテーマも多様で、専門的かつ学際的であろうとしている。このたびの叢書第8巻においても、国際学部の名称の「際」に着眼し、それをキイワードとして多様な視点から挑んでいる。

　第1章「シンガポールの政治的安定と統治制度―立法・行政評議会改革を中心に―」（板谷大世）は、既存のシンガポールの政治研究では内政自治権を獲得した時の総選挙で勝利し、今日まで一貫して政権与党の座にあるPAP（People's Action Party：人民行動党）研究が中心であったのに対して、植民地国家から自治国家への移行期における統治機構の整備に着目した研究であ

る。とりわけ、植民地国家から自治国家が誕生する際に、選挙制度の導入により民主化が進展する一方で国家権力が強化されてゆく背景を、立法府と行政府の整備と、選挙制度改革の進捗過程における住民の政治参加に重点をあてて考察している。植民地国家と自治独立国家との〈際〉、その移行、経緯に焦点をあてた論考である。

第2章「イギリス委任統治下のパレスチナにおけるスカウト運動」（田浪亜央江）は、1922年の国連の正式な承認以前から開始していたイギリスのパレスチナへの委任統治のなかで広がったスカウト運動をめぐる論考である。スカウト運動は、イギリスの統治にとって都合の良い秩序をパレスチナにつくりだすためのツールとして意図されたが、パレスチナ人たちはそれを受け入れつつも変容させていった。つまり、パレスチナ人たちは、スカウトをパレスチナのローカリティに沿う形でアレンジするばかりでなく、性急な愛国主義に傾斜するなかでスカウトの理念を読み替えていった。本章では、その過程の一端が明らかにされている。支配者と被支配者との間の場所と時間という〈際〉をめぐる成果である。

第3章「五輪招致行動の『際』にみる様相―戦前の日伯スポーツ交流が1964年東京五輪招致決定に与えた影響―」（曾根幹子）は、戦前から続いてきた日本とブラジルのスポーツ交流が1964年東京五輪招致決定に影響を与えていたかについて、史料、文献、また聞き取り調査から歴史のなかで埋もれていた新しい事実を発見し、実証的に検証することを目的にしている。1964年東京五輪招致に際しては、多くの人びとが「人生を懸けて」行動していた。なかでも、ブラジルでは、戦前からの日伯スポーツ交流で培った日系コロニアスポーツ界とブラジルスポーツ界の信頼関係が深く、1964年東京五輪招致においても日系移民の果した役割は大きかった。1964年東京五輪招致に関わった関係者と日系移民の〈際〉の一端を明らかにしている。

第4章「教育の国際標準化に伴う各国の際立ち―PISAの受容をめぐるドイツとわが国の対応―」（卜部匡司）は、OECD（経済協力開発機構）によるPISA（Programme for International Student Assessment）の受容に着目しながら、教育の国際標準化をめぐって世界各国が国際的な学力競争にどう対応しようとしているのか、特にドイツと日本を事例として、両国を対比的に考察し

ている。ドイツでは相互に相容れない論争が展開し、日本ではあれもこれも受け入れるが相互は混ざらないという様相を示していた。教育の国際標準化をめぐる、グローバル社会と各国社会、グローバルとローカルの〈際〉を明らかにして成果である。

　第5章「情報デザイン教育におけるオンライン教材開発―ウェブデザインを題材として―」（今中厚志）は、これからの情報デザイン教育の課題を、今後の教材の電子化を意識し、オンライン教材の制作を試み、演習時でのアンケート調査によって教材の評価を行うことであるということを明らかにしている。それに至る過程では、紙媒体教材とデジタル教材それぞれのメリット・デメリットを検討し、それぞれの良さ、留意点を示している。そのうえで、デジタル教材開発においては、モバイルデバイスの進展をふまえ、テーマに沿った技術的要素を取り込んで教材制作、評価をし、受講生のニーズに沿ったコンテンツ開発が必要であるとしている。教える側と受講側との〈際〉をつなげる要点である。

　第6章「日本における『孝』の諸相―仮名文字の『孝』を中心に―」（施暉・欒竹民）は、中国に生成され、中国の「際」を超え、夙に日本に伝えられた外来思想として認知され、根付いている「孝」が日本でどのように理解され、受容され、実践されたかという道筋、様相を明らかにする。それと同時に、日本人に固有の思想や習慣が、「孝」をどのように変形させたかという問題にも肉薄しようとしている。本章では日本における「孝」の諸相に関する考究の一環として仮名文学（和文）に表れている「孝」を取り上げて検討した結果、仮名文学では儒教的な「孝」の他には、親死後の追善供養という仏教的な「孝」も多用されている。つまり、「孝」は生前の親への孝行だけではなく、仏教の法事として亡き親への葬送儀礼や祭祀、更に後世を救済することを意味する言葉として理解されていることが浮き彫りになった。

　第7章「中国の人名用漢字について―日本人名のデータとの比較を通して―」（張強）は、中国で制定された人名用漢字を取り上げて日本の「当用漢字」等との比較を通して両者の言語政策による異同を探ろうとしている。人名の形は通常緩やかに変遷していくものであるが、時に為政者の強大な政治権力によって急遽変更を余儀なくされる。特に近代となり、人名の形は幾度も国家

の法律によって変えられた。国家権力が一般国民の名付けまで制限を設けることは、一見なんと横暴極まりない、と思われるかもしれないが、人名用漢字制定を含めた全ての言語施策は一般民衆の目に殆ど触れていないところで多くの研究者によって時間をかけて研究調査が重ねられ、広く議論のうえ出された結論であることもまた紛れない事実である。

第8章「十二神祇神楽の伝承過程における2つの『段階』―定着的段階と生成的段階―」（迫俊道）は、十二神祇神楽を継承する集団へのフィールドワークを通じて、神楽の伝承過程における2つの段階、定着的段階と生成的段階とそこで展開される指導の具体相を描き出すことを目的としている。指導者へのインタビュー調査や練習記録などによって、指導の出来事が具体的にどのように起こっているのかを明らかにしている。基礎的部分では細かく丁寧な指導を行う「定着的段階」が必要であるが、その後は学習者の自発的努力を待つ「教えない」教育が必要であり、それが創意工夫を生む「生成的段階」となる。指導者と学習者の〈際〉における対応の仕方と、その結果がもたらす学習者の技芸の段階の連続的移行、段階の〈際〉を明らかにしている。

第9章「コア技術展開型複合事業企業の国際戦略―オムロンの事例―」（李在鎬）は、オムロンの国際戦略の軌跡を俯瞰し、その特徴をまとめた上で、国際戦略に遂行するための組織体制のあり方を考察している。また、その要因については、コア技術、起業家精神、組織内外のコンテキストの観点からアプローチしている。オムロンの事例から導出されることは、①コア技術が国際戦略に先行、②コア技術による優位性確立が海外進出の潜在的要因、③起業家の洞察としての組織体制における先行的環境適合、④事業軸と地域軸との調整の重要性の4点であった。そして、企業と国際展開の間の〈際〉をめぐって、安定的な付加価値創出の基盤が構築されているかが明らかにされている。

以上、幅広い学問的背景をもったメンバーから構成されている国際学部の多様性、学際性を活かし、「際」について、また「国際」について新たな示唆を得るべく、本書は編まれた。

目　　次

広島市立大学国際学部叢書　第8巻の刊行にあたって…学部長　吉田晴彦　*i*
まえがき……………………………………………………………變　竹民　*iii*

第1章　シンガポールの政治的安定と統治制度
　　　　　—立法・行政評議会改革を中心に—……………………………… *1*

1. はじめに……………………………………………………………………… *1*
2. 既存のシンガポール研究と本章の視角…………………………………… *4*
3. シンガポール陥落時の統治制度…………………………………………… *10*
4. 植民地支配の再開（1945年～1948年）…………………………………… *15*
5. 選挙の実施と民選議員の誕生（1948年～1955年）……………………… *22*
6. 1955年憲法と民選議員中心の統治機構の誕生…………………………… *29*
7. おわりに……………………………………………………………………… *33*

第2章　イギリス委任統治下のパレスチナにおける
　　　　　スカウト運動…………………………………………………………… *40*

1. はじめに……………………………………………………………………… *40*
2. スカウト運動の形成と発展………………………………………………… *42*
3. パレスチナの景観とスカウト運動………………………………………… *45*
4. スカウト運動における〈愛国心〉の展開………………………………… *51*
5. スカウトの応用と現地化…………………………………………………… *56*
6. おわりに……………………………………………………………………… *58*

第3章　五輪招致活動の「際」にみる様相
　　　　　—戦前の日伯スポーツ交流が1964年東京五輪招致決定に与えた影響—… *62*

1. はじめに……………………………………………………………………… *62*

2. フレッド和田の「伝記」の信頼性と妥当性 ………………… 65
　　3. 戦前の日伯スポーツ交流で培われた人間関係 ………………… 67
　　4. 1964年東京五輪招致活動と日系コロニアの支援 …………… 76
　　5. フレッド和田の五輪招致活動と「アテアビスタ会」 ………… 79
　　6. フレッド和田の五輪招致活動を陰で支えた日系移民たち …… 82
　　7. おわりに ………………………………………………………… 84

第4章　教育の国際標準化に伴う各国の際立ち
　　　　——PISAの受容をめぐるドイツとわが国の対応—— …… 91

　　1. はじめに ………………………………………………………… 91
　　2. 各国の教育政策に対するPISAの影響 ………………………… 92
　　3. ドイツにおけるPISAの受容 …………………………………… 97
　　4. わが国におけるPISAの受容 …………………………………… 102
　　5. おわりに：グローバル社会と各国社会との「際」 …………… 105

第5章　情報デザイン教育におけるオンライン教材開発
　　　　——ウェブデザインを題材として—— ………………………… 108

　　1. はじめに ………………………………………………………… 108
　　2. 最新の技術動向をウェブコンテンツ制作教育で
　　　 取り上げる際の課題 …………………………………………… 111
　　3. オンライン教材の概要 ………………………………………… 113
　　4. 評価 ……………………………………………………………… 113
　　5. まとめと今後の課題 …………………………………………… 117
　　付録　ウェブコンテンツ教材の概要 ……………………………… 121

第6章　日本における「孝」の諸相
　　　　——仮名文学の「孝」を中心に—— …………………………… 126

　　1. はじめに ………………………………………………………… 126
　　2. 平安時代の仮名文学における「孝」 ………………………… 127
　　3. 結び ……………………………………………………………… 138

第 7 章　中国の人名用漢字について
　　　　　—日本人名のデータとの比較を通して— ………………… *141*

　　1．はじめに ……………………………………………………… *141*
　　2．人名用漢字の分析に用いる原資料について ……………… *142*
　　3．統計データで見る人名の漢字の使用状況 ………………… *143*
　　4．おわりに ……………………………………………………… *152*

第 8 章　十二神祇神楽の伝承過程における 2 つの「段階」
　　　　　—定着的段階と生成的段階— …………………………… *155*

　　1．はじめに ……………………………………………………… *155*
　　2．調査対象の神楽団および調査の内容について …………… *157*
　　3．神楽の伝承過程に見られる 2 つの段階 …………………… *159*
　　4．おわりに ……………………………………………………… *166*

第 9 章　コア技術展開型複合事業企業の国際戦略
　　　　　—オムロンの事例— ………………………………………… *169*

　　1．はじめに ……………………………………………………… *169*
　　2．国際戦略と組織体制 ………………………………………… *170*
　　3．オムロンの現状 ……………………………………………… *172*
　　4．海外進出の草創期 …………………………………………… *174*
　　5．1980 年代後半の展開 ………………………………………… *176*
　　6．1990 年代の展開 ……………………………………………… *179*
　　7．2000 年代の展開 ……………………………………………… *183*
　　8．2010 年代の展開 ……………………………………………… *186*
　　9．オムロンの海外戦略と組織体制における事業軸と地域軸の変遷 … *188*
　　10．オムロンの国際戦略のまとめ ……………………………… *189*

あとがき ………………………………………………… 大東和武司　*193*

第1章

シンガポールの政治的安定と統治制度
―立法・行政評議会改革を中心に―

板谷　大世

1. はじめに

　シンガポールは総面積が719.2km² で、現代を代表する都市国家である。1965年8月9日、シンガポールはマレーシアから独立し、シンガポール共和国（Republic of Singapore）となった。それまでの145年以上にわたり、シンガポールは英国植民地としての歴史と、そこから自立する複雑な過程を経ていた。そもそもシンガポールは、英国のアジア貿易の拠点として1819年に建設され、1826年には英国海峡植民地（Straits Settlements）の一部となった[1]。それから太平洋戦争が開始される1942年までの115年あまりのあいだ英国の帝国主義の要として機能した。

　太平洋戦争後の1946年に海峡植民地は解散した（UK, 1946c）が、シンガポールは引き続き英国の直轄植民地（Colony of Singapore）となり、その13年後の1959年には外交、国防を除く内政自治権を英国から付与され、英連邦内の自治国家（State of Singapore）となった。それから4年後の1963年になると、既に1957年に英国植民地から独立していたマラヤ連邦と合併して連邦国家であるマレーシアを構成した（UK, 1943）。ここで初めて英国はシンガポールにおける主権と管轄権をすべて放棄し、シンガポールは英国から完全なる独立を獲得した。実に英国がシンガポールを建設してから、144年の月日が流れていた。ところが、こうした経緯を経てマレーシアという連邦国家を構成するシンガポール州（State of Singapore）として独立を達成したが、その政治的な地位は安定しなかった。徐々にシンガポール州政府とマレーシア連邦政

府との関係が悪化し、ついに1965年8月シンガポール州はマレーシアから離脱し、シンガポール共和国として独立した。

シンガポール政治は東南アジア諸国のなかでも2つの点で特徴的である。第一に、シンガポールでは独立以前の1959年から、同一の単独政党による長期政権が継続している（図表1-1参照）。東南アジア諸国には1960年代以降いくつかの長期政権が誕生していた。長期政権には政治体制により2つの種類に分けることができる。1つは大統領制をとる場合である。ここには、軍部の政治参加を制度化したインドネシアのスハルト政権（1966年から98年）があてはまる。もう1つは議院内閣制を採用する場合である。こちらには、連立政権の体裁をとるマレーシアがある。マレーシアでは、1955年からのアライアンス、1974年からは国民戦線（BN）として、マレー系政党の統一マレー国民組織（UMNO）を軸とする連立政権が権力を掌握し続けている。ところが、インド

図表1-1　総選挙結果（PAPと野党の獲得議席数の変化）

年	PAPの当選者数 （無投票当選を含む）	その他の政党の獲得議席数 （無所属を含む）	改選議席数
1955*	3	22	25
1959*	43	8	51
1963*	37	14	51
1968	58	0	58
1972	65	0	65
1976	69	0	69
1980	75	0	75
1984	77	2	79
1988	80	1	81
1991	77	4	81
1997	81	2	83
2001	82	2	84
2006	82	2	84
2011	81	6	87
2015	83	6	89

注：1955年、1959年、および1963年は立法議会総選挙（Legislative Assembly General Election）、1968年以降は国会総選挙（Parliamentary General Election）。
出所：*Government Gazette* より筆者作成。

ネシアのスハルト政権は1998年の政変で終わりを告げ、その後の民主化の過程で長期政権が誕生しない制度へと変更された。マレーシアでも国民戦線は政権を維持しているものの、21世紀になると野党に対する国民の支持が高まるにつれ、二大政党制的な傾向が強くなってきている。このような東南アジアの長期政権と比較して、議院内閣制を採用するシンガポールでは70年以上にわたり人民行動党（People's Action Party, 以下PAPと略）による安定した政権運営が続いている。

　東南アジア政治の文脈におけるシンガポール政治の特徴の2点目は、長期政権に対する国民の抵抗あるいは政治エリートによる反発が少ない点にある。1960年代、東南アジア諸国にはアメリカの直接・間接の支援によって開発指向型権威主義体制が登場した。そこにはタイ、インドネシア、フィリピン、マレーシア、シンガポールが含まれる。このうち前三者は軍の政治参加が制度化され軍部独裁の様相を呈したのに対し、マレーシアとシンガポールは一党優位体制のもとで政治の安定と開発の遂行をおこなった。軍部独裁であった三国では1980年代半ば以降、民主化を経験した。1986年のフィリピン、1992年のタイ、1998年のインドネシアでは軍部独裁が倒れ、民主化へと移行した時期があった。それらは政治エリートによる軍部独裁への抵抗の帰結であった。他方、マレーシアでは一党優位体制とはいえ連立政権であるために、連立を支える要素としての経済成長が鈍化すると、UMNO内での権力闘争が発生したり、連立が不安定になるという経験を繰り返してきている。開発指向型権威主義体制のなかにあって、シンガポールだけがそのような顕著な政治的不安定要素を抱えることがなかった。それはシンガポール政府による統治の安定性を意味する。

　以上のように、シンガポール政治は東南アジア政治のなかでも際だった特徴をもつ。先に挙げた2つの特徴は、その裏を返してシンガポール政治理解にとっての重要な要素でもある。しかし、シンガポール政治をめぐるこれまでの研究では、基本的に1つの問いを追求してきた。それは、「なぜ」PAPという単独政党による長期政権が安定した統治を可能としたのか、という問いである。この点については次節で詳細するが、先行研究の大半はその説明を開発指向型権威主義体制の分析枠組みのなかでおこなってきた。すなわち、誤解を恐

れずに一言で要約すると、シンガポールは権威主義体制であるから、国民や野党の政治的自由は制限され、PAPが「自由に」政権運営をしている、という議論である。そのために結果として、シンガポール政治研究はPAP研究に矮小化されてきた。

　それに対し本章は、「どのように」単独政党が長期の安定した政権運営を可能としたのかという問いを立てる。この問いに答えるために、本章では統治機構に着目する。すなわち、本章の議論は、英国の直轄植民地であった時代に骨格が構築された統治機構があったからこそ、PAPは強固で安定した政権運営が可能となったというものである。次節においては既存のシンガポール研究の特徴を明らかにした上で、統治機構を考える際の分析枠組みを提示する。その上で、シンガポール政府に安定をもたらしていると考えられる統治機構の歴史的変遷について考察する。

2. 既存のシンガポール研究と本章の視角

　こうした東南アジア諸国の中で特異な歴史をもつシンガポールについて従来のシンガポール政治研究は、前節で先述したように、植民地統治を脱し内政自治権を獲得した際に総選挙で勝利した政党の研究が中心であった。具体的に言えば、PAP研究である。この結果、現代シンガポールの政治研究の内容は、研究対象となる時期、そして研究内容がPAPによる政治支配の成立以後に集中し、結果としてそれらの研究はPAP体制研究となった。

　このことは既存のシンガポール政治研究では、植民地時代の政治から自治国家の政治への移行期に言及した研究が少ないと言い換えることもできる。勿論この時期の研究がこれまで無かった訳ではない。しかし、この移行期を取り上げた研究の多くはPAPの党内抗争、またはPAPと他党との政治闘争の視点から言及されるPAP体制研究の一環として行われている場合が多い[2]。このため、既存の研究は多くの研究者が指摘しているように、政治的闘争に勝利した側からの議論となっており、非常に単純化された、白黒がはっきりした政治観となっている（Hong, 2008: xvii）、（Huang, 2006: 403）[3]。そこで本章では、

政権与党であるPAPを中心に据えた視角ではなく、その政権与党はどのような統治システムに立脚しているのかに注目して、同国の政治体制を再検討してみたい。

さてシンガポールにおける植民地国家から独立国家への移行期に注目した研究を深めなければならない理由は、過去においてこの分野の研究が手薄であったからという理由だけでなく、新興諸国の政治研究においては、統治権が植民地宗主国からどのような経緯で新興独立国へと移譲されたのかを明らかにすることが不可欠であるからである。この点について以下の2点から説明する。

新興国の政治指導者にとって建国時における不可避の政治的課題とは、宗主国から国家主権を獲得し、支配の正統性を確立することであった。この過程において多くの国において政治的混乱が生じ、統治の断絶が起きた。統治権の移譲時の混乱は、インドシナ紛争やインドネシア独立戦争の原因となったように宗主国が植民地の独立を認めなかった場合に発生する場合が多く、英国からの独立を約束されていたシンガポールの場合はこの例には当てはまらない。また、例え宗主国から独立が認められていたとしても、独立国家の政治指導者が大衆の政治的支持の調達に失敗し、政治支配の正統性の確立に失敗すれば国内政治は混乱したであろうし、そもそも旧宗主国から統治権の移譲先として認められなかったであろう。しかしシンガポールでは、英国政府は現地指導者に対して統治権を移譲し、現地の政治家も住民の広範な支持を獲得することに成功した。なぜこうした一連の支配権の移譲が旧宗主国から新国家へとスムーズに行われ、PAPは支配の正統性の調達に成功したのであろうか。

新国家建設の経緯がその後の政治体制に大きな影響を与えたことについて、マイケル・マン（Michael Mann）の国家権力観（Mann, 1986）から考えてみたい[4]。マンは国家の権力を2つに大別し、それらを専制的権力（Despotic Power）と、インフラストラクチャー的権力（Infrastructural Power）と呼んだ。前者は前近代的社会における、権力者が市民社会との協議を行うことなしに行使できる権力と規定する一方で、後者は近代社会における、権力者が不明な国家権力である。マンは専制的権力の例として、中国において天子（Son of Heaven）と呼ばれた皇帝が中国全域を保有し、その域内の個人や団体を思うように扱うことができたことや、ローマ皇帝が、元老院が名目上は管轄する領

域以外において、原則的には自由に権力を行使したこと、また、近世ヨーロッパにおいて王権神授説に基づき絶対的な権力をもった君主の例を挙げている（Mann, 1986: 113）。

その一方でインフラストラクチャー的権力とは、現代資本主義的民主主義国家における国家権力であり、それは市民社会に浸透する能力があり、領域全体において論理的に政治的決定を実現できる権力を指しているという。この権力は巨大であって、国家は個人の同意無しに所得や収入を評価し課税することができ、われわれの膨大な個人情報を蓄え、即座に取り出すことができる。

このようにインフラストラクチャー的権力は国民の日常生活に入り込んで行使されるが、専制的権力と比較すると国家権力の行使者は曖昧模糊としている。専制的権力の行使者は誰の目にも明らかである一方で、民主主義国家において発生するインフラストラクチャー的権力の行使者は明確に指摘することができない。なぜならば普通選挙制が一般となった今日において政治指導者は常に交代する可能性があるし、例え政治指導者が交代したとしてもインフラストラクチャー的権力は国家機構自体に備わっている権力だからであると指摘している（Mann, 1986: 113-4）。マンは、これら2つの国家権力とそれぞれの権力の強弱との関係から国家権力を4つに細分化している。（図表1-2参照）

図表1-2 国家権力の2つの次元

		インフラストラクチャー的権力	
		弱い	強い
専制的権力	弱い	①封建的	②民主制
	強い	③帝国的	④一党制

出所：(Mann, 2008: 357) より、ただし矢印（→）と数字（①～④）は筆者加筆。

大英帝国の植民地国家であったシンガポールにおける国家権力は、インフラストラクチャー的権力は弱く、専制的権力が強い③帝国的国家権力であったと考えられる。しかし、英国が帝国主義支配（植民地支配）を放棄することを表明し自治政府へと誘導してゆく方針を示したことから専制的権力は弱まる一方で、民主制の基礎となる国家機構の整備の進展に伴いインフラストラクチャー的権力が強まり、シンガポールの国家権力は③帝国的なものから②民

主制によるものへと移行するものと想定された。しかしその後に実際に起こったことは、専制的権力は強いままで、インフラストラクチャー的権力が強化された事実上の④一党制へと変化していった。つまり、英国の脱植民地支配の過程において、インフラストラクチャー的権力が強化されるとともに、専制的権力は維持されていたと考えられる。

マイケル・マンのインフラストラクチャー的権力に着目し、インフラストラクチャー的権力と政治体制の安定について論じた研究者にダン・スレイター（Dan Slater）がいる。スレイターは東南アジア諸国において、マイケル・マンのインフラストラクチャー的権力が備わっている国と備わっていない国があることに注目し、インフラストラクチャー的権力が備わっている国においては権威主義体制が安定し、備わっていない国においては権威主義体制が不安定になると論じた（Slater, 2010）。スレイターは、国家建設の過程においてインフラストラクチャー的権力の整備に成功した国においては権威主義体制が安定しており、その安定は国家の次の4つのメカニズム（装置）に依るものであるとしている。その装置とは、政敵を抑圧し（Coercing rivals）、徴税を行い（Extractive revenue）、市民を管理し（Registering citizens）、そして国家に依存する市民（Cultivating dependence）を作り出す機能であり、こうしたメカニズムを利用して権威主義体制が永続すると論じた。そして、これらのメカニズムは国家機構が生み出すインフラストラクチャー的権力に依拠していると説いた（図表1-3参照）。

図表1-3 権威主義体制の永続に与える国家のインフラストラクチャー的権力の影響

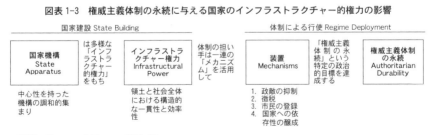

出所：Slater and Fenner, 2011: 19.

このようにスレイターは、東南アジア諸国における権威主義体制の永続性に

注目する中で、すべての権威主義体制は国家の力（State Power）に依存していることを指摘し、権威主義体制研究を進める上において、国家の力がどのように整備されてきたのかを明らかにする歴史的考察が必要だとしている（Slater & Fenner, 2011: 26）。この指摘をシンガポール政治に当てはめてみると、1959年以降に出現したシンガポールの政治体制の安定を理解するためには、その政治体制が行使しているメカニズムを支えている国家機構を明らかにしなければならないということである。

つまり、英国により植民地支配から自治政府へと政治体制が移行する戦後の民主化の過程において、インフラストラクチャー的権力を備えた権威主義体制が成立しなぜ永続したのかを考えるためには、インフラストラクチャー的権力を発生させる「国家機構」の整備に注目する必要がある（図表1-3参照）。そこで本章ではシンガポールにおける国家機構がどのような経緯で整備されてきたのかを詳しく確認する作業を行うことにする。その際、数ある国家機構の中でも立法府と行政府の整備に注目する。なぜならば植民地国家が民主化されるためには、行政と立法のメンバーは選挙によって選出される必要があり、この選挙という選出方法こそが戦後のシンガポールの国家建設において新たにデザインされたものであったからである。一方で司法制度は内政自治権を獲得した際にもほとんど変更されなかった（Chionh, 2005: 111）ので今回は検討の対象にはしない。

シンガポールにおいては後述するように、植民地時代から立法機関と行政機関が存在したが、それらの構成員は植民地官僚や、特定の利益団体から選出されたメンバーであり住民が参加する選挙によって選出された人々ではなかった。その結果、植民地時代のシンガポールにおいて、住民が行政、立法に参加する民主制を支える制度は整備されていなかった。つまり、マンが言うところの専制的権力が強く、インフラストラクチャー的権力が弱い帝国的国家権力によって秩序が保たれていたと考えられる。

アジア太平洋戦争後に英国は、シンガポールにおける自治政府の設立を目指して新たな国家機構の整備を目指した。その結果インフラストラクチャー的権力が強化された基盤が整ったと考えられる。さらに、立法府がいかにしてデザインされていたのかを観察することは、英国が自治政府に議会制民主主義体制

を導入したことからさらに重要になった。なぜならば議会制民主主義体制下においては、立法府と行政府は事実上一体の機構として機能するからである[5]。

　以上の理由から本章ではシンガポールにおける脱植民地化の過程における立法府と行政府の整備に注目する。この脱植民地化のプロセスは以下の3段階を経てきた。第1段階は戦前の植民地期、第2段階は植民地支配下での自治国家への移行期、第3段階は自治国期である。言うまでもなく脱植民地化プロセスの中で一番大切なのは、シンガポールに自治権が付与された第3段階がいかにして実現されたのかについて考察することである。しかしながら、先述したようにシンガポールの政治体制の特徴は政治の継続性にもあるので、第3段階に隣接する時期だけでなく第2段階の移行期全体に注目することが大切であると考える。しかし、この過程は14年間の長期にわたるプロセスである。そこで本章では戦後から自治国への移行期の前半部分に注目する（図表1-4で示した矢印参照）。また、この移行期の区分は、制度改革のすすめ方の変化とも重なる。つまり、移行期の前半での統治制度の改革は英国が主導していたが、移行

図表1-4　立法府と行政府の構成の変化

	1946年	1955年	1959年	1963年	1965年〜
	植民地期 (国家主権は英国王がもつ) 　→　移行期の前半 　　　移行期の後半　→		自治国期 (外交、国防を除く国家主権をもつ)	マレーシア期 (州政府としての自治権をもつ)	シンガポール共和国期 (独立国家として国家主権をもつ)
立法府の名称	立法評議会 Legislative Council		立法議会 Legislative Assembly		国会 Parliament
立法府の構成	過半数が官選	過半数が民選	民選のみ		
行政府の名称	行政評議会 Executive Council	閣僚評議会 Council of Ministers	内閣 Cabinet		
行政府の構成	当初は全員が官選であったが、1951年からは2名が民選	過半数が民選	民選のみ		

出所：筆者作成。

期の後半での改革は、シンガポールの住民の代表者の意見に配慮しながら英国が統治制度を改革した。以上の理由から、本章では日本のシンガポール支配が終了した後、英国の統治の回復と英国主導の統治改革について検討する。

　本章の構成は以下の通りである。まず次節では戦前のシンガポール植民地の統治構造を概観する。続く第4節では英国がシンガポールに再上陸したのち自治政府の樹立に向けて議会を改革してゆく1948年までの改革について考察する。第5節では、初めて総選挙が行われた時期について考察し、第6節では、立法府および行政府のメンバーのほぼ全てが選挙で選出された住民の代表となる1955年の改革について考察する。こうした考察を通して、シンガポールにおける統治の継続性とインフラストラクチャー的権力の基盤となる国家機構がどのように整備されてきたのかを考察する。

　最後に本章で使用する用語について若干の説明を行う。本章ではシンガポールにおける国家機構の整備、特に議会と内閣の整備に注目するが、一般的にこうした国家機構の枠組みは憲法（Constitution）と呼ばれる法典で定められている。しかしながら植民地国家であったシンガポールにおいては成文化された憲法典はなく、開封勅許状（Letters Patent）、植民地枢密院勅令（Colony Order-in-Council）およびそれらを法的根拠として英国王により発せられる訓令（Royal Instructions）により本章が注目する議会、内閣における構成員数や相互の関係、または議員の資格、そして有権者の資格などが定められていた。そこで、本章では英国が発した前述の勅許状と勅令を総称して憲法と呼ぶ。また、英領マラヤという用語では、マレー半島とシンガポールを含む領域を表す概念として用いるが、単にマラヤと記した場合はシンガポールを除いたマレー半島部分のみを指す用語として用いる。

3. シンガポール陥落時の統治制度

　シンガポールの戦後政治は戦前の植民地統治の継続を基本としていた。そこで、ここでは戦後の統治を支えた戦前の統治組織について観察する。その際、本章において重点的取り上げる行政と立法組織について確認する。

(1) 海峡植民地の誕生と統治制度の確立

シンガポールの英領植民地としての歴史は、1819年1月29日に英国東インド会社のスタンフォード・ラッフルズのシンガポール島への上陸に始まる[6]。その後1826年にはペナン、マラッカ、そしてシンガポールは海峡植民地としてインド政府の下に置かれた。1866年になると「海峡植民地の現地政府を規定する法、1866年（以下、海峡植民地法1866年と略す）」（UK, 1866a）が制定され、翌67年4月1日より、ペナン、マラッカ、シンガポールはインド政府の管轄から離れ英国が直接統治することになった（UK, 1866b）。海峡植民地法1866年は女王に法律、制度および命令を制定し、裁判所、裁判および政府に関する規定を作成する権限を与えた。女王は開封勅許状により、海峡植民地に関する女王の権限および権威を駐在する公務員に委託した。開封勅許状は後年何度も改正されるが、1867年2月4日の開封勅許状では、立法に関する権威は現地の立法評議会（Legislative Council）に付与され、1877年11月17日付け開封勅許状では、総督に助言を行うための行政評議会（Executive Council）の設置も決められた（Kevin Tan, 2005: 38）。

1867年および1877年の開封勅許状で定められた、立法評議会、行政評議会、そして総督によって構成される政府の形は、1942年にアジア太平洋戦争下で日本に占領されるまでの65年間大きく変わることはなかった（Kevin Tan, 2005: 39）[7]。次節では戦前の統治構造を確認する。その際、この期間の海峡植民地統治機構については（Braddell, 1982）[8]、および（外務省調査部, 1942）の記述と各種一次資料に依拠する。

(2) 総督と行政評議会

海峡植民地は直轄植民地だったので国王が海峡植民地政府の公務員の完全なる支配権を保有していたが、実際の植民地の行政は総督に委託されていた。そのため海峡植民地での最高行政権は、国王の代表者である総督にあり、立法評議会と行政評議会がこれを補佐する形式になっていた。また海峡植民地の統治は分業制になっていた。総督は国王の親署と玉璽（Royal Sign Manual and Signet）により国王に任命され、通常の任期は6年であるが、国王はいつでも任意に罷免できた。総督の権限は開封勅許状、任命書（Commission）、訓令

図表1-5　1942年当時における行政評議会の構成

	議長	総督
植民地官僚	職権議員、6人	海峡植民地軍司令官 The Senior Military Officer commanding the Troops, Straits Settlements
		植民地秘書官 The Colonial Secretary
		ペナン理事官 The Resident Councillor, Penang
		法務長官 Attorney-General
		財務長官 Financial Secretary
		マラッカ理事官 The Resident Councillor, Malacca
	総督の任命による公職議員、2人	華人事務局長 Secretary for Chinese Affairs
		土木局長 Director of Public Works
民間人	総督が民間人から任命する議員、3人	通商を代表する議員 Unofficial Member representing Commerce
		華人 Unofficial Chinese Member
		法律家 Unofficial Legal Member

出所：(FCO 141/14388)、(外務省調査部, 1942)、および (UK, 1937) より筆者作成。

(Instruction)、枢密院からの勅令 (Order in Council)、または国務大臣を通して発せられる国王の命令、そして現在、または将来施行される法に基づき行使された。

　次に行政評議会についてである。行政評議会は総督が政務を遂行する際の諮問機関であるが、総督はその答申に拘束されることはない。また、緊急時に際しては同評議会への諮問は不要であるし、正当と認める場合には同評議会の議決に反する決定を行うことが認められている。このように、国王の代理人である総督には海峡植民地における最高の行政権が認められていた。

　1942年当時の行政評議会の構成は、議長としての総督の他に、8人の植民地

官僚である公職議員（official member）と、総督が任名する3人の民間人である非公職議員（non-official member）からなる。非公職議員の任期は2年間であった。8人の公職議員の内訳は、6人の職務上当然に議員となるべき（いわゆる、充て職のこと）職権議員（*ex-officio* member）と、総督が任名する2人の公職議員から構成されていた（図表1-5参照）。これらの公職議員の中で、行政組織の実務を統括するのは植民地秘書官（Colonial Secretary）であった。

(3) 立法評議会

総督は2か月毎に開催される立法評議会の補佐により立法権を行使していた。立法評議会は議長としての総督を除く13名の植民地官僚と、13名の非公職議員から構成されていた。非公職議員の任期は3年で、再任も可能であった。13名の植民地官僚のうち2名は総督によって任命され、残りの11名は職権議員であった。一方で13名の非公職議員中11人は総督が任命し、残りの2名は商業会議所の推薦する者であった。総督が任命した11名は民族毎に議席数が配分されており、その内訳は、5名のヨーロッパ人（シンガポールから3人、ペナンから1人、マラッカから1人）、3名の英国臣民である華人（シンガポール、ペナン、マラッカからそれぞれ1名ずつ）、マレー人、インド人、ユーラシア人それぞれ1名となっていた（CO 273/675/22）、（Turnbull, 2009: 163）、（外務省調査部, 1942: 4-28）（図表1-6参照）。

海峡植民地の立法評議会で制定された法は条例（Ordinance）と呼ばれる。条例の制定手順は以下の通りであった。条例案が同評議会に提出されることから制定手順が始まるが、条例案の提出には総督の承認が必要となる。訓令に基づき総督は条例案の提出を承認、拒否、または留保し本国にその判断を求める。条例案の提出を認めた際には、官報にてこれを公布することによって正式に条例案となる。

条例案は三度の読会を経て議決され、過半数の賛成で成立する。賛否同数の場合は総督が決定する。また、議事は公開とされ、議事録は毎会議後に国務大臣を経て国王に提出される。立法評議会を通過した条例案は総督に提出され総督の同意の後、官報にて公布されて正式な条例として成立する。なお、国王は

図表1-6　1942年時の立法評議会の構成

	議長	総督
植民地官僚、13人	職権議員、11人	海峡植民地軍司令官
		植民地秘書官
		ペナン理事官
		法務長官
		財務長官
		土木局長
		マラッカ理事官
		教育局長 The Director of Education
		華人事務局長
		医務局長 The Director of Medical Services
		土地局長 The Commissioner of Lands
	公職議員、2人	警視総監 The Inspector General of Police
		税関税金監督官 The Commissioner of Customs and Excise
民間人、13人	総督が任命する英国臣民、11人 （5人のヨーロッパ人、3人の華人、そしてマレー人、ユーラシア人、インド人をそれぞれ1人ずつ）	インド人議員
		シンガポールの華人議員
		シンガポールの華人議員
		ペナンの華人議員
		マラッカのヨーロッパ人議員
		シンガポールのヨーロッパ人
		マレー人議員
		ユーラシアン議員
		ペナンのヨーロッパ人議員
		シンガポールのヨーロッパ人議員
		ヨーロッパ人
	商業会議所から選出されたヨーロッパ人議員、2人	シンガポール商業会議所（Chamber of Commerce, Singapore）から選出されたヨーロッパ人
		ペナン商業会議所（Chamber of Commerce of Penang）から選出されたヨーロッパ人

出所：(FCO 141/14388)、および（UK, 1924b）より筆者作成。

同評議会にて制定された条例に対して拒否権を留保している。
　以上、海峡植民地成立後の統治機構について概観してきた。シンガポールは1941年12月8日に始まったアジア太平洋戦争に巻き込まれ、翌年2月16日から日本による占領が1318日間にわたって続き英国の植民地統治は中断するが（*ST*, 7 Sept. 1945）、1945年9月5日の英国軍の再上陸をもって日本のシンガポール支配は終了した。その後海峡植民地の支配は英国軍による軍政へと移行するが、その際、戦時中の日本による宣言、布告はすべて無効とし、日本に占領される直前の法と慣習に復帰させた（Srinivasagam, 1972 : li）。

4. 植民地支配の再開（1945年～1948年）

　本節では、アジア太平洋戦争終結後に海峡植民地の統治方法の抜本的な見直しがなされた点を指摘し、その後のシンガポールにおける統治改革について観察する。英国はアジア太平洋戦争終結前の1944年1月には、マラヤとボルネオの再占領後の統治政策の検討に入り（CAB 66/45/3）、再占領後は軍政による統治を行った後に民政へと移行する戦後の統治方針が決定された。その方針に従い1945年8月にシンガポールを再占領した英国は、同年9月より翌年3月末まで軍政を布き、1946年4月1日から民政による植民地支配が再開された。本節ではこの点を確認し、シンガポールの戦前の統治制度と太平洋戦争後の統治制度の比較をすることで、戦後のシンガポールの統治制度は戦前の統治制度の延長線上にあることを確認する。

（1）軍政の開始と統治制度の決定

　1945年9月5日、英国軍が上陸した地点から市内中心地までの主要な道路を日本軍が警備する中、英国軍が再上陸した（*ST*, 7 Sept 1945）。この日より翌年3月31日まで、英領マラヤは、英国軍政（British Military Administration, BMA）下におかれた[9]。軍政下での英国の施政の主たる目標は、戦前の秩序の回復と、唯一の効率的な組織である軍隊を利用して、救援物資を移送し住民に分配することであった（*Annual Report*, 1946: 7）。

シンガポールに再上陸したイギリスの植民地政策は戦前とは異なっていた。スタンリー植民地相は戦時中（1943年）の英国議会にて、「英国の植民地行政の中心的な目的は、大英帝国の枠組みの中で、植民地の人々を自治に導くことにある」と宣言する一方で、自治が成功するためには、「確固たる社会的、経済的基盤」に支えられなければならず、「状況によって正当化されない政治的前進を与えたり、十分に訓練されていない人に自治を認めること」は英国の政策ではないと議会で宣言していた（Ashton, 1996: 197）。このように英国は植民地支配を一方的に放棄するのではなく、確固たる社会的、経済的基盤の確立などを確認した後に自治権を認めるとしていた。

戦後の政治改革に英国が高い関心を示した理由は、自治国が成立して英国の植民地支配が終了した後も、英国の権益が最大限守られる国家の誕生を期待していたからであった。英国は1959年に内政自治権をシンガポールの住民に認めるが、その時点においてシンガポールには英国のアジアにおける最大の軍事基地が残されており、その基地が自由社会をまもるための要塞と認識していた（Singapore, 1956: 18）。そのため英国はシンガポールに自治権を認める際に、英国の目標を理解できる政府の誕生を期待していた。

このように英国の戦後の植民地政策は植民地に自治政府の設置を導くことを主たる目的としていたが、そこには先述したように3つの条件がつけられていた。1つは、植民地政府から自治政府への移行は大英帝国の枠組みの中で行う、つまり親英的、反共産主義的な政府の誕生に導くことであり、2つ目に、植民地における統治改革は、社会・経済的基盤が整った上で行われるべきであり、最後に、自治政府への主権の移譲は、自治による統治活動の経験を十分に積んだ人々に対して行うというものであった。最後の点は植民地統治から自治政府への移行期において特に大切な点となった。最初の2点に関しては植民地時代にすでに実践されていたことであったが、最後の点、つまり、旧宗主国ではなく、自らが統治方針を決定し、それを実践するということは、植民地国家においては必要のない政治制度であったからである。

さて、シンガポールを含むマラヤの戦後の再占領の統治方針については、先の植民地相の発言に沿って検討が進められた。1944年1月3日に、植民地相と戦争相は共同メモランダムを提出し、戦後の統治方法について閣内における

委員会で検討すべきであると提案し（CAB 66/45/3）[10]。その提案を受け同月6日に委員会の設置を閣議決定した（CAB 65/41/2）[11]。

同委員会は44年5月18日に「マラヤとボルネオに関する政策について（Policy in Regard to Malaya and Borneo）」と題する報告書（案）を提出した（CAB 66/50/8）。ここでは、英領マラヤの再占領の際に、戦前の組織や行政システムの回復は望ましくないとした。その理由として、第1に、効率と治安のため、第2に植民地地域の自治政府を推進するという宣言と矛盾するためであるとしていた。

マラヤの自治政府の実現にはマレー人支配者による統治だけではなく、マラヤのあらゆる社会の人々の参加を可能にしなければならないとした。そのためには、早い段階でのシンガポールの特別な取り扱いをすべきであるとした。その際、海峡植民地のペナント、マラッカおよび半島部分はマラヤ連合（Malayan Union）を構成する一方で、シンガポールには特別な取り扱いが必要であるとした。同時にマラヤ連合とシンガポールとの間には共同協議と行動のための特別な合意が必要であるとした。この報告書（案）に基づき植民地相が準備を進めることが1944年5月31日の閣議で暫定的に了承され（CAB 65/42/28）、これが英国の戦後の英領マラヤの統治方針となり、45年10月10日に庶民院にて概略が公表され[12]、詳細は翌46年にコマンドペーパーとして発表された（UK, 1946a）。その主な内容は以下の通り。

① 海峡植民地（Straits Settlement）は解散、シンガポールは植民地（Colony）[13] とし、マラッカ、ペナンはマラヤ連合と同じ行政区分に入れる。

② シンガポールだけを特別扱いする理由は、シンガポールはその他の地域と異なり、中継貿易の中心地であり、経済および社会的利害が他の地域とは異なっているからである。ただし、もしも望ましいと言うことならば、将来のシンガポールとマラヤ連合をより広い連合に融合するということを英国政府は妨げるものではない

③ シンガポールは総督と行政・立法評議会の下に置かれる。

④ 社会のさまざまな利害を完全で効率的に代表する行政評議会の構成、同じく立法評議会および選挙と任命の問題に結論が出るまでの暫定的な機

関として、社会を広く代表する諮問評議会（Advisory Council）を設置する。

⑤ 上記と同時期に市政委員会（Municipal Commission）、港湾局（Harbour Board）、そしてシンガポール発展信託（Singapore Improvement Trust）を再編成し、業務を迅速に再開する。総督は市政委員会の権限の拡大と構成について検討を行う。

⑥ マラヤ連合とシンガポール植民地との関係は、調和的で利益的な（profitable）関係が求められる。高等教育、移民、通貨、所得税、民間航空、郵政、船舶輸送その他の政策に関しては、連合と植民地間で共通の協定となる。通貨は全マラヤにおいて引き続き管理される。

⑦ 勅令によりマラヤ連合市民権を創設する。以下の条件を満たすシンガポール植民地とマラヤ連合の住民は申請可能である。(a) 連合またはシンガポール植民地生まれの者、(b) 勅令の発効時にさかのぼる15年間の内、10年間（ただし、15年間には日本占領期は含めない）をこの地域で居住していた者である。

本章の問題意識との関連でこの方針の中で注目しなければならない点は、④「社会のさまざまな利害を完全で効率的に代表する行政評議会の構成、同じく立法評議会のおよび選挙と任命の問題」であり、この作業に早々に取り組まねばならなかった。この方針に基づき、シンガポール植民地とマラヤ連合の憲法の概略が同年3月に発表され（UK, 1946b）、次項で検討する勅令の発布に至った。

(2) 1946年憲法の公布と修正

前項で考察した内容に即して1946年3月27日に「シンガポール植民地勅令1946年（以下「1946年憲法」と略す）」（UK, 1946d）が公布され、4月1日に発効し、シンガポール植民地政府（Singapore Colony Government）が設置された。また、勅令と同時に総督に対する訓令（UK, 1946e）も発表された。シンガポールの戦後の民政の歴史はこの勅令の施行に始まる。1946年憲法は全7部、全56条から構成されている。ただし、同憲法の「序文（Preliminary）」において、行政評議会の設置（第13条）、立法評議会の設置に関する第Ⅳ部

（第16条から第27条）、立法手順および立法評議会での手順を定めた第Ⅴ部（第28条から第39条）に関しては4月1日には発効させず、総督は6か月以内にそれらに関して異なった日付、目的、条文として発表するとされていた（第1条第2項）。先延ばしされた条項が最終的に発効したのは約2年後の48年3月1日であった（UK, 1948a）。

このように1946年憲法は、行政組織および立法組織の構成に関しては確定せずに施行された。それらの細部が確定するまでの期間において総督は、諮問評議会（Advisory Council）に協議の上で立法権を行使し、総督が必要であると認めた時には単独で法を制定することも可能としていた（第40条）。諮問評議会は、植民地秘書、法務総裁、財務長官と、総督が任意に任命する人物で構成されていた（第41条）（図表1-7参照）。このように1946年憲法が規定する統治形態は、戦前の植民地時代とほぼ同様の統治形態であった。ただし後に観察するように戦前と戦後の統治機構のメンバーには、住民が参加する選挙に

図表1-7　諮問評議会のメンバー（1946年8月26日時点）

	議長	総督	Mr. F.C. Gimson, K.C.M.G.
植民地官僚、7人	職権議員、3人	植民地秘書官代理	Mr. H.P. Bryson, M.C.
		法務総裁	Mr. E.J. Davies
		財務長官代理	Mr. Nelson Jones, M.C.
	総督が任名する公職議員、4人	シンガポール軍区総司令	L. H. Cox, C.B., C.B.E., M.C.
		シンガポール市政局長官	Mr. W. Bartley, C.M.G., M.B.E.
		医務局長	Dr. W.J. Vickers
		経済局長	Mr. A. Gilmour
民間人、10人	総督の任名、10人		Mr. Han Hoe Lim, C.B.E.
			Mr. Tan Chin Tuan
			Dr. Abdul Samat
			Mr. E.R. Koek
			Mr. E.M.F. Fergusson
			Mr. M.J. Namazie
			Mr. G.A. Potts, O.B.E., M.C.
			Mr. Lee Kong Chian
			Mr. V. Pakirisamy
			Mr. C.C. Tan

出所：FCO 141/16881 および *Annual Report* 1946 より筆者作成。

よって選出された民選議員が参加するようになった点に大きな違いがある。

それではその後、戦後の行政評議会と立法評議会のメンバーの構成はどのように規定され、選出されたのであろうか。1948年に修正された1946年憲法から具体的に見てみよう。まず行政評議会についてである。この構成は1946年4月1日に発表された条文に修正はなされなかった。第13条では行政評議会のメンバーは国王が国務大臣を通して任命すると規定されている。その構成は、総督（議長）と4人の職権議員、すなわち植民地秘書官（Colonial Secretary）、法務長官（Attorney General）、財務長官（Financial Secretary）、およびシンガポール市政長官（President of the Singapore Municipal Commissioners）、それから総督が任命する2人の公職議員と非公職議員4人からなる（図表1-8参照）。

行政評議会の役割も構成も戦前のそれと同等のもので、総督は職権を行使する際には行政評議会に意見を聞かなければならないとされていた。ただし、総督は同評議会の助言とは異なった行動を取ることができるとし、その場合は植民地相にその理由を報告しなければならないと規定されていた（UK, 1946d: 第9条から第11条）。

次に立法評議会の構成についてである。こちらに関しては1946年時点では第IV部にて以下のように規定されていた（図表1-9参照）。つまり、議長（総

図表1-8　行政評議会のメンバー（1948年4月1日）

	議長	総督	Mr. F.C. Gimson, KCMG
植民地官僚、6人	職権議員4人	植民地秘書官	Mr. P.A.B. McKerron
		財務長官代理	Mr. A. Williams
		法務長官	Mr. E.J. Davies
		市政長官	Mr. L. Rayman
	任命議員2人	シンガポール軍区総司令（GOC）	Major General L.H. Cox
		経済局長	Mr. Andrew Gilmour
民間人、4人	任命議員4人	立法評議会議員	Mr. E.M.F. Fergusson
			Mr. Tan Chin Tuan
			Mr. M.J. Namazie
			Sir Han Hoe Lim

出所：*ST* 1 Apr 1948 および *Gazette* No. 3 of 1st April, 1946 より筆者作成。

図表 1-9　1946 年憲法と 1948 年憲法における立法評議会の構成

1946 年憲法			1948 年憲法	
議長	総督		議長	総督
植民地官僚 11 人以下	職権議員、4 人		植民地官僚、11 人以下	変更無し
	任命公職議員、7 人以下			〃
民間人、<u>11 人</u>以下	任命非公職議員、2 人以下		民間人、<u>13 人</u>以下	任命非公職議員、4 人以下
	民選議員、9 人以下			変更無し

出所：(UK, 1946d) および (UK, 1948a) から作成。

督）、4 人の職権議員（内訳は行政評議会と同じ）、任命公職議員（7 人を超えない）、任命非公職議員（2 人を超えない）、選出された議員（9 人を超えない）である。

また選出される議員と任命非公職議員の資格はイギリス臣民（British Subject）か、マラヤ連合市民であり、選出方法は別途制定する法で定めるとされ、構成員の数に関しては、すべて最大限の数であり、総督が現地の意見を聞く十分な機会が与えられるまで決定されないという但し書きが付記されていた（UK, 1946a: para. 18 (a)）。

こうした経緯もあり、1946 年 4 月 1 日に始まった民政下において総督が最初に着手したことが立法評議会の構成について、現地の意向を反映させた制度設計であった。4 月 11 日に開催された第三回諮問会議において、ギムソン（F. C. Gimson）総督は、植民地長官を議長として、法務長官代理、市政長官、および諮問会議の非公職議員全員からなる、立法評議会議員の選出方法に関する特別委員会の設置を決めた（Singapore, 1946a）。特別委員会は同年 4 月 16 日から 6 月 18 日までの間に合計 6 回開催し[14]、8 月 8 日に答申書を取りまとめた（Singapore, 1946b）。

同答申書によると、9 人の民選議員の選出方法に関して、6 人の民間議員は自由な選挙で選出する一方で、3 人は商業会議所において選出されるとした。商業会議所が関与する理由として、シンガポール植民地はラッフルズの時代から商業会議所が植民地統治に果たしてきた影響を重視した結果であった。また、民族毎に選挙で戦うことは、非常に危険であるとしていた。選挙権に関し

ては、シンガポールは植民地であるため王冠に対する忠誠を持っている人に制限する。つまり、生まれながらの英国臣民、または英国臣民に帰化した人物に選挙権は制限された。また、答申の中では、コミュニティの代表を選出する際に商業会議所を利用すること、有権者は、イギリス臣民（帰化した者を含む）、男女平等、投票の際には読み書きの能力は求めない、選挙人名簿登録は任意制、年齢は 21 歳以上とされた。

　総督はこの提案を受け入れ、これを元に 1946 年憲法は修正されることとなった。さらに民選議員を選出するための選挙条例も施行された（Singapore, 1947）。1946 年勅令は、1948 年シンガポール植民地（修正）勅令（UK, 1948a）として 1948 年 3 月 1 日に発効し、同年同月 20 日に初の選挙が実施された（後述）。

　以上のように戦後の議会は、選挙の導入や非公職議員が過半数になった点など、国家主権の移譲に向かって前進したが、依然として総督には立法権限、拒否権などが与えられており、植民地時代の統治方法を色濃く残した性格を持っていた。

5. 選挙の実施と民選議員の誕生（1948 年～ 1955 年）

　1948 年 3 月 1 日に発効した憲法によって、立法評議会の構成はとりあえず決定した。先述したように戦後に英国が英領マラヤを分割し、マラヤ連合とシンガポール植民地を誕生させたことに対しては同植民地の住民は当初から強い反対運動を展開していた。また、前述したように公布された憲法の内容は住民の政治への参加を制限していたことから、この点からも住民から広く批判されることとなった（Yeo, 1973: 55）。特に、英国の植民地支配に戦前から反対していたマラヤ共産党と、その他のグループ[15]は、英国主導で進められてゆく段階的な親英的な新国家建設に反対の立場を強めた。こうした団体は戦後の英国のシンガポール植民地とマラヤ連合に対する政策に反発し、1947 年に独自の憲法案を出す一方で、英国主導の政治改革に反対する集会をシンガポールやマラヤ連合各地で開くなど、住民主導の新国家建設を目指し運動を展開したが

英国はこうした声を無視して戦後のマラヤ連合改革、シンガポール植民地改革を推進した。

(1) 1948年憲法の発布と非常事態宣言

こうした英国の態度に対して、1948年3月以降マラヤ共産党は合法的な反英闘争に決別し、1948年6月から武力による反英闘争を開始した。マラヤ共産党の武力闘争は主としてマレー半島のジャングルで展開されたが、ギムソン総督はマラヤ連邦で成立したものと同等の非常条例（1948a）をシンガポール植民地においても成立させた（7月21施行）。同条例に基づきギムソンはシンガポールで非常事態を宣言し、この宣言の下、シンガポールの防衛、公安、公共の秩序、衛生・医療サービス提供の維持のために、総督が必要または適切であると認めた場合はいかなる規則（regulation）を作ることも合法的であるとした。この結果、1953年までに19の規則が定められた[16]。

これらの規則の中で、今日に至るまで引き続き改正を経ながらシンガポールにおいて維持されているのが、住民の拘禁を可能とする法令と、住民の登録に関する法令である。住民の拘禁を可能とする規則では「治安と公共の秩序を維持するために必要または適切であると植民地長官が認めれば、いかなる人であっても拘禁することが可能である」と定められていた。このように1948年はシンガポールにおいて初の選挙が実施された年であったと同時に、非常事態宣言によって国内治安の維持のために植民地政府に絶大な権限が付与された年となった。

また、国内治安の維持措置の一環として身分証明書（Identity Card）の発行が始まった（Singapore, 1948b）。非識字者も多かった（*Annual Report*, 1948: 10）この時代に、氏名（本名、ならびに通称）、写真、右親指の指紋、性別、職業、居住地出身地、国籍および自署などが記載された身分証明書の発行が10月から登録が始まり12月までには72万7504枚の発行が完了した。1948年中頃の人口が96万1856人と推計されていることから、短期間のうちに全人口の76％に身分証明書の配布が完了したことになる。

シンガポールとマラヤ連邦においては非常事態が宣言されていたが、1948年憲法で定められた立法評議会の構成員を決定するための総選挙が実施され

た。この選挙に参加した政党は、植民地政府との関係が深い進歩党だけであり、その他の候補者は無所属であった。投票の結果、進歩党が議席の半数を獲得した（図表1-10参照）。

図表1-10　1948年選挙の結果

政党名	立候補者数	得票数	得票率（％）	獲得議席数
Progressive Party	5	11,754	46	3
無所属	10	13,807	54	3
合計	15	25,561	100	6

出所：(Yeo, 1973: 265)。

1948年選挙の結果成立した議会構成は（図表1-11）の通りである。戦前の立法評議会の構成（図表1-6参照）と比較すると、商業会議所からの推薦を受け入れる点、植民地官僚が加わる点などで共通点も見られるが、選挙による議員の選出方法の導入、植民地官僚が過半数以下に設定されていた点において、戦前の議会の構成とは違っていた。

(2)　1951年の憲法改正と両評議会の改革

1948年4月1日に立法評議会は開会したが評議会選挙条例改正案が5月18日に提出され、その後改正された。まず選挙制度に関して最も大きな変更は、有権者の拡大と全選挙区において小選挙区制を導入したことである（CO 953/1/7）[17]。1948年総選挙時の有権者は21歳以上の英国臣民に限定されていたが、改正後は、英国臣民、またはマラヤ連邦、サラワク、北ボルネオまたはブルネイで生まれ、直前の3年間をシンガポールで普段居住していた者とされた。ただし、①国外の勢力に忠実な忠誠を持っている者②外国のパスポートを持っている者③特定の犯罪を犯した者④健全な精神を持たない者を除くとされた。

次に選挙区の改正についてである。以前の選挙制度では1選挙区から1人の候補者が当選する選挙区と、2人の候補者が当選する選挙区が並立していた。また、定数2人の選挙区の選挙人は1人で2票を投票することができた。これは選挙の平等に反するということで、すべての選挙区において小選挙区制が導

図表1-11　立法評議会の構成（1948年4月1日）

	議長	総督	Mr. F.C. Gimson, K.C.M.G.
植民地官僚、9人	職権議員4人	植民地秘書官	Mr. P.A.B. McKerron
		財務長官	Mr. J.D.M. Smith
		法務長官	Mr. E.J. Davies
		市政長官	Mr. L. Rayman
	任命議員9人（公職議員5人、非公職議員4人）	軍司令官	L.H. Cox
		医務長官	Dr. W.J. Vickers
		経済局長	Mr. A. Gilmour
		教育局長	Mr. J.B. Neilson, M. C.
		地方局局長	Mr. C.W.A. Sennett
民間人、13人			Mr. E.R. Koek（法律家、元諮問会議議員）
			Mr. Thio Chan Bee（教育者、元諮問会議議員）
			Mr. P.F. de Souza（元諮問会議議員）
			Mr. Lim Yew Hock（労組指導者）
	民選議員9人	Second Member for Municipality North-East	Mr. John Laycock, M.C.（法律家）
		First Member for Municipality South-West	Mr. C.C. Tan（法律家）
		Second Member for Municipality South-West	Mr. N.A. Mallal（法律家）
		First Member for Municipality North-East	Mr. M.J. Namazie
		Member for Rural East	Che Sardon bin Haji Jubir
		Member for Rural Board West	Mr. S.C. Goho
		シンガポール商業会議所	Mr. E.M.F. Fergusson
		華人商業会議所	Mr. Tan Chin Tuan
		インド人商業会議所	Mr. R. Jumabhoy

出所：*ST* 27 Mar. 1948、*ST* 2 Apr. 1948、およびCO 953/1/6より筆者作成。注：1948年憲法では任命公職議員は7人以下とされていたが、総督は5人しか任命しなかった。

入されることになった。以上の改正を盛り込んだ修正立法評議会選挙条例（Singapore, 1948c）は1948年11月9日に発効した。

次に、1948年選挙において各選挙区の名称は、「市政区北東選挙区」、「地方

区東」といった、行政単位の名称がつけられていた（図表1-11参照）。これに対して1951年総選挙時において選挙区の名称はそれぞれの地域の名称を使った選挙区名へと変更された（図表1-15参照）。この時に定められた選挙区名は今日でも使われている。

　選挙制度の改革が進められる一方で立法評議会と行政評議会の改革についても検討が進められた。先述したように英国の植民地政策は自治政府の設立を援助することであり、戦前の植民地政府の統治システムに準拠した統治システムでは限界があり、さらなる実体のある自治政府へと統治システムの改革が求められた。この背景にはアジアにおける共産主義活動の活発化がある。反帝国主義思想を掲げる共産主義者の武力闘争はマレー半島だけでなく、中国大陸、朝鮮半島、インドシナ半島などでも活発化していた。こうした状況の中で戦前のイギリス帝国時代の統治システムを継承している政治体制を継続することは、シンガポール植民地においても共産主義活動を活発化させるおそれがあった。

　立法評議会の非公職議員の中からも立法評議会の改革を求める声が上がった。民選議員のタン（C. C. Tan）は1950年3月21日に、民選議員の数を6人から9人へ増加させる動議を立法評議会に提出した（FCO 141/14444）。この動議に対して、出席した多くの非公職議員から動議を支持する発言が相次ぎ、公職議員の立場からも植民地秘書代理が同動議の主旨に賛成する旨の発言があり、立法評議会として同動議に同意した（FCO 141/14444）。この結果民選議員の1950年任期満了を迎えて新しい立法評議会の選挙が行われるのに先立ち、新しい立法評議会の構成を民主的なものへと変更する決定をした。その結果、植民地勅令も改正され、民選議員の数は6人から9人へと増員された（UK, 1950）。

　また、この時期に後の議会制民主制の基礎となる、立法府の議員が互選で選出した人物が行政府に加わることになった。また、民政が始まってから行政府のメンバーは職権議員と、総督の任命による公職議員と民間人によって構成されており、その構成比は植民地官僚が過半数以上とされていた（図表1-8参照）。しかし、自治政府の設置を進めるために、行政府においても住民が選出した立法府の議員から議員の互選により行政評議会への参加が認められることとなり、行政評議会においては植民地官僚と民間人の数は同数となった（図表

1-12および図表1-13参照)。

図表1-12　1946年と1951年における行政評議会の構成

1946年	
議長	総督
植民地官僚、6人	職権議員、4人
	任命公職議員、2人
民間人、<u>4人</u>	任命非公職議員、4人

→

1951年	
議長	総督
植民地官僚、6人	変更無し
	変更無し
民間人、<u>6人</u>	任命非公職議員、4人
	立法評議会からの選出、2人

出所：(UK, 1948b) および (UK, 1951) から筆者作成。

図表1-13　行政評議会の構成（1952年）

	議長	総督	Mr. F.C. Gimson, K.C.M.G.
植民地官僚、6人	職権議員4人	植民地秘書官	Mr. W.L. Blythe
		財務長官	Mr. W.C. Taylor
		法務長官	Mr. E.J. Davies
		市政長官	Mr. T.P.F. McNeice, O.B.E.
民間人、6人	任命議員6人	シンガポール軍区総司令	Major-General A.G. O'Carroll Scott, C.B., O.B.E.
		華人事務局長	Mr. G.W. Webb
		立法評議会議員	Mr. E.M.F. Fergusson
			Mr. Tan Chin Tuan
			Mr. M.J. Namazie
			Mr. R. Jumabhoy
	立法評議会からの選出 18 2人		Mr. Thio Chan Bee
			Mr. C.C. Tan

出所：(*Annual Report*, 1952: 344) より筆者作成。

　1951年4月10日に行われた総選挙では、前回の選挙とは異なり2つの政党と無所属が参加した。保守層を代表する進歩党と労働組合を支持基盤にもつ労働党（Labour Party）による総選挙の争いは、宗主国における保守党と労働党との争いの構図に似ている。選挙の結果、進歩党が過半数を獲得した（図表1-14および図表1-15参照）。

図表 1-14　1951 年選挙の結果

政党名	立候補者数	得票数	得票率 (%)	獲得議席数
Progressive Party	8	11,202	45	6
Labour Party	7	7,335	30	2
無所属	7	6,156	25	1
合計	22	24,693	100	9

出所：*Government Gazette* より筆者作成。

図表 1-15　1951 年立法評議会の構成（1951 年 4 月 17 日）

	議長	総督	Mr. F.C. Gimson, K.C.M.G.
植民地官僚、9 人	職権議員 4 人	植民地秘書官	Mr. W.L. Blythe
		財務長官代理	Mr. W.C. Taylor
		法務長官	Mr. E.J. Davies, K.C.
		市政長官代理	Mr. N. Ward
	総督の任命、9 人（公職議員 5 名、非公職議員 4 名）	医務局長	Dr. W.J. Vickers, C.M.G.
		教育局長	Mr. A.W. Frisby, E.D.
		土地局長	Mr. J.A. Harvey
		法務次官	C.H. Butterfield
		労働局長代理	Mr. G.W. Davis
		総督による任命	Mr. P.F. de Souza
		〃	Mr. A. McLellan
		〃	Che Ahmad bin Mohamed Ibrahim
		〃	Mrs. Elizabeth Choy, O.B.E.
民間人、16 人	民選議員、12 人	Member for Katong	Mr. John Laycock, M.C.
		Member for Tanglin	Mr. C.C. Tan
		Member for Balestier	Mr. Thio Chan Bee
		Member for Keppel	Mr. Lim Yew Hock
		Member for City	Mr. N.A. Mallal（欠席）
		Member for Rochore	Mr. C.R. Dasaratha Raj
		Member for Seletar	Mrs. Vilasini Menon
		Member for Changi	Dr. C.J.P. Paglar
		Member for Bukit Timah	Mr. H.J.C. Kulasingha
		シンガポール商業会議所	Mr. E.M.F. Fergusson
		華人商業会議所	Mr. Tan Chin Tuan, C.B.E.
		インド人商業会議所	Mr. R. Jumabhoy

出所：(Singapore, 1951) より筆者作成。

6. 1955年憲法と民選議員中心の統治機構の誕生

　さて、立法評議会総選挙は 1948 年、1951 年と実施されたが、選挙に参加した政党も投票を行った有権者も限られており、植民地時代の性格を色濃く残した憲法下での主権の移譲には限界があった。例えば、選挙人名簿への登録は任意制であったため有権者の 25% 程度しか投票せず、かつ有権者は英国臣民に限られていたので、国家主権の移譲を推進するためには憲法の改正が必要であるのは明らかであった。

(1) 1955 年憲法の発布

　1952 年 8 月、ニコル総督は立法評議会の全ての非公職議員（16 人）に対して、民選議員の数を増加させるべきかどうかについて考えをまとめるように指示した。委員会は 53 年 2 月に、現行の 9 人から 18 人へ増員するべきだという報告書をまとめた（Singapore, 1953）。5 月 19 日には立法評議会において、憲法の改正とともに選挙制度の改正が必要であることが確認された。一連の立法評議会の改革を求める声が高まったことを背景に、植民地政府は抜本的な憲法改正が必要であるとして英国本土の植民地省と合議の上、シンガポール憲法改正委員会を設置し（1953 年 11 月）、新憲法の内容を検討させた。

　憲法委員会の構成は、行政評議会の同意も得て以下のように決まった。決裁権しか持たない議長と、8 人の委員、そして事務局である。8 人の内訳は、法務長官、市政局長官、立法評議会の非公職議員から総督が指名する 5 人、および総督が指名する委員 1 人である。委員会の議長であった英国の元外交官ジョージ・レンデル（George Rendel）は 1954 年 2 月 22 日に報告書（Singapore, 1954a）を提出した。レンデル報告書の提言はほぼ受け入れられ、1946 年に公布された勅令は無効とされ、1955 年に新しい勅令（UK, 1955）が制定された（以後 1955 年憲法と略）。

　新しい選挙制度および憲法では、有権者を 21 歳以上の連合王国と植民地の市民（ただし選挙立候補日の直近の 10 年間のうち 7 年間をシンガポールで居

住し、議会において討論するのに十分な英語力を有していること)、また外国のパスポートを持っている者、特定の犯罪を犯した者、または健全な精神を持たない者を除くとした。

立法評議会も名称を変更し立法議会 (Legislative Assembly) とし、その構成は、立法議会の議員ではない民間人から総督が指名した議長と各種議員から成る。議員定数は32人でありその内訳は、総選挙で選出される民選議員 (25人)、3人の職権議員 (首席秘書官、法務長官、財務長官) と、総督の任命した4人の民間人である (図表1-16参照)。第2院は設置されなかった。また、議会での使用言語は英語とすることが定められた。

行政府機構については行政評議会が廃止され、新しく閣僚評議会 (Council of Ministers) が設置された。閣僚は、総督、3人の職権議員と、立法議会の中で過半数を獲得した政党もしくは連立政党の代表が推薦した議員を総督が任命する6人の合計10人で構成する (図表1-19参照) (UK, 1955)。シンガポール植民地のすべての政策は閣僚評議会が担う (ただし、防衛、外交、治安は除く) ことになったが、総督は依然として留保された権力をもっていた。また、閣僚評議会は立法議会に責任を負うとしていた。また1955年憲法の改正に合わせて選挙制度も改正された (Singapore, 1954b)。

図表1-16　1955年立法議会の構成

民間人	議長、1人	立法議会の議員ではない民間人から総督が任命
植民地官僚、3人	職権議員、3人	首席秘書官、法務長官、財務長官
民間人、29人	民選議員、25人	選挙による選出
	任命議員、4人	総督による任命

出所：(UK, 1955) より筆者作成。

また1955年選挙法で注目すべき点として、有権者の選挙人名簿への自動登録が始まったことがある。これ以降シンガポールでは有権者の選挙人名簿への登録は自動的に行われている。選挙人の自動登録制が可能となった背景には、1948年の非常条例が大きく関連している。有権者名簿へ選挙人を自動登録するためには、住民一人ひとりの、性別、年齢、居住地、国籍、犯罪履歴の有無などといった、憲法で規定された有権者資格に関する項目の情報を担当部局が

入手できなければならない。シンガポール政府は、1948年に成立した非常条例によって身分証明書の携帯を事実上義務づけ、すべての住民の情報の収集、整理を着実に続けてきておりこの作業が可能となった[19]。

(2) 1955年総選挙

選挙人名簿への選挙人の登録が自動化され、議会における商業会議所の特別枠も廃止されたことにより、有権者の特性はそれまでとは大きく異なった。選挙人の数は1951年選挙時と比較して6倍になり、立候補者数も3.5倍に、参加した政党の数も3倍になった（図表1-17参照）。選挙戦での最も大きな争点は、過去の2回の総選挙の時とは異なり1948年の非常条例の今後の取り扱いについてであった。同条例の存続を主張した親英的な政党であった進歩党と民主党は惨敗し、植民地支配の終結と非常条例の即時廃止を訴えたマーシャル（David Marshall）を代表とする労働戦線（Labour Front）が、過半数の議席は獲得できなかったものの、比較第一党となった（図表1-17参照）。

図表1-17　1955年選挙の結果

政党名	立候補者数	得票数	得票率（%）	獲得議席数
Progressive Party	22	38,695	25	4
Democratic Party	20	32,115	21	2
Labour Front	17	42,300	27	10
Alliance	5	13,157	8	3
PAP	4	13,634	9	3
無所属	10	15,098	10	3
Labour Party	1	1,235	1	0
合計	79	156,234	101*	25

*四捨五入を行ったため。
出所：(Yeo, 1973: 274) より筆者作成。

シンガポール再占領後の英国支配の再確立に寄与してきた政党が負け、1948年総選挙後に導入された非常条例に批判的な政党が勝利したことは、これまでの政治の転換点になったことを意味していた。この後のシンガポールの政治は1948年の非常条例の取り扱いと、英国からの独立交渉の2つの議論が絡み合

いながら展開することになる。

　1955 年は、シンガポールの歴史において最もストライキの多い年であった（図表 1-18 参照）。この年には 275 件のストライキが発生し、特に 5 月に発生したバス会社でのストライキでは、警察とストライキ参加者が衝突し死者 4 人、負傷者 31 人を出す事態となっていた。この年にストライキが増加した理由は、武力闘争を断念したマラヤ共産党が、合法的な団体、政党、労働組合、学校、同好会などに浸透し、これらの団体を乗っ取り、住民の反英感情を鼓舞したり、ストライキをおこなうことによって社会の混乱を誘い、植民地政府の行政を停滞させ、英国の植民地支配に抵抗する作戦に転換していたのが原因とされる[20]。

　1955 年選挙で勝利した労働戦線の代表であったマーシャルは、閣僚評議会の首席大臣（Chief Minister）に就任し（図表 1-19 参照）、前述した社会情勢の中では非常条例の撤廃には至らなかったが、英国との間でシンガポールの独立に向けた交渉を始めることに成功した。その結果、1956 年より英国とシンガポールの全党議員代表団との間で独立を認める交渉が始まった。独立交渉は

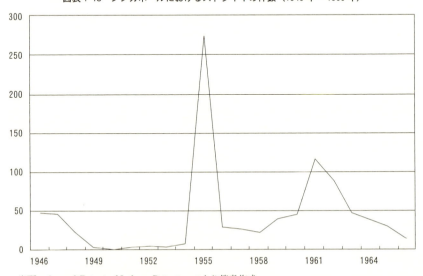

図表 1-18　シンガポールにおけるストライキの件数（1946 年～ 1966 年）

出所：*Annual Report of Labour Department* より筆者作成。

図表1-19　閣僚評議会の構成

	議長	総督	Sir John Nicoll
植民地官僚、3人	職権議員	首席秘書官	Mr. W.A.C. Goode, C.M.G
		法務長官	Mr. E.J. Davies, Q.C.
		財務長官	Mr. T.M. Hart
民間人、6人	立法議会において最大会派の代表者に総督が任命	首席大臣兼通商・工業大臣	Mr. D.S. Marshall
	首席大臣との協議に基づき総督が任命	労働・福祉大臣	Mr. Lim Yew Hock
		教育大臣	Mr. Chew Swee Kee
		地域、土地、住宅担当大臣	Inche Abdul Hamid bin Jumat
		通信交通大臣	Mr. Francis Thomas
		保健大臣	Mr. A.J. Braga

出所：(*Annual Report*, 1955) から筆者作成。

1958年まで続くが、マーシャルは56年の独立交渉にて失敗して首席大臣を辞任した。その後、労働戦線のリム・ユーホックが首席大臣に就任し独立交渉を進め、シンガポールの住民が構成する政府に外交と国防を除く内政自治権が認められることになる。

7. おわりに

アジア太平洋戦争終結後、シンガポールでは英国が戦前の統治機構を再導入することで政治支配の再確立をした上で、自治政府を設立するための国家機構の整備を進めた。具体的には立法府、行政府、そして選挙制度改革を中心に、常に英国主導による段階的な主権の移譲のための受け皿が整備された。この新しい統治機構の下では、選挙という戦前には行われなかった手段による議員の登用方法が導入され、立法府と行政府はほぼ全てが住民による構成となった。その結果、内政自治権獲得時に採用された議院内閣制の初期段階となる議会の多数派が内閣を構成する議院内閣制に基づく統治機構が成立した。その際、英国主導の政治改革に対して妨害を行うおそれのある者を、政治参加から排除する仕組みも同時に整備された。

こうした統治制度の改革の結果、戦後のシンガポールにおいて、本章冒頭で検討したマイケル・マンが帝国的と呼んだ、専制的権力が強くインフラストラクチャー的権力が弱い政治体制から、民主的な国家機構の整備を進める中でインフラストラクチャー的権力が強い政治体制が準備されていったと考えられる。特に1948年に実施された総選挙の実施は民主的な政治体制のために不可欠な統治手段でありインフラストラクチャー的権力を強めることになったが、総選挙と同時期に専制的な権力によって導入された非常条例の実施はシンガポールの戦後の政治体制が民主制へとは移行せずに、一党制へと移行することになった要因の1つといえよう。つまり、インフラストラクチャー的権力が強化される中で、非常条令によって帝国支配下で発達した専制的権力も維持された。このことはスレイターが指摘しているインフラストラクチャー的権力と政治体制が行使するメカニズムとの親和性を高め、結果として権威主義体制の永続に寄与したのではないか。

本章では国家機構、特に行政府と立法府の再整備とその構成員への住民参加がどのように行われたのかについて重点を置き考察してきた。本章で取り上げた期間において、シンガポールの住民は立法府と行政府の構成を任されることになり、住民によって選出されたシンガポール政府の代表が1959年に成立する自治国の国家機構を英国との交渉の中で完成させる。本章で観察した時期において英国から継承した専制的権力と、独立後に整備されたインフラストラクチャー的権力をいかに結び付けて民主的な国家をデザインするのか。旧宗主国がシンガポールの治安を乱すと判断した住民を排除する制度（非常条例）と、植民地時代の支配制度ではなく住民の広範な参加が必須の自治政府を整備する制度は、最終的には矛盾してしまう。しかしながら、その後のシンガポールの政治はこの矛盾する2つの制度を両立させる方策を探ることになる。2つの権力の取り扱いを巡ってその後の独立交渉の中で英国とシンガポールの住民代表者は厳しく対立する。そしてその結果できあがった政治体制がその後のシンガポールの権威主義体制を支えることになる。この点に関しては別稿にて論じる。

注

1 海峡植民地は当時インド政庁の下におかれていたが、(UK, 1866a) により、1867年4月1日よりインド政庁を離れ英国の直轄植民地 (Crown Colony) となった。
2 こうした政治研究としては (Lee, 1962, 1998)、(Bloodworth, 1986)、(Drysdale, 1984)、(Clutterbuck, 1984) などがある。
3 近年、これまでの単純化された歴史観を見直そうという動きがシンガポールでも始まっている。2001年に発表された (Tan, 2015) の出版以降、これまで語られることが少なかった立場からの政治研究が発表されている (Hong, 2008、Huang, 2006、Poh, 2016) が、こうした研究に対しては修正主義という批判が PAP の党執行部から投げかけられるなど、PAP が作り上げた政治観との間の溝は深い。
4 マンはインフラストラクチャー的権力について、(Mann, 1984) にて発表しているが、本章では単行本に再録された論文 (Mann, 1986) を参照した。また、マンは (Mann, 2008) においてインフラストラクチャー的権力に関する用語の名称変更を行っている。本章では (Mann, 1986) を引用する際、(Mann, 2008) で使用されている用語で読み替えた。
5 議会と行政府が一体として機能できなくなったときは、行政府が国民に議会の意思を再確認する (解散、総選挙) か、国民を代表している議会が行政府を辞任させることによって、議会と行政府が一体となって行動できるような仕組みになっている。
6 以下、シンガポール島が英国東インド会社を通して英国の支配下に入る経緯に関しては、(Buckely, 1984)、(信夫, 1968)、(Braddell, 1982) が詳しい
7 ただし、この間に開封勅許状は廃止 (revoke)、置換 (replace)、修正 (amend) がなされ、1942年に日本軍のシンガポール占領時点において有効であった開封勅許状は1911年12月17日付け開封勅許状を1935年5月22日に修正したもの (UK, 1935) と、1937年7月19日付けの訓令 (UK, 1937) であった。
8 (Braddell, 1982) の邦訳として (村井, 1993abc) があり専門用語の邦訳の参考にした。
9 L. マウントバッテン英国東南アジア最高司令官 (British Supreme Allied Commander in Southeast Asia) にして海軍大将 (Admiral) と板垣征四郎陸軍大将が出席した降伏式典が開催されたのは9月12日 (*ST*, 13 Sept. 1946)。
10 "Directive on Constitutional Policy in Malaya and Borneo: Joint Memorandum by the Secretary of State for the Colonies and the Secretary of State for War."
11 なお、委員会は枢密院議長 (The Lord President of the Council) を委員会議長として以下の全7人で構成された。自治領担当相 (The Secretary of State for Dominion Affairs)、インド担当相 (The Secretary of State for India)、植民地担当相 (The Secretary of State for the Colonies)、戦争相 (The Secretary of State for War)、法務長官 (The Attorney-General)、そして外交政務次官 (The Parliamentary Under-Secretary of State for Foreign Affairs) である。
12 *Hansard* Volume 414, No. 13, Column 255.
13 ココスキーリング諸島、クリスマス島も含む。
14 報告書の取りまとめのために2回の会議が追加で開催された。
15 全マラヤ共同行動会議 (All-Malayan Council of Joint Action, AMCJA) とプトラ (Pusat Tenaga Rakyat, PUTERA) が代表的な組織。前者は非マレー人左派、後者はマレー人左派を中心としていた。こうした団体の背後ではマラヤ共産党が活動していたとされる。
16 非常条令と、この条例の下で制定された規則は別のものである。シンガポールの非常条例に関しては (板谷, 2011) が詳しい。
17 条例修正案に対する Davies 法務長官の報告書 (1948年12月6日)。
18 1951年5月22日に立法評議会で行われた投票の結果2名が選出された。Lim Yew Hock は3番

目の得票数で選出されなかった。
19 身分証明書を携帯することが必須となり、合法的な手段で取得が不可能な住民は非合法な手段によって身分証明書を入手しようとした。その結果、1948年以降、身分証明書の盗難事件などが頻発することになった。しかしながら身分証の偽造や、不正な手段での入手件数が増加したとしても、政府が管理する住民情報をおさめた原本に大きな影響はなかったと考えても良いであろう。身分証明書の盗難に関しては、1948年以降の年刊（*Annual Report*）で毎年報告されている。
20 この時期の共産主義者の活動については（Lee, 1996）が詳しい。

参考文献
英国が公開した公文書
The National Archives of the UK（TNA）
―― CAB Cabinet Office
―― CO 1030 Colonial Office and Commonwealth Office.
―― DO 35 Dominions Office and Commonwealth Relations Office,
―― FCO 141 Foreign and Commonwealth Office and predecessors など。

シンガポール政府の年刊、官報
Singapore, *Annual Report*, Singapore: Government Printing Office.
―― *Government Gazette*: Government Printing Office.

シンガポールの日刊紙
The Straits Times (*ST*).

議事録、報告書、条例など
Singapore (1946a) 11th April, Colony of, *Minute of Meetings of Singapore Advisory Council*.
―― (1946b) *Report of the committee Appointed by his Excellency the governor of Singapore to make recommendations for the reconstitution of the legislative council of the colony*.
―― (1947) Singapore Legislative Council Elections Ordinance, No. 24 of 1947.
―― (1948a) Emergency Regulations Ordinance, 17 of 1948
―― (1948b) The Emergency (Registration) Regulations, 1948. G.N. No. S 320/48.
―― (1948c) 9th November, Singapore Legislative Council Elections (Amendment) Ordinance, 1948, No. 28 of 1948.
―― (1951) 17th *April, Proceedings of the Legislative Council*.
―― (1953) *Paper to be laid before the Legislative Council by Command of His Excellency the Officer Administering the Government*, No. 27 of 1953.
―― (1954a) *Report of the Constitutional Commission Singapore*.
―― (1954b) Singapore Legislative Assembly Elections Ordinance, No. 26 of 1954.
―― (1956) *Legislative Assembly, Sessional Paper*, No. Cmd31 of 1956, Annexure A, p.18.
United Kingdom (UK), 1866a, 29 & 30 Vic. Cap. 115, Straits Settlement Act, 1866: An Act to provide for the Government of the "Straits Settlements."
―― (1866b) Order of the Queen in Council for bringing into Operation the Act 29 and 30 Victoria, Cap. 115, intituled "An Act to Provide for the Government of the Straits Settlements." At the Court at Osborne House, Isle of Wight, the 28th day of December, 1866.
―― (1924a) 18th August, Letters Patent passed under the Great Seal of the United Kingdom,

amending Letters Patent of the 17th February, 1911, constituting the Office of the Governor and Commander-in-Chief of the Straits Settlements and their Dependencies.
―― (1924b) 18th August, Instructions.
―― (1935) 18th March, Letters Patent, No. 3797/ 1935
―― (1937) 19th July, Additional Instructions, No. 6743/ 1937
―― (1946a) *Malayan Union and Singapore: statement of policy on future constitution*. London: H.M.S.O., Cmd. 6724.
―― (1946b) *Malayan Union and Singapore: Summary of Proposed Constitutional Arrangements*, London: H.M.S.O., Cmd. 6749.
―― (1946c) The Straits Settlements (Repeal) Act, 1946.
―― (1946d) 27th March, Singapore Colony Order in Council, 1946.
―― (1946e) 27th March, Instructions.
―― (1948a) 24th February, The Singapore Colony (Amendment) Order in Council, 1948, No. 341/ 1948.
―― (1948b) 24th February, Additional Instructions.
―― (1950) The Singapore Colony (Amendment) Order in Council, No. 2099 of 1950
―― (1951) 23rd April, Additional Instructions.
―― (1955) The Singapore Colony Order in Council, No.187 of 1955.
―― (1963) *Malaysia Act, 1963* Chapter 35.

論文・単行本

Ashton, S. R. and S. E. Stockwell (eds.) (1996) *British Documents on the End of Empire: Imperial Policy and Colonial Practice: 1925-1945, Part I*, HMSO. http://hansard.millbanksystems.com/commons/1943/jul/13/colonial-affairs を参照（2017年3月26日閲覧）。

Bloodworth, Dennis (1986) *The Tiger And The Trojan Horse*, Singapore: Times Books International.

Braddell, Roland St John (1982) *The Law of the Straits Settlements: a Commentary*, Kuala Lumpur: Oxford University Press.

Buckely, Charles Burton (1984) *An Anecdotal History of Old Times in Singapore: From the Foundation of the Settlement under the Honorable the East India Company on February 6th, 1819 to the Transfer to the Colonial Office as Part of the Colonial Possessions of the Crown on April 1st, 1867*. Singapore : Oxford University Press.

Chan, Heng Chee (1984) *A Sensation of Independence : A Political Biography of David Marshall*, Singapore: Oxford University Press.

Chin, C. C., and Karl Hack (2004) *Dialogues with Chin Peng: New Light on The Malayan Communist Party*, Singapore: Singapore University Press.

Chionh, Mavis (2005) "The Development of the Court System", in Kevin Y. L. Tan (ed.), *Essays in Singapore Legal History*, Singapore: Marshall Cavendish Academic and the Singapore Academy of Law.

Clutterbuck, Richard (1984) *Conflict and Violence in Singapore and Malaysia, 1945-1983*, Rev. Updat & Enlarged ed. Singapore: Graham Brash.

Dan, Slater (2010) *Ordering Power*, New York: Cambridge University Press.

―― and Sofia Fenner (2011) "State Power and Staying Power: Infrastructural Mechanisms and Authoritarian Durability," *Journal of International Affairs*, Vol. 65, No. 1, pp. 15-29.

Drysdale, John (1984) *Singapore, Struggle For Success*. Singapore: Times Books International.

Hong, Lysa, and Jianli Huang (2008) *The Scripting of A National History*, Hong Kong: Hong Kong University Press.
――― (2015) "Foreword," in Poh Soo Kai (ed.), *Comet in Our Sky*, New Edition, Malaysia: Strategic Information and Research Development Centre, 2015.
Huang, Jianli (2006) "Positioning the Student Political Activism of Singapore: Articulation, Contestation and Omission," in *Inter-Asia Cultural Studies*, Vol. 7, No. 3, pp. 403-430.
Lee, Kuan Yew (1962) *Battle for Merger*, Singapore: Government Printing Office.
――― and National Archives (2014) *The Battle for Merger*, Singapore: National Archives of Singapore: Straits Times Press.
――― (1998) *The Singapore Story: Memoirs of Lee Kuan Yew*, Singapore: Times Books International.
Lee, Ting Hui (1996) *The Open United Front : The Communist Struggle In Singapore, 1954-1966*. Singapore: South Seas Society.
Lim, Yew Hock (1986) *Reflections*, Kuala Lumpur: Pustaka Antara.
Mann, Michael (1984) "The Autonomous Power of the State: Its Origins, Mechanisms, and Results," *European Journal of Sociology*, Vol. 25, No. 2, *pp.* 185-213.
――― (1986) "The Autonomous Power of the State: Its Origins, Mechanisms, and Results," in J A Hall (ed.), *States in History*, Oxford: Basil Blackwell, pp. 109-136.
――― (2008) "Infrastructural Power Revisited," *Studies in Comparative International Development*, Vol.43, pp. 355-65.
Poh, Soo Kai, editors Hong Lysa and Wong Souk Yee (2016) *Living in a Time of Deception*, Singapore: Function 8 Ltd, and Petaling Jaya: Pusat Sejarah Rakyat.
Srinivasagam, Elizabeth (1972) *Tables of the Written Laws of the Republic of Singapore: 1819-1971. Vol. 1*, Singapore: Malaya Law Review, University of Singapore.
Tan, Jing Quee, Jomo K. S, And Soo Kai Poh (2015) *Comet in Our Sky: Lim Chin Siong In History*, New Ed. Petaling Jaya, Selangor, Malaysia: SIRD & Pusat Sejarah Rakyat.
Tan, Kevin, Y. L. (2005) "A Short Legal and Constitutional History of Singapore," in Kevin, Y. L. Tan (ed.), *Essays in Singapore Legal History*, Singapore: Marshall Cavendish Academic and the Singapore Academy of Law, *pp.* 27-72.
――― (2008) *Marshall of Singapore: A Biography*, Singapore: Institute Of Southeast Asian Studies.
Turnbull, C. M. (2009) *A History of Modern Singapore, 1819-2005*, Singapore: NUS Press.
Yeo, Kim Wah (1973) *Political Development In Singapore, 1945-55*, Singapore: Singapore University Press.
板谷大世（2009）「シンガポールの新政治秩序と民族集団―植民地政府から自治政府への移行期を中心に―」山本信人（編）『東南アジアからの問いかけ』慶應義塾大学出版会、183-215ページ。
―――（2011）「シンガポールにおける内政自治権の獲得と治安維持条例（PPSO）―第二次世界大戦後から制憲会議までを中心に―」、『広島国際研究』17巻、1-18ページ。
外務省調査部（編）（1942）『英領マレーの統治機構概観』外務省。
佐藤成基（2006）「国家の檻―マイケル・マンの国家論に関する若干の考察―」『社会志林』第53巻2号、19-40頁。
信夫清三郎（1968）『ラッフルズ伝』平凡社。
竹下秀邦（1995）『シンガポール―リー・クアンユウの時代―』アジア経済研究所。
村井衡平（1993a）「〔資料〕シンガポール（海峡植民地）法史序説」『神戸学院法学』第23巻1号、9-59ページ。
―――――（1993b）「〔資料〕シンガポール（海峡植民地）法史序説（2）」『神戸学院法学』第23巻2

号、61-91 頁。
──（1993c）「〔資料〕シンガポール（海峡植民地）法史序説（3）」『神戸学院法学』第 23 巻 3 号、
　　　77-108 頁。

第2章

イギリス委任統治下のパレスチナにおける
スカウト運動[i]

田浪　亜央江

1. はじめに

　2018年はイスラエル建国にともなうパレスチナ社会の崩壊とパレスチナ人の難民化という出来事（ナクバ［大災厄］）から70年目に当たる。イスラエル建国は国連によるパレスチナ分割決議を直接の契機としており、その決議の背後には、イギリスによるパレスチナ委任統治の失敗があった。将来この地をユダヤ人国家にすることを前提とした統治は、当然ながらもとからのアラブ系住民の反発をかいイギリス当局への抵抗を生み出したばかりでなく、事態の沈静化のためにユダヤ系移民の抑制を試みたことで、シオニストによるテロを誘発した。

　委任統治制度は、第一次世界大戦の講和条約に従って作られた国際連盟の枠組みの一部をなすシステムである。それは国際連盟が特定の加盟国を「受任国」とし、旧敵国領地の統治を委ねるというかたちをとることで、戦勝した連合国（協商国）の勢力圏の拡張を実現させるものだった。1917年12月からパレスチナを占領し、軍政を開始したイギリスは、1920年にハーバート・サミュエルを高等弁務官として派遣し、国連の正式な承認（1922年7月24日）を受ける前からパレスチナの委任統治を開始する。ユダヤ系の出自を持つだけでなく、自身が熱心なシオニストであったサミュエルが高等弁務官となったことは、当初イギリスによる支配をおおむね好意的に受け入れていたパレスチナのアラブ住民の失望を決定的なものにした。

　他方、コロニアル状況のつねとして、植民地ネイティブであるパレスチナ人

は、イギリスの植民地政策、とりわけ親シオニスト政策だけを見て常時抵抗の姿勢で臨んでいたわけではなかった。エルサレム生まれのアマチュア音楽家ワースィフ・ジャウハリーヤ（1897−1973）の回想記は、イギリス軍政下の混沌状況にあった、自由で解放的な一側面を伝えている。委任統治行政府に雇用された現地職員であったジャウハリーヤは、その基本政策に批判を抱きながらもイギリス人高官を個人として分別し、親しく交流をしたようすを詳細に記す。だが、「残念なことに英国が 1920 年夏にパレスチナで民政を開始し、ハーバート・サミュエルを高等弁務官にしたことで、この時代は終わった。記録局でこのニュースが流れ、失望したことを思い出す。オスマンの圧政から解放され、いまやシオニストの高等弁務官の支配に入ったのだ」[MWJ, 339]。

　こうしたイギリスの支配のなかで広がったスカウト運動は本来、被支配者たるパレスチナ人のあいだに「政治的従順さや英国文化への敬意を涵養する」[Anderson, 2013, 80] ことでイギリスの統治にとって都合の良い秩序をパレスチナに作り出すためのツールであった。他方この運動を急速に受け入れたパレスチナ人たちは、とりわけハイキングやキャンプをつうじて自らの「ワタン al-waṭan［祖国／郷土］への愛」を自覚し深めたばかりでなく、やがてそれをイギリスへの抵抗運動のなかで組織化してゆく。イギリスにとってスカウト運動は、統治の内実を作り出すためのパレスチナ社会との文化的な接点＝〈際〉であったが、ユダヤ国家建設を準備するための委任統治そのものが不正であると考えるパレスチナ人にとって、そもそもこうした〈際〉の設定そのものがまったく一方的なものであった。しかしひとたびこの運動とともに一定の時間を過ごし成長した彼らは、委任統治への抵抗においてそれをただ否定し壊そうとするのではなく、むしろ自分たちにとって使い勝手のあるツールへと変容させていったのである。

　本章では、このパレスチナにおけるスカウト運動に関わった人々の手によるアラビア語のテキストを読み解きながら、こうした過程を追ってみたい。

2. スカウト運動の形成と発展

(1) スカウト運動の出自と理念

「スカウト」とはもともと普通名詞として斥候（偵察兵）を指すが、現在ではイギリスで組織され各国に広がった国際スカウト運動[1]やその会員を指すのが一般的である。日本においては日本ボーイスカウト連盟またはガールスカウト連盟、あるいはそれに属する地域ごとの団や団員を指すだろう。同運動はその公式な歴史のなかで、英国陸軍司令官ロバート・ベーデン＝パウエル［1857-1941］が1899年、ボーア戦争中のケープ植民地マフェキングで「見習い兵団」を導入した経験がもとになって作られたもの、とされている。パウエルはイギリスへの帰国後、スカウト訓練を通じて「少年たちの精神を発展させる」というアイディアを生み出し、1907年、軍隊的な規律を青少年運動に取り込んだスカウト組織を設立した[2]。

スカウト運動が英国統治領だけでなく、急速に世界中に広がったのは、ナショナリズムの世界的広がりのなかで、組織化を通した住民の国民化が要請された20世紀初頭という時代を抜きにしては考えられない。そして同運動は軍隊を出自として持ちながらも、第一次大戦後、パウエルが国際平和主義に重身を移すことで、他の青少年運動とは異なる伝播力を見せる。同時にパウエルは、スカウト運動の広がりが英国の植民地維持にも貢献することを見通し、特にアフリカの若者の「文明化」の使命を担うことを期待した。スカウトの国際キャンプ大会として現在まで4年おきに続く、「世界スカウトジャンボリー」の第一回大会がロンドンで開催されたのは1920年のことで、これをきっかけとして各国内のスカウト協会を監督する国際局が作られた［Parsons, 2004, 61-2］。

パウエルの著作 Scouting for Boys は、スカウト運動の理念を知るための基本テキストとして、現在までスカウト関係者のあいだで読み継がれている。ここでスカウト（斥候・偵察）技能とは、まず国家、社会、人々に奉仕するものとされ、それを身につけるために屋外での生活とくにキャンプを通じ、身体能

力や観察能力、自己規律・自立生活能力を高め、探偵技術や推理・記憶能力、健全・明朗な騎士道的精神を身につけることが重要であると説かれている。本書にはそのためのさまざまな訓練方法が紹介されており、方角の知り方、火の起こし方、天候の予測、暗闇の中での行動、紐の結び方、人命救助、動物・植物・昆虫の観察から有用な手がかりを得るための知識、などが続く。

　特徴的なのは、「南アフリカのズールー族」、「アメリカインディアン」など「未開人」の知識や慣習に関する事柄が随所で言及されており、彼らから学べるものが豊富にあると力説されていることである。「スーダンやエジプトには、たいへんすぐれたトラッカーがいるが、私は彼らの腕前を実際に見たことがある」という具合に、パウエル自身の体験や見聞に基づいた記述となっている。スカウト運動はその出自からして植民地と関わり、イギリスの植民地支配のなかで、一人の軍人が植民地での経験を通して得た自然観、身体観に基づく理念と訓練方法、規律体系をもつ運動であった［Powell, 1908］[3]。

(2)　イギリス委任統治パレスチナのスカウト運動

　パレスチナではイギリスによる占領統治開始直後に、パウエル系のパレスチナ・ボーイスカウト協会（the Palestinian Boy Scout Association、以下PBSA）が設立された［Andrews, 1931, 80］。「パウエル系」との限定を付けるのは、イギリスに出自をもち委任統治政府によって正統性を付与されたPBSAに所属しない、独立したスカウト団やそのネットワーキングの動きが後に出てくるためだ。ともあれ1918年段階では、PBSAに属する少なくとも4つのグループが登録されていた[4]。

　その後、パレスチナのスカウトは、団数、団員数を着実に増加させてゆく。1924年にはPBSAは18の団で形成され、650人のムスリムおよびクリスチャンの団員をもっていたが、1931年になるとそれは60人の指導員と1600人のスカウト隊員となる。1936年には100のグループを数え、総計3344名（成人隊員167名、スカウト隊員2337名、女子隊員344名、カブスカウト496名）になっている［Colonial Office, 1924, 25］［Andrews, 1931, 79］［A Survey of Palestine, 662］。

　いっぽうパレスチナにおけるユダヤ人移民社会のなかでも、スカウトと同様

の理念や組織形態をもつユダヤ系青少年団体が生まれ、委任統治政府はそれをパウエル系の PBSA に統合させることに期待を示した。1924 年の委任統治政府の報告では、「すべてムスリムかクリスチャン」に関する記述に続いて、「教員を中心とした 32 人のユダヤ人スカウト・マスターがユダヤ・スカウト協会のトレーニング・キャンプに参加」したとあり、PBSA の副理事がキャンプ長とインストラクターを務めたことが特記されている。1925 年の報告では「スカウティングは少年たちのあいだでポピュラーであり、現在 1600 人のボーイスカウトが入隊」との記述に続き、「ガールガイド運動もいくつかのクリスチャンやユダヤの学校で導入されている」とあり、ユダヤ社会での動きにもつねに目配りされていたことが分かる [Colonial Office, 1924, 25] [Colonial Office, 1925 p.14]。しかしイギリス委任統治は結局、ユダヤ社会でのパウエル系のスカウト設立を果たせないままに終わった。本章ではテーマとしないが、ユダヤ人のみのスカウト団体という志向性が、宗教や民族を問わない全構成員の平等、という建前をもつパウエル系のスカウト運動への統合を困難にしたことは想像に難くない[5]。

特に委任統治時代の前半、スカウト運動は委任統治行政と固く結びついていた。1930 年代までの歴代高等弁務官はパレスチナスカウト総長 Chief Scout of Palestine という名誉称号を持ち、行政州長官はスカウト地域理事 District Scout Commissioner を兼務、教育局長はスカウトの地方理事 Country Commissioner という肩書も背負っていたのである [Shaw, 1946, 662]。

1929 年、イギリスのバーケンヘッド近郊で開かれ、約 5 万人の参加者を集めた第 3 回世界スカウトジャンボリー、および 1933 年にハンガリーのゲデレーで開かれ、2 万 5792 名の参加があったと記録されている第 4 回ジャンボリーには、それぞれパレスチナからスカウトの隊員が参加した[6]。

1920 年代後半に入ると、パレスチナのアラブ人住民、とくにムスリムのあいだで、植民地行政と結びついたスカウトではない、非パウエル系（独立系）のスカウトグループの設立が主張されるようになる。教師をしていたダルウィーシュ・アル＝ミクダーディーという人物は、1926 年、委任統治政府教育局長のハンフリー・バウマンへの公開書簡のかたちで、「独立したアラブのスカウト」の設立要求を行っている [Harte, 2008][7]。

スカウトに並び、英国が植民地で支配当局に対して従順な人材を育成するための手段として利用したのは YMCA（キリスト教青年会）である。1928 年にエルサレムで YMCA によって開かれた世界伝道会議に対する地元のムスリムたちの反発は、同年ジャッファでの「ムスリム青年協会」の設立に結びついた。同協会は 11 月の会議で、イギリス委任統治政府をバックにもつパウエル系のスカウトではない、独立したアラブのスカウトの設立を方針化した。「嘆きの壁」事件の起きた 1929 年以降、独立系スカウトは委任統治当局の警戒のなか短期間で急増し、パウエル系スカウトを参加者数で圧倒するようになった。1934 年 1 月、「ムスリム青年協会」および「アラブ青年会議」の後押しで 30 人の代表からなる会議が開かれ、パウエル系から分離しイラクのガーズィー一世[8]を象徴的な長とする独立組織「パレスチナ・アラブスカウト連盟」が作られた［Anderson, 2013］。

1936 年から 39 年にかけ、パレスチナでは委任統治政府のユダヤ人移民政策に抗議し、全土でのゼネストが続くが、ここではスカウト・グループに属する若者たちが活動した。それに対して委任統治政府は、スカウトの制服の着用禁止、スカウトによる人命救助活動の禁止などを行い、スカウトの活動を制限する措置に出るが、これはパレスチナのスカウトが英国当局にとってコントロール不能なものになっていることを示していた［Harte, 2008］。イギリス委任統治政府にとってその統治に従順な人材を作り出すことが期待されたスカウトの理念とスタイルが、革命運動に応用され、イギリスの統治を脅かすという皮肉な事態が生じるのである。以後、英国当局がパウエル系スカウトの活動に対し、積極的に関与することはなくなった。以下で取り上げる回想記の著者バフジャト・アブー＝ガルビーヤは、パウエル系スカウトでの活動を経て、1930 年代後半以降の武装闘争にスカウトの経験と知識を生かした若者の一人である。

3. パレスチナの景観とスカウト運動

(1) パウエル系スカウト運動とパレスチナ人

バフジャト・アブー＝ガルビーヤ［1916−2012］はオスマン政府の行政官を

父に持ち、ガザのハーン・ユーニスに生まれた。1936年の革命からパレスチナ戦争までジハード軍 Jaysh al-Jihād al-Muqaddas および若者運動であるフトゥーワ al-Futūwa に参加し、ナクバ以降はヨルダン・バアス党に参加した。1967年にヨルダン川西岸地区がイスラエルに占領されると、のちのパレスチナ人民闘争戦線 Jabhat al-Niḍāl al-Shaʻbī al-Filasṭīnī となる組織を同地区で設立した。

　ガルビーヤがまだ幼少だった第一次大戦中、1917年にガザが英軍に征服されると、一家はヘブロンに移る。大戦終結後、オスマン政府の官僚だった父はしばらく失業状態となるが、1923年にエルサレム市の財務局の職を得る。ガルビーヤは、エルサレムのタマリーン［実業］学校に通うことになり、「幼い頃から私は、ハイキングやスカウト生活がとても好きだった」という彼は、1926年、同校のアシュバール団[9]に入った。ここでのスカウトの指揮官でもあった教員として、彼はファフリー・ジャウハリーヤ[10]の名を挙げている［KN 20］。

　しかし翌年には、次兄のラシャードがハイファのイスラーミーヤ学院の教員に任命され、兄の世話をする母親とともに、ハイファに移住する。父親に第二夫人のいたことも関係しているようだ。ハイファの海岸、海、平原、カルメル山、森林を彼はたいへん気に入り、「この深い愛情は、のちの私のナショナルな感情とナショナルな傾向に大きく影響した」［KN 5］と述べる。ハイファでも学校のスカウト団に参加し、「我々の指揮官はアブドゥッラー・タイムール先生だった。カルメル山の森の中で先生と一緒に行なったキャンプのことは忘れられない。夜にはジャッカルに襲われ、そいつを殺した」［KN 20］。だが、同時期のハイファでもっとも重要な記憶は、イスラーミーヤ学院の教員で兄ラシャードの同僚でもあったイッズッディーン・アル＝カッサーム[11]と知り合ったことである。彼は何度もアブー＝ガルビーヤの家を訪問し、時々彼はイスティクラール・モスクで行われていたカッサームの講義に出席したという。

　エルサレムに戻り、教員になった彼は、1935年の春にスカウトの指導者向けのトレーニング・キャンプにも参加する。ラムレの西のビール・サーレムで毎年春に15日間行われていたものだった。

　「キャンプの司令官は英国の植民地主義に深く根をもった教育局長［ハンフ

リー・] バウマン、そして副官はホグベン氏およびトムリンソン氏ではあったが、このキャンプへの参加期間を通じ、またスカウト運動全体から、私は自分が経験と技術と、困難を前にした時の強固な意志、自己信頼、リーダーシップの精神といった価値観を得たと感じた。キャンプ終了時、私は木製の記章を与えられた。それはスカウト・マスターとリーダーたちに与えられる記章で、スカウトの団を組織し率いる能力を証明するものだった」。[KN 20] [12]

後日の回想記であるため、委任統治政府に対して当時どのように感じながらこのキャンプに参加していたのか、正確なところは分からない。しかし翌年1936年6月に友人と二人でイギリス人警視副総監アラン・シグリストに向け発砲し負傷させる事件を起こす彼は、自分が「英国の植民地主義に深く根をもった」組織で訓練を受けることに、十分自覚的だっただろう [13]。

彼の回想記のなかのスカウトに関する言及はここまで、スカウトで得た技術や知識、そして自己鍛錬の要素に焦点が当てられており、スカウト活動の中でのパレスチナの自然や景観の発見、それへの愛情表現は見当たらない。だが、のちにかれ自分がパウエル系のスカウトを離れ、武装抵抗組織のなかで活動した時期については、彼の記述は次のようになる。

> … ずっとのち、私はイブラーヒーミーヤ校とスポーツクラブ、そして1940年代後半にはナジャダやフトゥーワといった準軍事組織に、スカウト運動のリーダーや指導者として参加した。スカウトの生活は私にこの国の町や村々、山、平原、渓谷や川、湖沼や沿岸、山の洞窟に至るまで、それらに関する豊富な知識を与えてくれた。それらはその後の私の戦闘生活に有益なものとなり、ワタニー [わが祖国] に対する愛を与えてくれた。[KN 21]

スカウト運動をいったん離れ武装抵抗活動を開始すると、スカウトで得た自然の観察眼や知識が、パレスチナの自然や「ワタニーに対する愛」に結びつけられている。これは偶然だろうか。

振り返ればパウエルの唱えたスカウト運動の理念では、自然観察や訓練そのものが国への愛情・崇拝表現であるわけではなく、自然はあくまで斥候スキル

養成のための訓練のツールであった。ふたたび Scouting for Boys を見てみよう。

「単におもしろいからではなく、国のため、いや全世界のために、よい公民となる準備をする目的でスカウティングをしたまえ」[Powell, 1908, 28]。つまりスカウトの具体的な活動を通じて国への奉仕の意義や国への愛情を学ぶというのではなく、まず国への奉仕という理念が絶対的なものとして存在し、そのために有効な技術や心構えをスカウトのなかで学ばせようとするのである。

「それがモミかカラマツの森だったら、架橋に使う棒をとることができるのがわかるし、もしヤシの木だったら、ココナッツが食用になり、実の中のミルクが飲料になることがわかる。ヤナギの木があれば、水が近い。マツやサトウエカエデやゴムの木はよい燃料になる」[ibid., 120]。

さまざまな風土を思わせる樹種をコンテクストや歴史性抜きに並べているのは、自国の覇権を背に世界中を踏破してきたイギリス人士官らしい筆致である。固有のローカリティに拘泥せずに「世界の公民」「世界のすべての人の友」としての心構えを説いたスカウト運動は、パレスチナという具体的な場所のなかでパレスチナ人自身が作る運動への指向性の高まりのなか、やがてその存在意義を失ってゆくのである。

(2) 独立系スカウト運動 の広がり

初等中等教育課程をもつ私立の「ラウダトル＝マアーリフ［知識の庭］学院」は、1896年にエルサレムで設立され、その教育は「宗教、アラブ・ナショナリズム、パレスチナ・アイデンティティの複雑な重なりと結合を反映」したもの [Greenberg, 2008] だった（以下、マアーリフ学院）。同校が刊行していた季刊雑誌『ラウダトル＝マアーリフ』（以下『マアーリフ』）は、副題で「科学的・文学的・教育的な学院雑誌」と謳われ、同校の教員や生徒が書き手となっていた [14]。

マアーリフ学院では1918年という早い時期にパウエル系のスカウト・グループが設立され、『マアーリフ』誌上でも、毎号1ページから4ページ程度の分量で、同校のスカウト活動の報告記事を中心とした「スカウトの世界」と題する特設ページが必ず設けられるようになっていった。この雑誌のスカウト

に関する記事を見ると、当初のパウエル系のスカウトの土壌に独立系のスカウトが作られ、後者の磁場が次第に前者を凌駕してゆく様子が伺われる。

1932年3月号には、同年2月22日、教育局長バウマンと副局長トムリンソンとともに、英国人「ウィルソン氏」が同校を視察した報告記事が出ている。「ウィルソン氏」が何者であるかの記載はないまま（穿った見方をすれば、相手が英国人であること以上に、その肩書きに大して関心が払われなかったのかもしれない）、同校のスカウト活動を次々に同氏に披露し、同氏が驚き感激したことが報告されている。スカウトの手による果樹園、農作、クラブ施設、スカウトが飼育する鳥の小屋の清潔さや整理整頓の行き届いた様子を見せ感嘆させ、さらにアイロンかけや裁縫、カゴ作り、靴作りや修理、手仕事などを適宜行なっている様子を見せ、自立したスカウト生活を実践しているようすを示す [RM, 1932/3, 30-1]。ここにはコメントはないが、ここまで自分たちの清潔さ、整理整頓ぶり、自立・自律の徹底振りを見せつけようとする裏に、スカウトのメンバーの英国人に対する挑戦意識を感じることも出来よう。

翌1933年3月9日、セバスティヤ訪問の途中で、マアーリフ学院のスカウトの一行は、ナーブルスのナジャーフ学院に立ち寄る。パレスチナの大衆運動のリーダーとして知られるアクラム・ズアイテル[15]は当時この学院の教員であり、彼はマアーリフ学院のスカウトを迎えると、二つの学校間の交流と絆は愛国的 waṭanīya な要素である旨のスピーチをする [RM, 1933/5, 42]。マアーリフ学院で、独立系のスカウトがいつから優勢になったのかを示す材料はないが、ズアイテルがムスリム青年協会の活動家であったことを考えるなら、ナジャーフ学院のスカウトはすでに独立系のグループとして活動していたのだろう。その後『マアーリフ』では、1934年6月に「ジョーンス氏」の訪問を受けたという記述以降、英国人との交流についての記述は見られなくなっている。

1934年12月号には、「至高の存在は言われた、『アッラーの道において汝ら自身の財産と命を捧げ、アッラーの道において奮闘[ジハード]せよ』」[16]というクルアーンの章句を冒頭に置いた短文が載っている。ここでは「古今のウンマ」、具体的にはウマイヤド朝に存在し、アッバース朝において「フトゥーワ」と呼ばれた斥侯隊があったと述べられており[17]、イギリス起源のスカウト

運動に関する言及はない。つまりスカウトの起源をイギリスに求めず、アラブ・イスラーム世界に古くから存在していたと述べることで、スカウトをアラブ・イスラーム的な文脈に取り込んでいる。「敵の情報を探りその実像を知る」ために送り込まれた古の斥候は、「誠実であり、自身とその血を犠牲にした」[RM, 1934/12, 45-6]。

そして現在、「スカウトに似た性格をもった組織」として「フトゥーワ」が存在する、とこの文章は続ける。そしてフトゥーワは、勇敢さ、美徳、貧者や弱者の支援の点で際立っており、公の利益のために個人的な立場を犠牲にするという「高度な道徳」を持っている、とする。具体的な参加方法などは書かれていないが、明らかにフトゥーワの勧誘文である。

委任統治時代パレスチナの「フトゥーワ」についての情報は少ないが、研究者は「ナジャダ」と並んで「準軍事的組織」とか「ファシスト方式の青年部隊」などと形容する [Degani, 2004] [Anderson, 2013, 283]。しかしこの『マアーリフ』の記事を読む限りでは、一体的な組織というよりも、アラビア語「スカウト」al-Qasshāf が英国由来のパウエル系の運動を意味するようになったなかで、独立したスカウトの総称として「フトゥーワ」の語が使われたのだと理解できる。スカウト経験を経て、後年「フトゥーワ」に参加したガルビーヤは、前述のとおり「ナジャダやフトゥーワといった準軍事組織」という言い方もしている。一方でフトゥーワについては、「スカウトの別動隊以上のものではなかった。しかし参加者は自身を兵士であり、戦闘が勃発すれば、あるいは武器が手に入れば直ちに武器を持つ準備をしていると見なしていた」[KN 150] と述べる。別動隊（ムタジャッウルーン）とは、パウエル系のスカウトで 18 歳以上のメンバーによって構成されるシニアグループの総称であり、スカウトの知識や技術をもつ経験者の集団「フトゥーワ」は武装闘争を志向しつつも、実際には物理的に困難だったという事情を伝える。

4. スカウト運動における〈愛国心〉の展開

(1) 独立系スカウトと〈祖国のための犠牲〉

『マアーリフ』に掲載されたスカウトの旅の報告では、目的地までの移動中、愛国的な頌歌を歌ったという記述が繰り返される。1933年3月9日、頌歌を歌いながらナーブルス入りし、ズアイテルのスピーチを聴いた一行は、ナーブルス近郊のセバスティヤを訪問する。ローマ時代以来の遺跡が発掘された村に入ると「知識と文明と力と権力の揺籃の地が、荒地の廃墟となり、無知と貧困を顕にしている」ことに驚き衝撃を受けた一行は、「その村の失われた活気を取り戻すため」ムスリム青年協会の愛国的頌歌を歌う。

このように精神主義的な雰囲気に満ちているが、このタウフィーク・アブー・シャリーフという中等5年の生徒の訪問記は、全体で6ページに渡り、セバスティヤにあるローマ時代の墓地や劇場、競技場、洗礼者ヨハネ[18]を記念する十字軍時代の修道院などについて、自身の見聞を丁寧に記している。ここでのハイキングやキャンプは、斥候に必要な身体能力や観察能力や精神性を身につける手段であるに留まらず、パレスチナの地に残る、壮麗な過去の歴史や文化の痕跡を（宗教を問わずに）訪ね、それを学ぶ機会となっている。

一方1935年6月号に掲載された文章では、抑圧と専横が広がるなか、アラブの各地とのつながりを強化し、考えを自由に表現するためには、「国際スカウトに従わないこと」以外に方法がない、と述べられている。パレスチナの独立スカウトの活動宣言である。「これは我々の誇りであって恥ではない」とし、こうした立場表明にとどまらず、パレスチナの遺跡、山々や水の景観から学び、我々の力を伸ばすため、「パレスチナ北部の旅の決行」を決めた、と述べる。国際的なスカウト運動と袂を分かってからまずとられた行動がまず北部への旅だったことで、パウエル系の枠組みでの旅に、大きな制約があったことを想像させる。一行はハイファで2日過ごした後、民族的 Qawmīya・愛国的 waṭanīya な頌歌を歌いながらタバリヤを目指すと、一人の英国人憲兵が町の中での斉唱は禁止であるとして、頌歌を止めようとする。しかし彼らは「た

だ、勝利のなかで歌い続けた」。

そして「スカウト隊はハンマ［ガリラヤ湖東南部の村］を目指し、あらゆる病に効くと言われる鉱泉に浸かる。そしてヤルムーク川を渡ると、「アラブの不滅の眼識と真のアラブの力が思い起こされ顕現した」。フーラに向かえば「そこで我々の土地が非道な敵の手に渡っていることを嘆き悲しんだ。そしてハイファに戻り、カルメル山でテントを張った」[RM, 1935/3-4]。書き手の個性はあるにせよ、頌歌や警察との一件に比べると、それぞれの場所への言及はあまりにも簡潔だ。タバリヤの温泉、ヤルムーク川、フーラ湖周辺[19]の描写や歴史への言及はなく、「アラブの力」と「非道な敵」の存在を確認したというだけで、「愛国心」が空回りした文章になっている。

このような精神主義は、年代が後になるにつれて目立つ。1936年のアラブ革命の年、『知識の庭』には、死海への訪問記などとともに、スカウトの若者を主人公にした短編小説風の文章が掲載されている。デモに参加し「革命の火をつける」任務を負っていた若者ファウズィーが、警察に気づかれて逮捕され、刑務所に入れられる。しかしその日の夕方にある会議でスピーチをすることになっていた彼は、疲労しきった自分の身体のことなど考えず、義務を果たせないことに苦悩する。会議が始まり、スピーチをする予定だったファウズィーは現在刑務所の中にいるというアナウンスが始まったその瞬間、本人がそこに現れ、何食わぬ顔をして演説を終える。刑務所に戻り、彼に傾倒し協力した看守に案内されて再び房に入った、というオチである。逮捕され収監されることなど献身的なスカウトのメンバーにとっては何事でもなく、義務を果たせないことこそが彼を苦しめる。革命運動に関わる者の責任の重要さを説いた寓話といったところであろう。この話は以下の言葉で結ばれる。

「スカウトはワタンにとっての道具である。彼らは呼びかけをすればその呼びかけに従う忠実な兵士であり、その防衛に喜んで自らを捧げるのだ。それに加わることは喜びであり真の愛国心 waṭanīya の象徴である」[RM, 1936, 69-70]。

もはや中心は革命運動であり、スカウトの技術はあくまでワタン防衛の手段となり、それ自体に価値が求められる状況ではない。だが、これこそ平和主義を前面に押し出して国際運動に乗りだす以前のパウエルの理念だったはずだ。

「単におもしろいからではなく、国のため、いや全世界のために、よい公民となる準備をする目的でスカウティングをしたまえ」という彼の言葉はすでに引用した。「自分のことを考えず、国のこと、君たちの雇い主のことを考えたまえ。自己犠牲はどんな場合も有益だ」[Powell, 1908, 282]、「必要とあらば自分の国の婦人や子どもを守るため、自身を良きスカウト、良きライフルの弾としたまえ」[ibid., 284]。パレスチナのスカウトは、パウエルがかつて自国イギリスの若者に向けて発したメッセージの、意図せざる忠実な後継者でもあった。

(2) 祖国における〈他者〉観
① シオニスト教育の影響？

『マアーリフ』に掲載されたハイキングやキャンプの記事について、グリーンバーグは次のようにコメントする。「『教育の庭』はまた、学校やスカウト団によって行なわれたパレスチナ国内旅行の詳しい報告を載せることで読者に周囲の環境への親しみをもたせることの重要性を認識してもいた」。確かに編集意図をそのように推測することは出来る。しかし行程の紹介と紋切り型の表現も多く、上記で見たように観念の先走った作文も多い。「国内旅行の詳しい報告」によって、必ずしもパレスチナの環境に親しみを抱けるような生き生きとした風景描写を読みとれるわけではない。

続けてグリーンバーグはこのように述べる。「ハイキングやキャンピングを組み合わせたこれらの旅は、シオニストのイェディアト・ハアレツの精神から影響を受けたのだろう。これは19世紀末にパレスチナでの青年シオニストのあいだで発展し、1920年代のシオニスト教育の根幹の要素になったものだ」[Greenberg, 2008]。

イェディアト・ハアレツ Yedi'at Ha-'Aretz とは、文字通りには「土地に関する知識」という意味だが、シオニズムに基づいたユダヤ民族の帰還の地について学ぶという学科の名称で、「モレデット Moledet[祖国]」という名称でも呼ばれる。ハイキングやキャンプといった活動そのものは、スカウトの活動のなかで一般的なものであり、わざわざイェディアト・ハアレツの影響とみなすにはおよばない。活動そのものではなく、イェディアト・ハアレツの「精神」という言葉が使われているが、それはどういったものだろうか。

イェディアト・ハアレツ教育の先駆者とも言えるダヴィド・ベンヴェニスティを父に持つメロン・ベンヴェニスティは、イェディアト・ハアレツについて次のような解説を行っている。「この言葉を作った者たちは間違いなく、イェディアの聖書的意味、つまり性的な所有行為、を意識していた。『人はその妻を知った』（Veha'Adam yada'et-Chavā ishto［創世記4：1＝引用者］）。イェディアト・ハアレツは学校のカリキュラムや軍の訓練教程でそれ自体一つの科目であり、地理学、地質学、歴史、民族学、植物学を包含し、これらすべてが単に知識を増やすのではなく、国への深い愛情を涵養するためのものである」。おそらく一般にイェディアト・ハアレツの「精神」と言われるさいには、「国への深い愛情」を養うといった含意があるだろう。

　メロン・ベンヴェニスティは続けて、イェディアト・ハアレツに対して次のような批判的視線を向ける。

　「イスラエル人たちはハイキング中に、鳥を観察し花を識別し、ワシの巣を見つけ、砂漠で数日間意図的に水を飲まずに自分たちの熱心さを試しながら、モレデット［祖国］に祈り、それを崇拝した。人間的・社会的メッセージよりも風景という参照項の教えを受けつつ、聖書は一冊のガイドブックになった」［Benvenisti, 1986, 19-20］。イェディアト・ハアレツとは、自然そのものの観察ではなく、自然のなかに聖書のメッセージを見い出し、テキストに立ち返る行為であると言うのだ。

　ベンヴェニスティは自身の父親が行ったアラブの村の描写を批判しつつ、次のように述べる。「アラブの村には二つのカテゴリーがある、と［ダヴィド・］ベンヴェニスティは書く。『その土地のほとんどが、おもに都市に住む金持ちに帰属する村、そしてほとんどの土地が貧農自身に帰属する村である。（中略）村は貧しい様子で、樹がない。どの家も密集し合っている。どの家にも接し合った窓のない部屋で囲まれた中庭と、鶏小屋、穀物貯蔵の部屋がある』。村の住民や彼らの生活、文化については、一切言及なしである」［Benvenisti, 2000, 58］。

　つまりイェディアト・ハアレツの唱道者は、シオニズムに基づいた聖書を媒介にした知の確認をすることによってイスラエルの地を観察したつもりになる一方で、シオニズムにとって不必要なアラブの村については分類と表面的な観

察で済ませ、住民やその文化については触れない。従来からシオニストの記述するパレスチナのなかで、アラブ人の存在が不可視化されたり、ステロタイプ化され外在的に描かれてきたりした点は繰り返し指摘されているが、ユダヤ史に関わる景観の観察方法がベンヴェニスティの指摘するようなものであるならば、それは二重基準というよりも、現実との関わりの決定的な欠如という点ではアラブ人への眼差しとひとつながりのものだともいえる。

　アラブのスカウトが「イェディアト・ハアレツ」から影響を受けたという上述のグリーンバーグの指摘は、推測の域を出ないだろう。確かにパレスチナをめぐる旅という形式は類似しており、アラブのスカウト運動が、シオニストの活動から刺激を受けなかったとは言えない。しかしその「精神」について見るならば、両者は互いに無関係なものであった。

　② 他者の優越性の認知

　パレスチナのネイティブによるパレスチナの旅は、ワタンを知り、「ワタンへの愛」を醸成するものであっただけではない。前述のアブー・ガルビーヤは、スカウトの公式な活動としてではないが、友人たちと自発的にスカウト式の自転車旅行を何度か行っていた。アラブ革命の前年となった1935年の夏、友人7人と行った旅行は、遠目からではあれユダヤ人の入植活動を観察し、自身の記憶に深く刻まれるものだった。

　「この遠出はとても過酷で、エルサレムに始まり、ジェリコ、サルト、アンマーン、ジェラシュ、イルビト、それからビーサーン、ジェニーン、ナーブルス、ラーマッラー、そしてエルサレムまで走った。それを6日間だけで行った」。これは高地にあるエルサレムから海抜マイナス400メートルにも達する死海周辺まで一気に下り、ヨルダン渓谷を通り、ジェニーンからナーブルス、ラーマッラーの山地を通る、という高低差の激しく、カーブのきついルートである。ガルビーヤは旅先で書いたという自分の日記を引用している。

　「1935年7月15日、夜明けとともに目覚め、ビーサーンからジェニーンまで向かって自転車を漕いだ。一時間ほどして、ユダヤ人入植地『アイン・ハールード[20]』のゲートで友人2人と自転車を停め、ほかの友人が来るのを待っていた。すると入植地とその近代的耕作地の美しさが私の目に留まった。なかで

も目に留まったのは、収穫された小麦を運ぶアラブ馬の隊列が入植地の前をとおってゆき、その脇を（アラブ馬の）隊列が運ぶものの倍の小麦を運んでゆくユダヤ人のトラクターの光景だった。私の思考はかなたへと向かい、自問となった。我々のまえに隠れている未来は、一体いかなるものなのだろう？」[KN 22]

　ビーサーン渓谷は豊かな碓水層をたたえる、パレスチナ有数の耕作地帯である。アラブの農園の脇に、アラブ人不在地主から買収したユダヤ人入植地が広がり、アラブ人農園よりもはるかに大きな収穫を上げ、アラブ人を排除した経済圏を作り出している。こうしたことは、当時19歳のアブー・ガルビーヤがどの程度の情報を得ていたのかは不明だが、はからずもスカウト旅行のなかで現実にこうした光景を目にすることになったのである。相手の社会のありようを認知し、その活動や繁栄ぶり、自社会に対する優越性を見極める視線は、シオニストがアラブ村を見るときのそれとは対照的である。

　この時点では、ガルビーヤにとってユダヤ社会がパレスチナ社会に脅威を与える存在として映ったのかどうかは分からない。後付けの要素はあるにせよ、スカウトはパレスチナの山や平原、渓谷や洞窟の細部に至るまでの知識を与えただけでなく、結果的にそれらの喪失への危惧、パレスチナの将来への懸念を抱くきっかけをも与えたのである。祖国への愛は、確かにそこに存在し続けるものへの愛ではなく、失われるかもしれない、守るべき対象への愛へと変容せざるを得なかった。そしてそれは、アブー・ガルビーヤだけではなく、スカウトのメンバーである多くの若者が共有しつつあるものだっただろう。

5. スカウトの応用と現地化

　ファウズィー・ムフウィー・アル゠ディーン・アル゠ナシャーシービーという人物は、委任統治期のパレスチナで、スカウトに関する著作を刊行した唯一のアラブ人と言えるだろう。スカウト教本『新しいスカウト』（1930）、さらに『上級スカウト』（1931）、『最上級スカウト』（1933）、『指導と緒規則』（1935）『キャンプおよび管理方法』（1936）、また刊行年不明の『カブスカウト教本』

と、それぞれ薄手ながら、当時の出版環境としては群を抜いた点数である。

『新しいスカウト』の前書きで、彼は次のように述べている。「パレスチナのスカウトは皆、スカウトについて学べる、実生活のさまざまな場面に役立つアラビア語で書かれた本を切実に必要としている」[Nashāshībī, 1930]。パウエル系のスカウト運動のスローガン、「そなえよつねに（Be Prepared）」に対応するアラビア語 Kun Mustaʻiddan が冒頭に掲げられている本書とその続編は、英国に由来するスカウト運動の枠組みを用いながらも、パレスチナの実情にそれを適合させようとする試みとして理解できる。ナシャーシービーについての詳細は不明だが、彼は 1934 年 1 月、前述の独立組織「パレスチナ・アラブスカウト連盟」発足の会議のなかで、パウエル系のスカウト運動からの脱退にただ一人反対したと伝えられている[21]。それが本当であればなおのこと、英国とのつながりを維持しながら、その知を現地化して利用するというしたたかな戦略を感じ取ってよいのではないか。

一見するとその内容は、パウエルの Scouting for Boys から得た情報を要約しながらアラビア語にまとめただけのように見える。パウエルが過去の軍隊経験や植民地の現地人との接触で得た見聞などのエピソードをちりばめているのに比べ、ナシャーシービーの本は必要な情報をエッセンスとして圧縮したハンドブックである。負傷者の応急処置や、木の高さや川幅の見積もり方など、ことさら地域性に規定されない一般的な内容については、Scouting for Boys とほとんど同様の図や説明方法が使われている。

その一方で土地や風土に関わる記述は特徴的である。例えば『最上級スカウト』には、方位磁針なしで北の方角を見出す方法が出てくる。Scouting for Boys にも同様の項目があるが、北斗七星、北極星、オリオン座といった天体を手がかりとしたオーソドックスな手法しか記載がない。だが『最上級スカウト』の場合、天体の知識に加え、「建ててから 10 年以上経っている古い家」に注目し、壁面が茶色に汚れた方向は北であり、きれいな方向は西である、という見分け方を挙げる。雨が西から降り、壁面の埃を流すからである。また、樹の生えた丘に登り、樹が一方向に傾いている方向が確認できるならそれは東であり、その理由は風が西から吹くためだと述べる。ひじょうにシンプルな観察方法であるが、地中海東岸に位置するこの地の気候環境のなかで暮らしてきた

人間こそが蓄積できる経験知である。特定の風土に結びついた知識は示されず、それぞれの場所における観察眼の鍛え方に主眼をおいた Scouting for Boys とは、自然との関わり方が明らかに異なるのである。

また、地図記号やそれを用いた地図の書き方は、Scouting for Boys では扱っていない情報である。モスク、教会、井戸に始まる 22 の地図記号が紹介されているが、イスラーム墓地、キリスト教墓地、ユダヤ教墓地などを含み、パレスチナで使われるべき実際的な情報である。こうした記述について、ナシャーシービーのそのスタンスが要約されていると思われるのは、「旅」に関する章での記述だ。

「旅はスカウト隊員にとって必須である。それは、完成された実践的学習であり、それによって得られる論理的学習のためになる。スカウト隊員は、自分の国を動きまわり、その平原や丘陵や、山々やワジ、田畑や沃野を見なければならない。外国人が我々の国について我々以上によく知っていることは恥ずべきことであり、我々スカウトの者であればなおさらそうである。世界のあらゆる場所から我々の国を訪れる外国人を手本とし、その古今の歴史を学ばねばならない。近隣諸国やその他の地に関心を持つのは、そのあとである」[Nashāshībī, 1933, 74]。

スカウト技術を高めるための訓練の場としての土地の利用ではなく、生活の場としての土地を歩き、祖国に関する洞察を深めるための知恵を、現地の人々が使う平易なアラビア語で書き、数 10 頁の薄手で安価なブックレットのかたちで示したこと。これこそはパウエルのスカウトの枠組みを借りながらもその射程を越えた、パレスチナ社会におけるスカウトの〈知〉の応用であり、植民地主義における知のありかたを換骨奪胎する試みであった。

6. おわりに

「はじめに」で述べたとおり、イギリスにとってスカウトとは、パレスチナ人に対し支配者が体現する価値を学ばせる手段であり、その手段自体が被支配者とのあいだで時間と場所という〈際〉を共有し、交流を作り出すものであっ

た。しかしパレスチナ社会にとっては、ユダヤ国家の建国を準備する委任統治そのものが不正であり、その不正の除去に向けた活動のなかで、一方的に設定された〈際〉のなかで学んだ知恵を生かそうとすることは必然の流れだった。本章では、そうした流れの一つのケーススタディとして、パレスチナ人のスカウト参加者が、イギリスにより提示されたスカウトの理念を読みかえ、パレスチナのローカリティに沿うかたちでアレンジし、また性急な愛国主義waṭanīyaに傾斜してゆく過程の一端を見た。

　イギリスによる植民地教育・文化政策のなかで重要な位置を占めたスカウト運動は、誰もが持つ知的好奇心や社会貢献への意欲、郷土愛、向上心、承認欲求など、それを伸ばすことが好ましいとされる素質に触れるがゆえに、きわめて洗練した支配の様式であった。したがってその問題構造は見えにくく、スカウト運動の中から対委任統治抵抗運動が生まれたことは、その高い理念を十分に共有できない現地住民による「裏切り」「逸脱」として当時の英国当局の目に映ったばかりでなく、現在でもそうした目線をなぞった言説が散見される。だが、パレスチナ人のスカウト参加者の葛藤や困惑、また制約された条件のなかでの過誤を、今日では容易にあとづけ難いものとして直視する姿勢こそが、現代の我々に求められているのではないだろうか。

注
i 　本論考の原案となったのは、シンポジウム「イスラエル建国以前のパレスチナをめぐるナショナリズムの諸相」(2015年3月13日、於東京大学東洋文化研究所、主催：国立民族学博物館共同研究「パレスチナ・ナショナリズムとシオニズムの交差点」[代表：菅瀬晶子])における筆者による口頭発表の内容である。関係者各位に感謝申し上げる。
1 　正式名称は「スカウト運動世界機構（World Organization of the Scout Movement)」。パレスチナを含む164カ国のスカウト連盟からなり、会員は約4000万人とされる。同機構ウェブサイトhttps://www.scout.org/node/67 より（2016年10月8日閲覧）。
2 　軍隊的な規律を取り込んだ青少年運動としては、1883年にグラスゴーの実業家ウィリアム・スミスが設立した「少年旅団」Boy's Brigade 運動がある [Birch 1965]。
3 　スカウト運動史については他に1957年『スカウティング フォア ボーイズ』、1974年『スカウト運動』(ともにボーイスカウト日本連盟) を参照。
4 　Kullīyat Rawdat al-Watanīya. 1931. Qānūn Furqat Kasshāfa. Dār al-'Aytām al-'Islāmīya al-Ṣinā'īya.
5 　イスラエル建国後の1954年、イスラエル・スカウト連盟が設立されている。(現在は6つの協会からなる)
6 　ボーイスカウト日本連盟『スカウト運動』241頁、1929年7月12日付 The Palestine Bulletin、1933年3月31日付 The Palestine Post 参照。

7 現在のところ出典不明だが、ミクダーディーが1925年に教員養成学校の教員を辞めたのは、ハーリド・イブン・ワリードという名のついたスカウト団の設立申請を行ったのに対し、委任統治政府が許可しなかったためという（アラビア語版Wikipediaの記述による）。ハーリド・イブン・ワリードは預言者ムハンマドの同時代人のムスリム軍指揮官であり、アラブ・イスラーム的アイデンティティを示すスカウト団の設立の意図が伺える。
8 ガーズィー・ビン・ファイサル［1912-1939］はイラク・ハーシム王国の初代国王ファイサル一世を父とする。1933年9月、21歳で王位に就くが、39年に作為の疑われる事故により死去。
9 アシュバールとは獅子の仔を指し、カブスカウトに相当する。8歳から11歳までの少年を対象とするもの。［Nashāshībī, 1935］
10 「はじめに」で言及した音楽家ワースィフ・ジャウハリーヤの弟がファフリーである。ワースィフは第一次大戦による混乱のため学業を途中で中断せざるを得なかったが、弟のファフリーはアラブ大学への入学を果たした。
11 イッズッディーン・アル＝カッサーム［1981-1935］はイギリス委任統治期における反シオニズム運動の著名な指導者。現代ではイスラーム抵抗運動（ハマース）の武装抵抗組織「カッサーム旅団」にその名を残す。
12 このキャンプのスカウト・マスターとトレイナーとして、故アブダッラー・タイムール、ファウズィー・ムフウィー・アッディーン・アル＝ナシャーシービー、ファフリー・ジャウハリーヤ、ロベルト・カフィルカンティの名が挙げられている。
13 このときに一緒に行動したガルビーヤの友人サーミー・アンサーリーは、逆にシグリストからの発砲を受け、死亡する［Hughes, 2010 A, B］。
14 参照することが出来たのは、1932年1月号から1936年3月号まで、合併号を含め計13冊で、これ以後も刊行されたのかどうかは不明。
15 アクラム・ズアイテル［1909-96］はナーブルスに生まれ、現在のナジャーフ大学の前身であるナジャーフ学院で学び、その教師となる。1932年、パレスチナ独立党を結成。膨大な日記も書き残している［Zu'aytir, 1992］。
16 『クルアーン』悔悟章41節（9-41）。
17 フトゥーワ futūwa / futuwwa とは勇敢さや忍耐、誠実さなどの徳目を兼ね備えた「若者らしさを意味するイスラーム的倫理」（『岩波イスラーム辞典』）。11世紀頃からスーフィーによって理念化され、アッバース朝下ではフトゥーワ組織がカリフによって社会統合組織として利用されたという。
18 『旧約聖書』においてイエスに洗礼を施したとされる人物（「マルコによる福音書」1章 -9）。
19 フーラ湖は人類が定住した最も古い場所と考えられており、中東の淡水湖では最も大きなものの一つだった。オスマン朝時代からシオニズム機関による買収の動きがあり、委任統治後は耕作とマラリア撲滅などの環境整備のために灌漑された［Sufian, 2007: pp159-179］。
20 もともとヌーリスというアラブ村のあった場所で、ナハラルと並び、イブン・アーメル平原でユダヤ人の入植活動がもっとも早期に開始された場所である。1921年から23年にかけて、1600ドゥナムが開墾された［Sufian, 2007, 154-5］。
21 1934年1月7日付「パレスチナ・ポスト」紙上で、アラビア語の「フィラスティーン」紙既報ニュースとして報じられている。

参考文献

［一次資料］

［KN］：『バフジャト・アブー・ガルビーヤ回想記』Gharbīya, Bahjat Abū. 1993. *Fī Khidam al-Nidāl al-'Arabī al-Filasṭīnī*. Mu'assasat al-Dirāsāt al-Filasṭīnīya.

[MWJ]:『ジャウハリーヤ回想記』Jawharīya, Waṣif. 2003. *Al-Quds al-ʼUthmānīyah fī al-Mudhakkarāt al-Jawharīya: al-Kitāb al-ʼAwwal min Mudhakkarāt al-Mūsīqī Wāsif Jawharīya, 1904-1917.* Muʼassasat al-Dirāsāt al-Filasṭīnīyah.

―― (2005) *Al-Quds al-ʼIntidābīyah fī al-Mudhakkarāt al-Jawharīya: al-Kitāb al-Thānī min Mudhakkarāt al-Mūsīqī Wāṣif Jawharīya, 1918-1948.*

[RM]:『知識の庭』(雑誌) Rawdat al-Maʼa:rif. 1933 (No.3), 1935 (No.1, 3-4), 1936 (No.1). Dār al-ʼAytām al-ʼIslāmīya al-Ṣināʼīya.

al-Nashāshībī, Fawzī Muḥīy al-Dīn (1930) *Al-Kashshāf al-Ḥadīth.* Jamaʼīyat al-Kasshāf al-Filasṭīnī.

―― (1931) *Al-Kasshāf al-Rāqī.* Jamaʼīyat al-Kasshāf al-Filasṭīnī.

―― (1933) *Al-Kasshāf al-ʼArqā.* Jamaʼīyat al-Kasshāf al-Filasṭīnī.

―― (1935) *Al-ʼIrshādāt wa al-ʼAnzima wa al-Qawānīn.* Jamaʼīyat al-Kasshāf al-Filasṭīnī.

[二次資料]

Anderson, Charles W. (2013) From Petition to Confrontation: The Palestinian National Movement and the Rise of Mass Politics, 1929-1939. [Ph.D. Dissertaion, Department of middle Eastern and Islamic Studies and Department of History, New York University.]

Andrews, Fannie Fern. (1931) *The Holy Land under Mandate.* Vol.1. Boston and New York, Houghton Mifflin Company.

Baden-Powell, Robert (2004) Scouting for Boys: The Original 1908 Edition

Benvenisti, Meron (1986) *Conflicts and Contradictions.* New York, Villard Books.

―― (2000) *Sacred Landscape: The Buried History of the Holy Land since 1948*, Berkeley and Los Angeles, University of California Press.

Birch, Austin (1965) *The Story of the Boy's Brigade.* Frederick Muller.

Colonial Office (1924) *Palestine: Report on Palestine Administration, 1923.* London, His Majesty's Stationery Office.

Colonial Office (1925) *Palestine: Report of the High Commissioner on the Administration of Palestine, 1920-1925.* His Majesty's Stationery Office.

Degani, Arnon (2014) "They Were Prepared: The Palestinian Arab Scout Movement 1920-1948", British Journal of Middle Eastern Studies. vol. 41-2.

Greenberg, Ela. (2008) Majallat Rawdat al-maʼarif: Constructing Identities within a Boys' School Journal in Mandatory Palestine, British Journal of Middle Eastern Studies. vol. 35-1.

Harte, John. (2008) Scouting in Mandate Palestine, Newsletter of the Council for British Research in Levant. Vol. 3-1.

Parsons, Timothy H (2004) *Race, Resistance, and the Boy Scout Movement in British Colonial Africa.* Ohio University Press.

Shaw, John. (1946) *A Survey of Palestine. Michigan,* Braun-Brumfield.

Sufian, Sandra M. (2007) *Healing the Land and the Nation: Malaria and the Zionist Project in Palestine, 1920-1947.* The University of Chicago Press.

第 3 章

五輪招致活動の「際」にみる様相
―戦前の日伯スポーツ交流が
1964 年東京五輪招致決定に与えた影響―

曾根　幹子

1. はじめに

　本章は、戦前から続いてきた日本とブラジル（以下、日伯）のスポーツ交流が、1964 年夏季オリンピック競技大会（以下、1964 年東京五輪）[1]の招致決定に影響を与えていたことを、史料や文献、聞き取り調査をもとに、歴史の中に埋もれた「新しい事実の発見」から実証的に検証し、明らかにしていくことを目的としたものである。

　五輪の招致に関しては、スポーツジャーナリストの松瀬（2013）が 2016 年、2020 年の東京五輪招致活動の「最前線」を詳細に取材し、著書を上梓している。松瀬は「あとがき」の中で、「なぜ招致に成功したのか」と聞かれ次のように答えたと書いている。

　　東京の都市力もあろうが、やはりカギは「人」だっただろう。3 年、6
　　年、いや 10 年、20 年の間に培った人脈だった。総合力だっただろう。何
　　十人、何百人…、いろんな人が招致活動に人生を懸けていた。（松瀬：
　　237）

　一度は東京で五輪開催が決まったものの、日中戦争が泥沼化していく中で大会を返上した 1940 年東京五輪や、アジア初の開催となった 1964 年東京五輪については、波多野（2004）が公開史料などを基に「招致活動の軌跡 1930 年－

1964年」でその経緯などを明らかにしている。本書を読むと五輪の招致活動では、戦前も戦後も同様に「人」や「人脈」がカギを握っていたことがわかる。

　五輪招致に失敗した2016年夏季オリンピック競技大会の活動報告書[2]には、「東京の招致活動の課題と今後への提言」として、「あらゆるネットワークを活用」する重要性が示されている。注目したいのは、IOC委員の属する国を6つの大陸（地域を含む）に分け、更に「スポーツ界ルート」（NOC）、「政府外交ルート」（在外公館、JICA、JF・JBIC・JETRO）、「国会議員連盟ルート」、「経済界ルート」（総合商社、在外商工会議所）の4つのルートから戦略を立てていることである。

　すなわち日本が海外にどのくらい拠点を持っているかを、具体的な数と割合でデータ化し、マトリックスの表を活用して招致活動を可視化しているのである。これらを基に最終的には、「緊密な信頼関係構築」「長期的な視点に立った戦略」などを、次回の招致活動に向けて提言している。中でも「『スポーツ界ルート』の活用は、招致活動の基軸であり、最も重要なネットワークである」との報告がなされている（2016オリンピック・パラリンピック 招致活動報告書：412-413）。

　2020年東京五輪開催決定直後には、1964年東京五輪での招致活動の成功が再び注目を浴びたが、その際メディアが勝因として伝えていたのは、主に2つあった。1つは「外交交渉の勝利」、2つ目は「フレッド和田勇の中南米IOC委員説得による集票の成果」である。

　五輪の開催は、いうまでもなく国をあげた大事業である。その招致活動においては政府、外務省、議会などの「政府外交ルート」を抜きに招致ができないことを、多くの人びとは理解している。ゆえに勝因を「外交交渉の勝利」としても間違いではない。例えば、岸信介首相（東京オリンピック準備委員会会長）、安井誠一郎東京都知事、東龍太郎体協会長は、1958年8月、日本の在外公館の協力を得るために、外務省の藤山愛一郎外相宛てに招致協力の『要望書』を提出し、翌年2月にも外務大臣宛てに「オリンピック大会招致事務委託について」の依頼を送っている（波多野、2004：130-136）。「政府外交」なくして五輪の招致が成功しないことは、内海（2008）や岡（2013）でも明らかである。

一方、1964年東京五輪の招致活動において、「スポーツ界ルート」はどのように機能していたのか。日本体育協会ではスポーツ組織や団体、かつてのオリンピアンなどが中心となり、国内外で招致運動を盛んに展開している[3]。開催を決めるためには（IOC委員は不在投票ができないため）、東京に投票する委員が確実にIOC総会の会場に赴き、会議に出席してもらう必要がある。当時デトロイト（米国）が正式に開催地の立候補を表明し招致活動のライバルとなっていたことから、日本としては戦略的に中南米のIOC及び各NOC委員の有力者に対し、積極的に働きかけることが重要との見解が示され、中南米にいる11人のIOC委員の票読みが始まっていた。

IOC委員が投票する「際」の意思決定において、2016年五輪招致活動報告書にあるように、「人」と「人」との緊密な信頼関係が五輪招致の成否を握る重要なカギとなるのであれば、中南米IOC委員に対する招致活動は、1964年東京五輪ではどのような「信頼関係」に基づいて行われたのであろうか。また票を集めるためのぎりぎりの「際」では、誰に対していかなる「働きかけ」が行われたのか。

そのいったんを垣間見る手がかりとして、「東京にオリンピックを呼んだ男・和田勇　無私の精神」（日本体育協会，2012）と題したコラムが残っている。日系2世のフレッド和田勇（以下、フレッド和田または和田）[4]は、1949年8月にロサンゼルスで開催された、全米男子屋外水上選手権（以下、全米水泳大会）に参加した日本水泳選手団[5]に、自宅を宿泊場所として提供したことがきっかけで、スポーツ界と関わりをもつことになり、以後、ロサンゼルスを訪れた「政財界人、文化人、芸能人に至るまで和田を頼った」（日本体育協会，2012）という。このため和田は米国に在住しながら、スポーツ界に限らず日本に幅広い人脈を持っていた。

その和田に、日本で五輪開催を切望していた田畑政治（当時、日本水泳連盟会長、後にJOC総務主事など）は、1964年の夏季五輪開催を決めるIOC総会（西ドイツ・ミュンヘン）の投票を目前にして、中南米方面のIOC委員、NOC関係者ほか、投票に影響力のある有力なメンバーに「東京五輪支持」を直接説得してもらうよう依頼したのだった。

本章では、田畑の要請に応えた和田が、1964年東京五輪招致準備委員（後

に日本オリンピック委員会名誉委員）の肩書で、中南米の IOC 委員に最後の説得（お願い）に回った 1959 年 3 月 1 日から 5 月 5 日までの内、特にブラジル国内を訪問した 4 月 6 日から 11 日までの 6 日間を、高杉 (1992) の著書や新聞記事、その他の史料などをもとに、いかなる「働きかけ」が誰に対してどのように行われたのかや、和田の招致行動の様子を具体的に明らかにしていく。

さらに招致に影響を与えるような日伯間の人々の「信頼関係」があったとすれば、それはどのように構築されたものだったのかを、戦前から検証していく。今回、特にブラジルでの和田の招致行動に焦点をあてたのは、当時、発行されていた邦字新聞の記事や、日伯スポーツ交流に関する文献が残っていること、和田の訪伯時にサンパウロで立ち会った関係者がご存命であることから、聞き取り調査が可能になったことなどの理由による。

2. フレッド和田の「伝記」の信頼性と妥当性

1964 年東京五輪開催から今日に至るまで、すでに 50 年以上が経過した。中南米 IOC 委員などの投票に関係する有力なメンバーを説得して回ったフレッド和田は、2001 年 2 月 13 日に 93 歳で鬼籍に入った。和田の中南米における当時の行動を知る手掛かりは、高杉 (1992) が書いた和田の「伝記小説」が最も詳しいと考えられる。

高杉は、以下のような和田の象徴的な 5 つのエピソードを中心に伝記を構成している。① 1949 年の全米水泳大会で日本水泳チームに自宅を宿泊所として提供した話。② 幼少期から青果店経営で成功した時期までと、戦争の激化によりユタ州に集団移住し移民として苦労を重ねた時期の話。③ 日本水泳チームの受け入れを契機に始まったスポーツ界との縁で、1964 年東京五輪の招致活動を依頼され中南米の IOC 委員を自費で説得に回った話。④ ロサンゼルスのハーバー・コミッショナー（港湾委員会委員）就任の要請を受け、日米間の貿易交流促進などに尽力した話。⑤ 米国における日系人高齢者施設（ジャパニーズ・リタイアメント・ホーム）建設に情熱を注ぐ話などである。

伝記小説として書かれている内容を本章で「記録」として使用するかどうか

は、いうまでもなく慎重さを要する。なぜならば、書かれていることがどこまで事実かを和田に確かめることができないため、その信頼性と妥当性が問題となるからだ。桜井（2002：38）は、ライフヒストリー法において信頼性とは「他の研究者がその調査研究を行ったとしても同じような結果が得られる程度のこと」であり、妥当性とは「その調査研究が『正しい』回答を生み出す程度、あるいは調査結果が研究の目的に適っている程度を意味する」と述べている。

ライフヒストリーは「ライフストーリーだけでなく、他者の話やライフヒストリー資料、専門的知見のはいった文献資料を加えて構成された記録（アカウント）」（桜井：58）であり、調査者の依頼によって書かれたものである場合は、「何に強調点がおかれて記述（口述）しているかという点で、調査者の期待や指示が反映する可能性がある」（桜井：58-59）としている。好井（2006:144）は「聞き取る」という営みについて、「〈いま、ここ〉で、『何』がいかに語られるのか、いかに聞かれるのか。いわば『何を』『いかに』の絶えざるせめぎあいのなかで、ライフストーリーが構築されている」と述べる。

上述したライフヒストリー法における調査者（高杉）と被調査者（和田）の関係性から、本「伝記」の信頼性と妥当性はどうであろうか。経済小説が専門の著者が和田の伝記を書くきっかけは、本人からの依頼ではなく、当時の東洋水産社長の森和夫の熱心な勧めによるもので、後に高杉は「経済小説ではない。私は気が進まなかった」（高杉，1997：288）と書いている。執筆を依頼した森は、「日本の恩人である和田さんを一人でも多くの日本人に知ってもらいたい」（高杉，1997：288）といって高杉を説得し、高杉は和田に会うや否やその人柄に魅了され、ロサンゼルスの和田邸に宿泊し取材を進めながら伝記を執筆している。

すなわち高杉は、和田と妻・正子との夫婦の機微や関係も通常のやり取りからよく理解しており、（作家であるとはいえ）その場にいなかったにも関わらず、まるで"見ていたかのような"話として書いている。例えば正子の話に和田が「眉をひそめた」（高杉：156）、「正子が和田をたしなめた」（高杉：520）などの表現である。また和田の「人柄」「バイタリティー」「無私の心」などが、筆者の主観的なエモーションで取捨選択されたと思われるエピソードも頻繁に出てくる。

では、和田が招致活動で回ったブラジルでの行動を知る手がかりとして、伝記に書かれている内容の信頼性はどうであろうか。1990年4月11日に和田が訪日した際、内幸町の日本記者クラブで「和田勇さんを囲む会」が開催され、高杉はその場に出席していた作家の城山三郎との間で、以下のやり取りがあったと書いている。

　　城山さんと立ち話をする機会が得られたのは、ラッキーだった。「よく調べて書いてありますね。"ラテンアメリカの旅"で、飛行機が何時何分にどこを離陸したとか、着陸したとかまで書いていましたが、事実ですか」「はい。正子夫人が克明に日記をつけていました。日記を読ませて頂いたのです」(高杉，1997：286)

　好井 (2006：144) は、聞き取るという営みは「そこで何が語られるのか。何の部分を明らかにする作業が第一の目的である。ただ、『何』だけを取り出しておしまい、でもない」としているが、当事者の日記の「内容」を基に執筆されたという事実が確かめられたことで、一定の信頼性は担保され、その内容を「記録」として使用することは妥当性があると考えられる。

3. 戦前の日伯スポーツ交流で培われた人間関係

(1) 日伯スポーツ交流のはじまり

　日本がブラジルに初めて公式選手団を派遣したのは、1933年の「南米派遣日本陸上選手団」(一行6名) である (曾根，2015)。本遠征の詳細は先の論文で明らかにされているが、以下、およその内容に触れておく。

　日本からブラジルへの集団移民は、第1回契約移民781名を乗せた「笠戸丸」が、サントス港に到着した1908年6月18日から始まっている。1933年の日本陸上選手団の訪伯は、ブラジル側にとっては「日本移民渡伯25周年記念祭」の目玉となる事業の一つであり、特に前年のロサンゼルス五輪で大活躍をした日本の陸上選手を招聘することだった。ただし、ブラジル日系コロニア

だけで選手の渡航費など莫大な費用を工面するのは困難であり、選手らは南米諸国を転戦しながら試合の入場料や寄付金などで旅費を捻出することになった。「ブラジル、ペルー、アルゼンチンより 28,000 円出す確かな保証を得たので、6月 20 日楽洋丸で派遣したい」など、外務省記録（1933 年 2 月 18 日）にも費用工面の経緯についての記録が残っている。派遣選手らは国際親善の役目と在留邦人の期待を担い、6 月 20 日に横浜港を出帆し 11 月 5 日に帰国するまで、南米諸国（ペルー、チリ、アルゼンチン、ブラジル）を長期間転戦して回った（曾根：124-125）。

派遣選手の選考をめぐっては、当初、サンパウロ側（サンパウロ日本人青年会）から、織田幹雄（1928 年アムステルダム五輪陸上・三段跳優勝）、南部忠平（1932 年ロサンゼルス五輪陸上・三段跳優勝、走幅跳 3 位）、西田修平（1932 年五輪陸上・棒高跳 2 位）、田島直人（1932 年五輪陸上・三段跳及び走幅跳 6 位）吉岡隆徳（1932 年五輪、陸上 100m 6 位）などスター選手の派遣希望があった。しかし最終的には日本陸連や選手側の様々な都合から、先に名前のあがった選手たちは全員が参加できなかった[6]。

1932 年ロサンゼルス五輪では、陸上選手以上に大活躍したのが水泳の選手たちだった。金メダルに輝いた清川正二（100m背泳ぎ）、宮崎康二（100m自由形）、鶴田義行（200m平泳ぎ）、北村久寿雄（1500m自由形）、4×200m自由形リレーをはじめ、日本のメダル獲得数は、金、銀、銅を合わせると開催国アメリカを上回った。

水泳選手の空前の活躍もあり、当初はブラジル日系移民の間では、陸上選手と合わせて水泳選手の招聘も行えないかとの要望が出ていたが、この話は進展しなかった。当時、邦人スポーツの主流は野球から陸上競技に移っており、水泳選手招聘の話が進まなかったのは、陸上競技の盛り上がりが最も大きかった時代にあったことも関係しているだろう（曾根：119）。そのことを象徴するかのように、1931 年 4 月に第 1 回全伯邦人陸上競技大会がサンパウロのパウリスタ競技場で開催されている。

(2) 日系コロニアスポーツ界を牽引した全伯邦人陸上大会の役員たち

パウリスタ新聞（1986 年 6 月 21 日付）は、第 1 回全伯邦人陸上競技大会か

ら数えて 57 年間にわたる日系コロニア（日本人社会）のスポーツ界（特に陸上競技）を振り返り、当時を知る 9 名を集めその足跡を振り返っている[7]。記事によれば、大会は「若い者が多いことだし、全伯的な陸上競技大会を」と安養寺顕三（1903-1339）が提案したことがきっかけで、サンパウロ青年会の主催で開催されたという。審判長は安養寺で、その他の競技役員を務めた者は、後に日系コロニアのスポーツ界で中心的役割を果たし、1964 年東京五輪招致活動でサンパウロを訪問したフレッド和田を支えている。

　前述した安養寺は京都生まれ。極東オリンピック大会の予選に水泳で出場した経験がある。1927 年 3 月に自由移民として渡伯した後、柔道、野球、陸上などコロニアのスポーツの普及・発展に尽力した人物である。1933 年に実施された日本人選手の南米招聘計画は、陸上選手だけでなく水泳選手も派遣希望が出ていたこともあり、安養寺はロサンゼルス五輪に出場する日本選手団の一陣が到着する 4 日前に、ブラジル選手を同伴して現地に赴いている（日本移民五十年祭委員会編，1958）。渡伯 25 周年記念事業の件で日本陸連との交渉を考えていたためだったが、安養寺が最初に面会したのは日本水泳連盟[8]の諸氏であった。

　その時のことを安養寺は、「オリンピアードへの旅」と題したコラムに、「日本水上連盟の白山、野村の委員に出迎えられて連盟の自動車でロサンゼルスへ向かう」（日伯新聞，1932 年 9 月 15 日付）と書いている。サンビートロ港に日本選手たちを出迎えに行き、「水上の田畑、野田、高石、鶴田、入江等、相知の連中に一別以来の久潤を叙する暇もなく」、選手到着後は「織田、南部、津田、吉岡らと早速、南米遠征の件で話し合ふ（略）。一先ず別れて、水泳の連中の所へ行って話し込む」（日伯新聞，1932 年 11 月 04 付）と述懐しており、安養寺と日本陸上界、水泳界との親しい関係がみてとれる。

　その後、安養寺は陸上選手団の南米派遣に関して、アルゼンチン陸上連盟のウルニシ会長、日本陸上連盟の山本忠興副会長、ブラジル・パウリスタ連盟のプリニオ会長と選手村内で協議をしている（日伯新聞，1932 年 11 月 17 日付）。安養寺の人脈の広さと人間関係づくりがあったればこそ、各国との協議が可能になった。この時、南米諸国のスポーツ連盟の要人が共に集まって話をする機会を持ったことは、それ以降の日本スポーツ界と南米諸国とのスポーツ

親善や交流の助けになったと考えられる。安養寺は誰かに頼まれてやった訳ではなく、すべては純粋に日系コロニアスポーツ界の発展を願っていたからこその行動だったという（日本移民五十年祭委員会編，1958）。個人的ではあったが安養寺こそ、日本スポーツ界と南米スポーツ界の橋渡しをした最初の人物と言っても過言ではないだろう。

(3) ブラジルスポーツ界の忘れ得ぬ日本人コーチ―齋藤魏洋

1932年7月、ロサンゼルス五輪開幕直前にブラジルでは「サンパウロ護憲革命」が起こり、第2回全伯邦人陸上競技会は無期延期となった。しかし日系コロニアのスポーツ界は、日本選手の招聘をあきらめなかった。むしろ新たに水泳選手も招待することを、サンパウロの内山岩太郎総領事ほか、各関係方面に了解を求めていくことを話し合った（曾根：121）。

その後、水泳選手招待の話は進展しなかったが、南米水上選手権大会やオリンピックで刺激を受けたブラジルの水泳界は、1933年12月、大使館を通じてブラジル海軍体育協会とブラジル海軍スポーツ連盟の名で、日本水泳連盟に対して海軍の水泳コーチの派遣を依頼してきた。派遣されたのは、当時、毎日新聞社に勤務していた齋藤魏洋だった。齋藤は1924年パリ五輪水泳（100ｍ背泳ぎ）の日本代表であり、立教大学のコーチとしても輝かしい実績を残していた。

1935年2月（1934年12月17日神戸港出帆）、齋藤は勤務先の理解を得て渡伯。「運動コーチとして、日本から外国に派遣された、最初の人」（日本移民五十年祭委員会編：108-110）となった。齋藤の指導でブラジルの水泳選手は瞬く間に力をつけていった[9]。邦字新聞には「齋藤氏のコーチに続々記録を更新」（NOTICIAS DO BRAZIL，1935年3月9日付）、「偉なる哉・斉藤氏のコーチ　リオ軍全種目に優勝」（伯剌西爾時報，1935年3月20日付）など、選手が活躍する度に"水の教官・齋藤"の優秀さを称える文字が現地新聞の紙面を飾った。同年6月、ジョルナル・ド・ブラジル紙のビレイス・ドリオ社長は、ブラジルを訪問していた和田傳五郎記者（毎日新聞特派員）に対し「五十年間に外交官がなし得た日伯親善、10名の経済使節団が現になしつつある日伯提携などの努力は、齋藤君の一人個人外交の足元にも及ばぬ」（日本移民

五十年祭委員会編：109）と称賛したほどだった。

　齋藤は 1936 年ベルリン五輪に備え、日本水泳連盟から日本選手のコーチの要請を受け、契約期間を少し残して 9 月に帰国の途に就くことになった。ブラジル海軍体協側は滞在延期を強く希望したが、日本大使館員が伯国海軍大臣を訪問し日本の国内事情を述べたところ、齋藤の努力と功績に鑑み好意的に解決するに至った。

　1940 年 4 月、齋藤は伯国在留邦人陸上競技協会の招聘で再びブラジルを訪問。今回は齋藤が監督となり、葉室鉄夫（日大）、遊佐正憲（日大 OB）の両選手を連れてリオデジャネイロに遠征した。その後、大東亜戦争が泥沼化する中で、齋藤は陸軍嘱託としてマニラの毎日新聞社に出向を命じられたが、現地で軍報道部教育隊の遊泳訓練の指導中にデング熱を発症し、それが原因で肺炎にかかり 1944 年 9 月に亡くなった（享年 41 歳）。戦後、遊佐正憲を監督に日本水泳選手一行（選手：村山、古橋、橋爪、浜口）がブラジル遠征をした際（1950 年）、齋藤が戦死したことを知った在留邦人たちは、資金を集め遺族に記念品を贈り、齋藤の残した功績に感謝の気持ちを捧げたという（日本移民五十年祭委員会編：110）。後述するが、水泳を通じて戦前に齋藤が残した日伯の絆は、戦後になると日本水泳連盟会長・田畑政治とサンパウロ州体育局長・パジリアとの関係にまでつながっていくのである。

（4）　南部忠平と「アテアビスタ会」の創立

　1933 年の「南米派遣日本陸上選手団」の遠征に、1932 年ロサンゼルス五輪陸上三段跳で優勝した南部忠平を加えることを、サンパウロの在留邦人たちは最後まで熱望していた。当時、南部は毎日新聞社に転職したばかりで日程調整ができず参加を断念したが、先の遠征を中心になって計画した安養寺顕三は、その後も南部の渡伯を実現させるためにあきらめることなく資金集めに奔走した。この時のことを南部は「安養寺君は、昭和 10 年頃から最初の目的であった私の渡伯を熱心にすすめてくれました」（日本移民五十年祭委員会編：9）と話している。

　安養寺は 1933 年に日本陸上選手団が南米遠征した際も、「マネージャーとして同行する予定だったが、選手以外は旅費が出せないと日本陸連が言いだし随

行できなかった」（曾根，2015）。1939年に南部が渡伯した際も、費用の関係で安養寺は同行できず日本に残っている。この時、安養寺が行けなかったもう一つの理由は体調（盲腸炎が重症化）がすこぶる悪かったためである。安養寺は、南部が1939年6月15日神戸港出帆の「ぶえのすあいれす丸」でブラジルに渡航する1カ月前に、療養の甲斐なく36歳の若さで亡くなった。コロニアのスポーツ界は、南部の帰国時に安養寺の功績を称えた墓石を託している。安養寺の死はブラジルだけでなく、彼の故郷・京都でも大きく報じられ、「水泳界の恩人　故安養寺氏」（京都新聞，1939年6月14－24日）として特集記事が連載されたほどであった。安養寺なくして南部の訪伯はなかっただろう。

　南部は1939年7月29日に着伯した後、サンパウロを中心に奥地の日系人入植地にもでかけ、邦人選手だけでなくブラジル人選手のコーチも引き受けるなど、熱心に陸上の指導にあたった[10]。ブラジルでは、南部の行動が逐一記事となり「世界一と伯国一　パウリスタ競技場で明朗対面　感激したマルシオ選手」（伯剌西爾新報，1939年8月4日付）、「南部さんリオへ　二十五日からコーチ行脚」（伯剌西爾時報，1939年9月7日付）、「記録の更新目覚まし　茲にも光る南部さんコーチ力」（伯剌西爾新報，1939年9月10日付）など大きく報道された。

　南部はブラジルの日本人入植地をコーチとして回り随所で大歓迎を受けたことに感動し、「日本に帰ったら紀元二千六百年（昭和15年）の明治神宮大会にみんなを呼ぶと約束して帰った。金のあてがあったわけではないが、（略）はっきりと約束したのだった」[11]（南部忠平，1999）。ちなみに先の明治神宮大会に日系コロニアの代表選手として招待された峰定美は、戦後フレッド和田が訪伯した際にサンパウロでお世話をしている。

　1951年6月には、南部が監督として引率した日本陸上選手団（選手：田島政次、菊池由紀男、高橋進、岡野栄太郎、沢田文吉）一行6名がブラジルを訪問した。南部はブラジルスポーツ界の親日家パジリア[12]の誕生会に出席するなど交流を深めていった。「南部を招聘したのはパジリアで、戦後の日系コロニア陸上界の一本立ちへと発展した」（パウリスタ新聞，1986年6月21日付）という。この遠征で南部が指導したブラジル人選手の中には、1952年ヘルシンキ五輪陸上・三段跳で16m22の世界記録及び大会新記録を樹立し、ブラジ

ルで初の金メダリストとなったアデマール・フェイラー・ダ・シルバ選手や監督のゲネルなどもいる。選手らは「世界記録は南部のお蔭と感謝」（石井, 2013）、「アデマール選手は、今でも南部を親か兄のごとく慕い、是非一度日本へも行きたい」（伯剌西爾時報，1952年7月25日付）など指導者としての南部を絶賛した[13]。

上述した1951年の遠征では、南部と日系コロニアスポーツ界の間に一つのエピソードが残っている。1959年にフレッド和田が五輪招致の確約をとるためブラジルIOC委員を訪問した際に、全面的に和田のアテンドをすることになる団体が、南部来伯時に創設されたのだ。その経緯は以下の通りだった。

> 南部監督率いる選手団の退伯にあたり、日系陸上競技関係者がお別れ会を催したその席上で、（南部が）「"また会おう"というポルトガル語はなんといえば良いか」と聞いたところ、側にいた竹中正氏がアテアビスタと答え、即座に南部監督が音頭を取り、アテアビスタ会が設立。以来、陸上競技に限らず、日本から来る選手の便宜をはかり、今日まで継続されている（石井, 2013：200）。

南部が帰国した同年12月、サンシルベストレー陸上大会を主催したブラジル企業の招待で、日本代表選手として初参加した陸上の高橋進（陸上・長距離）と石井賢治（陸上・長距離）は、このアテアビスタ会のサポートを受けている。翌年もブラジルで別の長距離大会に参加した石井は、大学卒業直後の1956年に自由移民としてブラジルに移住した。ちなみに石井はブラジルに行く際に、経由地ロサンゼルスで和田邸に投宿していた南部の娘・敦子に現地で会っている。和田は南部の娘を自宅で引き受けていた。2人が親しい関係にあったことがわかる。実は和田が1959年に東京五輪招致活動でサンパウロを訪問した際に石井も同行している。石井はブラジル移住後アテアビスタ会の一員として現在に至るまで、スポーツ選手に限らず来伯する多くの日本人をサポートしてきた[14]。石井への聞き取り調査[15]によれば「日本からブラジルの大会に参加した時、ブラジルは物が豊富で、峰さんや竹中さんの私たちへのサポートは、語るにはできないほどの手厚いアテンドだった。やっぱりブラジル

は面白いなと思って移住を決めた」(インタビュー:2014年5月19日)という。
　南部の提案でアテアビスタ会が設立されたことは、その後の日伯スポーツ交流を促進する原動力になった。「アテアビスタ会といえば、初代会長が鈴木威、竹中正が二代目となって現在に至っている。(略)陸上のみならず、国際親善に来伯するあらゆる競技部門の世話役としても忘れることはできない」(パウリスタ新聞、1982年6月21日付)という。1959年に和田が五輪招致活動のため訪伯した時、「日本人会」の緊急理事会が開催されたり、IOC委員の旅費などの寄付を集めたりしているが(高杉、1992:361-363)、「日本人会」とは「アテアビスタ会」のことである[16]。
　戦後、経済的にゆとりのできた日系移民たちは、選手らの来伯をサポートし、日伯スポーツ交流を後押ししてきた。その中心にいたのは、やはり「アテアビスタ会」のメンバーだった。南部は1964年東京五輪の陸上・強化対策本部委員になったが、表だって五輪の招致活動には関わっていない。ただ1964年東京五輪招致のためにサンパウロで日本スポーツ界を、そしてフレッド和田を裏方として支えたのは、南部が口火を切って創立された「アテアビスタ会」だったのである。

(5) サンパウロ州体育局長パジリアと日系コロニアスポーツ界

　ところで戦前、戦後を通じて日系コロニアスポーツ界に多大な支援と影響を与えたブラジル人は、パジリアをおいて他にはないだろう。パジリアと日本人選手が最初に交流したのは、1933年に「南米派遣日本陸上選手団」が訪伯した時の親善試合からだった。パジリアは1933年9月10日に行われた「サンパウロ国際競技会(日伯対抗競技会)」の400m障害において、福井行雄とデッドヒートの末に南米新記録で優勝している。当時、聖州新報の記者として取材をした内山勝男[17]は、以下のように語っている。

　　ブラジル側のパジリアさんが福井さんと一騎打ちをやって、僅かな差でパジリアさんが勝ってね、満場が非常に感激した場面があったんですよ。このことがパジリアさんの日本に対する親善の第一歩になったわけです。

聞き取り調査の中で内山は「先の遠征で日本陸上選手団の蒔いたスポーツ交流の『種』が、その後大きく実った」と話した。それは競技生活引退後のパジリアが、後にサンパウロ州体育局長やブラジルオリンピック委員会委員長となり、日系コロニアスポーツ界と日本スポーツ界に深く関わっていく話にもつながってくる（曾根，2015）。親日家だったパジリアの逸話は枚挙にいとまがない。例えば戦争で中断されていた「第11回全伯陸上競技大会」が1949年に再開されたが、当時、日本とブラジルは国交が回復しておらず開催が危ぶまれていた。しかしパジリアは日系陸上競技者の庇護を主張し、日伯国交の正常化をまたずに大会を開催した（石井：199）。

　1950年3月、日本水泳選手一行5名（監督：遊佐正憲、選手：古橋広之進、橋爪四郎、浜口喜博、村山修一）が訪伯した際に深く関わったのもパジリアだった。日本から水泳選手を招聘するにあたっては、「パジリア氏の斡旋で州体育局及びサンパウロ水上連盟が、先に伯国水上連盟宛に古橋、橋爪、濱口、それにコーチとして戦前に来伯したことのある遊佐、葉室ら5名の招待状を発している（略）」（パウリスタ新聞、1949年10月20日付）など、先頭に立って招聘計画を進めた。日本水泳選手団はサンパウロのパカエンブー・プールで開催されたブラジル選手権大会に特別出場し、選手全員が好成績をあげた。「この選手権大会では、開会式に君が代が吹奏され日章旗が掲揚された。大会会場の日系人たちは10年ぶりの日章旗であり大感激した」（森幸一，2013：225）とある。取材した内山は大会を振り返り、印象的な出来事として筆者に以下の話をした。

　　当時、日本はまだ国交を断絶していて敵対国でしょう、日章旗をプールサイドに挙げるのに反対意見が出た。（ところが）サンパウロに本部がある大英軍団長で後に軍曹になった人と、サンパウロ州知事、それからパジリアさんの3人が「スポーツに国境はない」と共同で宣言したんです。敗戦で沈んでいる国民を激励するためにトビウオ（古橋選手）ら一行を招くのに、日章旗を挙げないとはどうしたことかって。3人で日章旗をダーとあげた訳ですよ（インタビュー：2003年9月11日）。

1950年10月22日、パジリアは日本水泳連盟から正式な招待を受けて夫妻で来日した。羽田空港には田畑政治水泳連盟会長、南米遠征チームを引率したコーチの遊佐正憲と大会に参加した選手らが出迎えた（読売新聞，1950年11月18日付）。訪日の目的は、第5回国民体育大会（愛知国体：10月28日～11月2日）を参観するためだった。24日には水連主催で歓迎会が催され、パジリアは「日本水泳選手招聘の成功に鑑み、次回は日本のテニス選手を呼びたい」（伯剌西爾時報，1950年10月25日付）と、更に日伯スポーツ交流を推進させていく意向を示している。

　当時、サンパウロ州体育局長だったパジリアの後ろ盾もあり、日伯スポーツ交流は水泳、陸上にとどまらず、柔道、野球、テニスなどあらゆるスポーツに及んでいった。ブラジル日系移民の歴史においては日本人の排除や両国間の摩擦もあったが、パジリアは常に日系コロニアスポーツ界の人々に寄り添っていた。日系コロニアの野球場にはパジリアの名前が付けられ、アテアビスタ会の幹部だった峰定雄は、パジリアに子どもの名付け親になってもらっている。日系移民とパジリアが共に築いた信頼関係なくして、日系コロニアのスポーツ史は語れないだろう。

　パジリアはサンパウロ州体育局長、ブラジル海軍大尉、1964年からはIOC委員など様々な肩書を持つが、戦前からブラジルスポーツ界の有力な中心人物であったことは、まぎれもない事実である。石井は「むろん、パジリアさんの所にも、竹中さんは和田さんを連れて行ってるんですよね」（インタビュー：2016年8月12日）と話した。ブラジルのスポーツの普及・発展に日系移民の果たした功績は大きいが、戦前から戦後に至るまで、日系コロニアスポーツ界の良き理解者であったパジリアの日本人への支援と、お互いが築いた信頼関係についても忘れてはならないだろう。

4. 1964年東京五輪招致活動と日系コロニアの支援

　1964年東京五輪招致の経緯と経過については、「第18回オリンピック競技大会公式報告書（上）」に詳細が報告されている。ここでは五輪開催決定直前

の中南米に対する日本の招致活動について、1958年1月22日に各界代表者で構成された"東京オリンピック準備委員会"（会長・内閣総理大臣岸信介）設立から、1959年5月26日の第55次IOC総会（ミュンヘン）で東京開催が決定されるまでの、ブラジル国内の報道を中心に整理しておきたい。

1958年3月30日に国立競技場の落成式があり、5月24日〜6月1日には第3回アジア競技東京大会が開催された。ブラジルの邦字新聞には、アジア大会の成功とIOC委員会のブランデージ会長の「日本にはオリンピックを開催する充分な能力がある」（パウリスタ新聞，1958年6月3日付）とのメッセージが掲載されている。

パウリスタ新聞（1958年7月11日付）は社説で、戦前からの日伯スポーツ交流の成果を、以下6点をあげて振り返っている。

① 戦前から数えると日本から来伯するスポーツ選手やチームが相当なものとなっていること ② 戦前からの陸上、水泳選手の来伯がブラジル運動界に大きな影響を与えたこと。③ 戦後は古橋、橋爪一行の水泳や陸上チームの他に体操、庭球、卓球、野球など来伯する競技の種類が多彩になったこと ④ 陸上のアデマール選手や水泳の岡本選手など国際級が続々と出てきたことは、日本選手の来伯に刺激されものであること ⑤ 日伯両国がスポーツ交流を通じて深い関係を持ち、影響し合ってきたことは、日系コロニアの存在が大きいこと ⑥ 日伯両国の場合、運動選手やチームを派遣したり招待したりが敢えて実現できたのは、技術的にも経済的にも日系コロニアの存在があったこと、などである。

戦前から続く日伯スポーツ交流の成果は、1958年10月19日〜23日に開催された第13回国民体育大会（富山国体）に、ブラジルから在外邦人の4選手が初めて国体に参加し、青年走幅跳では芥田和男が優勝したことにもあらわれている。ブラジル国籍の日系選手の国体への派遣に伴い、サンパウロ陸連（ヌネス会長）では壮行会を開くほどだった。監督として選手を引率したのは、1940年の日本選手権（10月30日〜11月3日：神宮）にブラジルから派遣された峰定実だった。峰は先の日本選手権において400mで3位と健闘した。ちなみに峰は、1959年5月19日にブラジルIOC委員のサントスがミュンヘンでのIOC総会に出発する際に、アテアビスタ会の一員として空港まで見送り

に行っている。

ところで、1964年東京五輪招致活動で注目したいのは、八田一朗[18]のブラジルでの集票行動である。1958年2月25日、日本レスリング協会会長だった八田は、東京都議会議員で東京オリンピック大会招致実行委員長だった北島義彦と共にサンパウロを訪問している。八田らはブラジルを訪問するまでに、すでに「アメリカ関係筋の意向を打診するとともに、メキシコ、パナマ、ペルー、チリ、アルゼンチンの体協関係者と懇談、東京開催への働きかけを行ったところ、全部の国から『東京での開催を支持する』という」(パウリスタ新聞、1958年2月27日付)回答を得ていた。

しかし八田には懸念材料があった。上述した新聞記事によれば「最近外貨事情が芳しくなく、あまり外国へ出たがらない中南米の委員たちが、果たして日本のために出席してくれるかどうかが大きな悩みの種となっていた」のである。八田は招致活動の中で、立候補しているデトロイト、ウイーン、ブリュッセルの内、予想に反してデトロイトは案外足並みが揃っていないと感じていた。結局、ヨーロッパとの争いになれば、中南米票が鍵を握る。東京開催のキャスティングボードを握るのは、中南米諸国のIOC委員の日本支持と総会への出席だと、先の邦字新聞に話している。

八田と北島は、サンパウロとリオデジャネイロでブラジル側の体育関係者と懇談した後、翌年1月4日に離伯した。興味深いことに、この渡伯期間中に八田はサンパウロ州のスザノ[19]まで足を延ばし、内藤克俊(1895-1969)[20]に会いに行っている。しかし当時のブラジル国内における内藤の立場を鑑みると、八田の行動は招致活動の一環でないだろう。八田と内藤は同郷(広島出身)で、しかも同じレスリングの道を志したものとして、八田は内藤に一目会いたかったのではないかと推測する。

一方、八田に同行していた都議の北島は自らも柔道5段で、1932年ロス五輪陸上・三段跳銅メダリストの大島鎌吉や、1952年ヘルシンキ五輪水泳代表の古橋広之進ら選手とも交流が深かった。北島は八田と共に中南米に招致活動に向かったが、出発前に胃がんの手術を受けており、「ブラジルIOC委員サントスから東京支持の確約を得た頃には下半身がマヒし、歩けなくなった」(朝日新聞、2009年8月4日付)という。八田から帰国を勧められたが、北島は

「行けるところまで行く」と言い、最後まで招致活動を続けた。しかし、中南米の招致活動から帰国した1959年1月7日、羽田に到着して1時間後に搬送された駒込病院で息を引き取った。

その4か月後、中南米票を確実なものにするために、フレッド和田は岸信介首相から「オリンピック準備委員会委員」を委嘱され、1959年3月29日、五輪招致活動のため中南米諸国の旅に出発した。

5. フレッド和田の五輪招致活動と「アテアビスタ会」

図表3-1は、高杉（1992：331-386）の「第12章ラテンアメリカの旅」を基に、和田がブラジルに到着した1959年4月6日（月）から4月11日（土）までの6日間の主な行動を筆者が整理したものである。なお伝記に書かれていない内容は、注15で示した石井への聞き取り調査や邦字新聞を参考に、隅付き括弧内に太字で記入し補足した。

高杉（1992）によれば、和田は4月7日17時にIOC委員のサントスと面談し、その前後にサンパウロ陸上連盟の会長を表記訪問している（写真3-1）。この陸連訪問時には、吉田光雄も同行していたことが、今回初めて石井から提供された写真で明らかになった。吉田は南部忠平と同じ北海中学（北海道）の出身で、アテアビスタ会が創設された当初から幹部として来伯する選手らの世話をしていた。高杉の著書には、鈴木、竹中、久万の日系人3人の名前が出てくるが、吉田もその中にいたのである。和田のサンパウロでの行動は、伝記に書かれている以上に範囲が広かったことがわかる。

今回の調査で新たに判明したことは、ブラジルIOC委員のサントスが第55次IOC総会に出席するため、夫妻でブラジルの空港を出発した1959年5月19日に、鈴木威、竹中正、余語義家、石井賢治、峰定実のアテアビスタ会幹部が見送りに行っていたことである（写真3-2）。

ところで和田を「付きっ切りでお世話した」（インタビュー：2016年8月16日）竹中正[21]は、和田が東京五輪招致のために来伯することを誰から聞いたのだろうか。このことに関して石井は「和田さんも竹中さんも和歌山出身です

80　第3章　五輪招致活動の「際」にみる様相

図表 3-1　フレッド和田夫妻のブラジルでの招致活動

月　日	午　　前	午　　後	そ　の　他
1959年 4月6日（月）	※01：30 カラカス（ベネズエラ）空港出発（予定より3時間遅れ）	15:00過ぎにリオデジャネイロ到着、リオ経由で19:00サンパウロへ到着。【鈴木耕一総領事が出迎え】【石井「アラデアビスタ会の幹部が皆さんと一緒に出迎えましたら」】	ホテル・オトンパラセに宿泊
4月7日（火）	09:30 鈴木総領事と面会。（挨拶後、正子は疲労が激しく体調が思わしくなかったので、鈴木夫妻に挨拶してホテルに戻り、夜まで休養）	17:00過ぎに日本人会のサントスIOC委員と面談、鈴木と同行。 20:30 日本人会緊急理事会開催、10人ほどの理事集合。【石井「日本人会とはアラデアビスタ会」】	サントスIOC委員投票約束、旅費 2,000＄の援助要請あり。日本人会の緊急理事会が開催された。満場一致で寄付に賛成、竹中を乗る年男中男の発言を聞いて胸が熱くなった。【竹中とはアラデアビスタ会幹部・竹中氏】
4月8日（水）	昼前、日本人会のはからいで、和田夫妻ホテルで取材を受ける（サンパウロニュース、パウリスタニュース、日伯新聞など）【補足：サンパウロ日伯新聞、パウリスタ新聞が取材】	日本人会の竹中、鈴木、久乃、日伯新聞記者2人と昼食に招待。 昼食後、総領事の専用車を借りて和田夫妻ドライブ（運転手と通訳付け【石井「運転手は桑島義家、通訳は竹中正アラデアビスタ会会長」】 サンパウロ郊外でユダヤ人経営の専用車の養老院に立ち寄る【石井「ユダヤ系アインシュタイン病院（Hospital Albert Einstein）で、養老院でもある総合病院です。今は私どもも受付けてくれます」】。 15:00過ぎ領事館に戻り、鈴木総領事に挨拶後、ホテルにチェックアウト。 18:00 サンパウロ空港出発、19時過ぎリオ到着。	リオでは、在ブラジル日本大使館差し回しの車で「エクセルシオール・コスパカーナホテル」へ直行。
4月9日（木）	朝、大使館からIOC委員ダインデに連絡をとってもらう。ダインデ夫人から本人入院中で面会謝絶で、アポイントメントは取れないとの返事。サンパウロ領事館から日本人オリンピック委員会から大歓迎を受け。		東京オリンピック準備委員会の名前で、ダインデ IOC委員に見舞いの花贈る。【補足：「サントス IOC委員、オリンピック招致委員和田氏お手紙」パウリスタ新聞、1959年4月9日付記事】
4月10日（金）	不明（記述なし）【石井「リオへは同行していない」】		
4月11日（土）	10:00 在ブラジル大使館安東大使（安東義良）に面会	午後、キリストの山［コルコバードの丘］、シュガーローフ［ポン・ジ・アスカール］にもケーブルで登る。	夜、海岸を歩く。※13日19時過ぎにアルゼンチン・ブエノスアイレスに到着、ホテルクラリッジに投宿。

注：［ ］部分は、文献資料及び、石井賢治氏（アラデアビスタ会）への聞き取り調査による。
出所：高杉、1992：360-366 を参考に筆者作成。

5. フレッド和田の五輪招致活動と「アテアビスタ会」　81

写真 3-1　1959 年 4 月 7 日にサンパウロ陸連表敬訪問
（写真提供・石井賢治氏：向かって左から竹中正、サンパウロ陸連会長、フレッド和田、吉田光雄、右端不明）。

写真 3-2　1959 年 5 月 19 日にサンパウロ空港で IOC 委員サントス夫妻見送り
（写真提供・石井賢治氏：向かって左から鈴木威、サントス委員の妻、サントス IOC 委員、中 2 人の女性不明、竹中正、余語義家、石井賢治、峰定実）。

からね。本当は、和田さんは竹中さんあてに来たんですよ。僕はね、（和田さんが）来る前に『和田さんが来るぞ』ってね、（竹中さんから）聞いているんです。(略) ブラジルに来るといったら、先ず竹中に連絡があったわけなんですよ」（インタビュー：2016年8月16日）と話している。ただ、図表3-1を参考に考量すれば、和田の来伯はサンパウロの鈴木総領事が、竹中正に事前に伝えていたと考える方が自然であろう。ちなみに竹中の父親は竹中儀助[22]で「現地で和歌山県人会会長を勤め、渡伯した2千人の移民を暖かく迎え、"ブラジル移民の父"として仰がれた」（朝日新聞和歌山支局監修，1969）人物であった。

ちなみに1950年に訪伯した日本水泳選手団の橋爪四郎は、ブラジルで記憶に残っている人として「吉田光雄、竹中儀助、竹中正、前岡文知」[23]の名前をあげた。前岡文知（1919年着伯）は、アテアビスタ会員ではなかったが、和歌山県出身者である。竹中親子や前岡は、世界的水泳の英雄・橋爪や村山に対して同郷人として献身的に世話をしたのではないか。その際に手厚い世話を受けたことを、67年経った今も橋爪の記憶の底にしっかりと刻まれているのであろう。

6. フレッド和田の五輪招致活動を陰で支えた日系移民たち

そもそもフレッド和田が全米水泳大会[24]に出場する日本チームの宿泊を引き受けたきっかけは、1949年8月1日夕食後、和田の妻・正子が羅府新報に目を留めたことから始まっている。そこには「今回選手招致委員会では、出来れば食事等の関係上奉仕的面倒を見て下さる同胞の家庭を探している」との記事が掲載されていた。和田家は紙上に示されていた条件を満たしていたのである。「希望者は日商議会頭の清水氏迄お願いすることとあり、和田はさっそく日本水泳選手団招致委員会委員長の清水に電話をしている」（高杉，1992：24-26）。

ヘッドコーチの清川正二を含む日本水泳チーム（正式名称は「東京水泳倶楽部」）一行9人をロサンゼルス空港に迎えに行ったのは[25]、清水三彦[26]、鳴海重太郎[27]、佐々木雅実だった（高杉，1992：13-22）。その時の日本水泳チーム

6. フレッド和田の五輪招致活動を陰で支えた日系移民たち　83

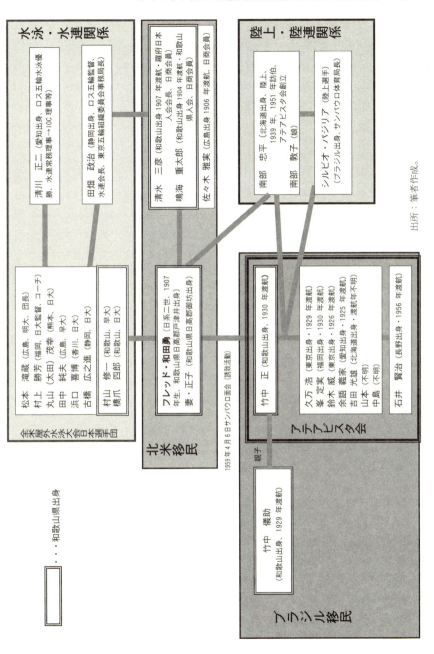

図表 3-2　フレッド和田の五輪招致活動と北米・ブラジルの日系移民の関係

出所：筆者作成。

招致委員が（清水以外）いったい誰で、何名いたのかなど不明だが、竹田（1980）によれば1949年1月に設立された「南加日系人商業会議所（日商）」の有志15名の中に、高杉の著書に登場する清水、鳴海、佐々木、石川の名前が記載されており、先の日商が日本水泳チームの北米招致の中心になっていたと考えられる（そこにフレッド和田の名前はない）。

図表3-2は、「フレッド和田の五輪招致活動と北米・ブラジルの日系移民の関係」をみたものである。かつて移民（自由移民以外）として海外に渡航する際、入植地も仕事も集団（コミュニティ）で暮らしを営み、行動するケースが多かった時代にあって、同郷出身者同士が協力することは至極当然のことだった。1949年の日本水泳チーム北米招致委員たちと和田の関係、また和田のブラジルでの五輪招致行動をみても、彼の周辺には移住先で成功した和歌山出身者の姿がみえる。むろん日本人渡航者への日系移民による支援は分け隔てなく行われ、手厚いアテンドは日系人社会で成功していたからできたことであろう。しかし移住先の異国で同郷の選手や客人を迎えることは、移民たちに特別な思いを抱かせ、故郷を強く意識したであろうことは想像に難くない[28]。サンパウロで和田を迎えた同郷の竹中正も和田の要請に応え、ブラジルIOCが総会に出席するための渡航費をすぐに集めにかかっている。

ところで、先の日本水泳チーム北米招致委員に和田がなぜ入っていなかったか疑問が残る。その手掛かりとしては和田が日商のメンバーでなかったため、情報が伝わっていなかったことが考えられる（竹田，1980）。後にスポーツ界と深く関わっていく和田だが、「和田さんをよく知る日系人社会の何人かは『和田さんはスポーツに興味がない』と口をそろえて断言した」（朝日新聞，2001年2月14日付）という話が、驚きと共に残っていることも興味深い。

7. おわりに

過去、日本ではオリンピックを夏季1回、冬季は2回開催した。返上した1940年の東京五輪や、候補地として手を挙げながらも招致に敗れた五輪を含めると、五輪招致に係る関係者はかなりの数になるだろう。

1964年東京五輪においても国内外の多く人たちが五輪招致に関わり、まさに「人生を懸けて」行動していた。さらにブラジルでは戦前から戦後に至るまで、日伯スポーツ交流で培った日系コロニアスポーツ界とブラジルスポーツ界の信頼関係が、様々な形で1964年の東京五輪の招致活動を支え、影響を与え、「1964年東京五輪開催決定」という大きな成果に結びついていたことが本調査研究で明らかとなった。しかし、スポーツで築かれた日伯の長い信頼関係は、ブラジル日系人（特に一世、二世）の記憶に残っていても、残念ながら日本では忘れられ、わが国のスポーツ史の中にほとんど記述されてこなかった。

本研究から明らかになったことは、人と人が接する五輪招致活動の「際」では、誰かの情熱的な行動を、誰かが同じように情熱をもって応え行動を支えていたことである。その五輪招致に懸ける関係者の強い思いは容易に国境を越え、人種や国籍を越え、個々の利害を越え、一つの目的（東京五輪の開催）に収斂されていた。そして、五輪招致活動の「際（きわ）」には、次の世代に伝えるべき人間同士の豊かな「物語（ストーリー）」が存在していた。

今回、1964年東京五輪の招致活動に「日系移民」という新たな視点が加わったことで、「移民ルート」らしき存在が浮かびあがってきた。この移民ネットワークの役割については、今後の調査課題としたい。

謝辞

本調査研究にご協力いただいたブラジル日系移民の皆様、サンパウロ人文科学研究所の皆様、和歌山市及び御坊市の関係者の皆様、とりわけ何度も聞き取り調査に応じていただいたブラジル在住の石井賢治氏に、記して心から厚くお礼申し上げます。なお、本文中はすべて敬称を省略させて頂きました。

付記

本章はJSPS科学研究費補助金 挑戦的萌芽研究（課題番:26560355）の助成に基づく成果の一部である。

注

1　本章では、紙幅の関係もあり、開催年、開催場所を同時に表記した（例えば1964年夏季オリンピック東京大会は「1964年東京五輪」）。ちなみにパラリンピックは、オリンピックと開催場所が異なる大会もあるが、1960年ローマ五輪が第1回に位置付けられている。

2　特定非営利活動法人東京オリンピック・パラリンピック招致委員会（2010年2月）2016年オリンピック・パラリンピック競技大会招致活動報告書。

3　例えば1959年5月18, 19日に開催されたローマでのIOC及び各国NOCの合同会議には、竹田恒徳（日本オリンピック委員会会長）を含め11名が日本の招致使節団として招致活動をしてい

る。メンバーには田畑政治（1932年ロサンゼルス五輪水泳チーム総監督、1952年ヘルシンキ五輪、1956年メルボルン五輪の両五輪選手団団長、朝日新聞社勤務、JOC総務主事、日本水泳連盟会長ほか）、清川清二（1932年ロス五輪水泳・背泳優勝、水泳連盟常務理事、兼松江商勤務、日本水泳チームヘッドコーチ、JOC委員ほか）、八田一朗（1932年ロサンゼルス五輪出場、日本アマチュアレスリング協会会長、JOC常任委員ほか）、織田幹雄（1928年アムステルダム五輪陸上三段跳優勝、日本陸上競技連盟強化担当ヘッドコーチ、朝日新聞社勤務、JOC委員ほか）、大島鎌吉（1932年ロサンゼルス五輪陸上三段跳3位、毎日新聞社勤務、JOC委員ほか）など、当時のスポーツ界の中心的人物が出席している。

4 和田勇（米国名＝フレッド・イサム・ワダ、1907-2001）に関しては、著書や新聞記事など多数存在する。勇は父の和田・ジョン・善兵衛（和歌山県御坊市名田町出身）と母玉枝（和歌山県日高郡由良町出身）との間に、7人兄弟の長男として米国ワシントン州ベリンガムで生まれた。4歳の時に口減らしのため両親と別れて、和歌山県の祖父母のもとに預けられ9歳まで過ごした。1916年に父に呼び戻され、仕事を転々としながら20歳で独立。戦後はロサンゼルスに移り、八百屋「ファーマー・フレッズ・マーケット」を17店経営する事業家として成功した。1949年に日本水泳選手団が「全米屋外水泳選手権大会」に出場する際に、コーチや選手を自宅に泊めてお世話したことがきっかけで、その後、スポーツ界と深く関わるようになる（参考資料：羅府新報2001年2月12日付、和歌山県、1957ほか）。サンパウロでの招致活動中に見た「老人ホーム」に感銘を受け、後に日系人の引退者のために老人ホーム建設に力を注いだ。

5 全米水泳派遣チームは、選手6名（古橋広之進、橋爪四郎、田中純夫、丸山茂幸、浜口喜博、村山修一）、トレーナー1名（村上勝芳）、監督1名（清川清二）の8名が参加。団長の松本滝蔵は、選手団とは別行動で市内のホテルに投宿したとある（高杉、1992：45）。

6 最終的に派遣されたのは、福井行雄（110m障害、400m障害）、住吉耕作（やり投げ、五種競技）、大島謙吉（三段跳、走幅跳）、藤枝照英（400m、800m）、大江季雄（棒高跳）、朝隈善郎（走高跳、走幅跳）、以上6名。詳細は曾根（2015）を参照されたし。

7 出席者は、鈴木威、竹中正、余語義家、平野実、芥田和男、河井武夫、明神造、西村一喜、尾関興之助、以上9名。

8 戦前は「日本水上連盟」となっているが、本章では「日本水泳連盟」に統一して表記した。1945年10月31日の日本水連創立記念日（大正13年）に当たる日に、「会の名称は、協会とせず日本水泳連盟とすることになった。従来の水上連盟の名は、水上競技だけの感じを与えるが、広く日本水泳の分野も含めた統括団体として日本水泳連盟の方がふさわしいという意向からであった」（日本水泳連盟：162）と記されている。

9 齋藤魏洋（1903-1944）は、リオデジャネイロの海軍兵学校の一室を宿舎とし、ブラジル海軍や関係者に日本独特の泳法を教え込んだ。その独特の練習法によって、海軍の選手たちは50日間で著しい進境を示し、次々と選手らが南米新記録などを樹立した。齋藤の契約期間は1年間だったが、その実績から1936年ベルリン五輪の日本のコーチを要請され、期間を少し短縮して帰朝の途に就いた。齋藤のブラジル水泳界に対する多大な貢献は、「コロニアスポーツ史上永久に残る」（日本移民五十年祭委員会編：108-110）とまでいわれた。

10 南部が乗船した「ブエノスアイレス丸」には、講道館より派遣され、ブラジル、アルゼンチン、チリ、ペルー等を親善行脚する柔道使節・古谷澄之（7段）、佐藤忠五（6段）も同船していた（伯剌西爾時報、1939年6月21日付）。「伯国跳躍界の至宝マルシア選手は『南部のコーチを受けるまでは何人のコーチも受けぬ』と張り切って同氏の来伯を期待している」（聖州新報、1939年6月20日付）、「伯国跳躍界の菱明『世界の標準に達する日近し』喜びを語る州陸連会長」（聖州新報、1939年7月7日付）など、南部に対するブラジル側の期待が記事から伺える。

11 南部の資金集めは難航した。7人の選手を日本に招待するのに、約1万3千円が必要だった。南

部は邦人との約束を守るために大阪から上京し、まずは小磯国昭拓務大臣、近衛文麿、廣田弘毅元首相に面会に行った。結局、日伯綿花の社長だった原田辰之助から全額だしてもらった。日本に向けて船が出港する3日前に「カネデキタ　スグフネニノレ」とブラジルに打電。(南部忠平, 1984)。この第11回明治神宮体育大会には2世を含めてブラジルから6名の選手が来日した（監督は井上清一、選手は、島田二郎、峰定美、石田登、小田幸太郎、玉置清、松原宗高)。

12　シルビオ・デ・マガリャンエス・パジリア (Sylvio de Magalhaes Padilha, 1909－2002) は、陸上400m障害のブラジル代表として、1932年ロス五輪（5位)、1936年ベルリン五輪（5位）に出場。引退後はブラジル陸軍将官、国家スポーツ評議会副会長、ブラジル国際オリンピック委員長、1964年からIOC委員（No.267)。陸上、水泳他多くの競技団体の会長職を歴任し、パジリアの名前がついた競技場や「パジリア杯」全伯陸上競技大会などがあった。1968年「明治100年記念」の機に、日本政府より勲四等旭日章を受章した（曾根：138)。

13　なおブラジルは、1920年アントワープ五輪に初参加して以来、2012年ロンドン五輪まで、すべての競技で108個のメダルを獲得している。陸上競技では計13個のメダルの内、6個が跳躍種目である。特筆すべきは、1952年－1980年の五輪で陸上競技三段跳びで連続してメダリストが生まれているが（金メダル2、銀メダル1、銅メダル3)、その後は三段跳のメダリストを輩出していない。

14　アテアビスタ会は、そもそも日本から来伯するスポーツ選手を御世話することで、試合に出場した際などに言葉の弊害をなくし、できるだけブラジルで不自由がないようにサポートする目的でサンパウロの日系人によって設立された。大会に参加した石井賢治は、アテアビスタ会の副会長を務めたこともある。石井によれば、アテアビスタ会は現在も存続はしているものの会員が高齢になったため、依頼があった場合のみ個人的に対応しているという。

15　本章で使用した石井賢治氏への聞き取り調査は、以下のとおりである。年月日：2014年5月19日、2016年2月18日、8月12日、調査時間：3～4時間、場所：サンパウロ市内、ジョイアロレーナ内（当時の石井宝石店）。その他、内容の確認をメールで数回行った。

16　日本人会が「アテアビスタ会」だったことは、波多野 (2004, p.145) も「委員の一人が夫妻で総会に出席予定。帰国のさいに日本を回りたいということで、ブラジル日系人組織『サンパウロ・アテア・ビスタ会』から千四百ドル、和田自身も六百ドル立て替えて渡した」と記述している。サンパウロ人文科学研究所のスタッフによれば、「アテアビスタ」という名称は「ate a vista」という表現に由来しているが、波多野の「アテア・ビスタ」の表記は、ポルトガル語の正書法から考えると中途半端であり、「アテアビスタ」で良いのではないかとの助言をいただいた。ニッケイ新聞には「アテ・アビスタ会」と記されているが（ニッケイ新聞、2006年2月25日付)、本章ではサンパウロ新聞や移民史などの表記に従い「アテアビスタ会」とした。

17　内山勝男氏へのインタビューは、2003年9月11日市内にサンパウロ市内のサンパウロ新聞社で9:45～10:35の50分間実施した。内山氏は1910年新潟生まれ。1930年に自由渡航者として渡伯、聖州新報、日伯新聞、サンパウロ新聞などの邦字新聞社の記者として94歳で亡くなるまで現役記者（サンパウロ新聞社編集局編集主幹）として記事を書き続け、「コロニアの生き字引」といわれた。

18　八田一朗（1906－1983) は広島県江田島町、内藤は中区で生まれ両名共に同郷出身である。また内藤の父親は陸軍将校、八田の父親は海軍兵学校の教官だった。内藤の活躍もあり、早稲田大学で柔道部に所属していた八田は、在学中に日本で初のレスリング部を創部した。1932年4月に「大日本アマチュアレスリング協会」を創設。当初は体協に認められなかったが、後に今日の「日本レスリング協会」として発展した。戦後、日本レスリング協会第3代会長に就任（1946年4月－1983年4月）した。内藤と八田には、上述したように共通点が多い。パウリスタ新聞には、スザノの内藤とは昔の同僚で親交を温めたと、小さく記事に出ている。

19　スザノはサンパウロの東方34kmにあり、スザノ市南部の農業地域ヴィラ・イペランジャ地区の日系集団地は、「福博村」と呼ばれている。1958年の時点で、スザノ市の日系世帯数は1043世帯、人口6825人が当市に暮らしていた（サンパウロ人文科学研究所、2002年3月）。

20　内藤は1924年パリ五輪で3位となり、日本人としてレスリング（フリースタイル61kg級）で初のメダリストとなった。内藤は幼少に両親を亡くし台湾の親戚に引き取られる。台北中時代から柔道で力を発揮し1919年に鹿児島高等農林を卒業後に渡米。ペンシルバニア大学に入学、そこでレスリング部に入部。4年生でキャプテンに選ばれ、在学中にパリ五輪レスリング日本代表に選ばれるなど大活躍をした。1928年にかねてからの夢だったブラジルに渡り、アマゾン、イタケーラを経てスザノに土地を求めて定着。1933年に全伯銃剣道連盟が設立された際には発起人となっている。1953年に全伯柔道有段者会が発足した際には会長となった。ところが、ブラジル柔道界はグループの分裂で団結することができず、八田が五輪招致のため訪伯した1958年は、大河内を会長とする講道館有段者会が正式に承認され、内藤は蚊帳の外に出された状態にあった（石井、2014：81-90）。

21　竹中正（1930年着伯）1917年和歌山県白浜町生まれ。アルバレス・ペンチャード商大卒、1945年父儀助を助け、パウリセア開業（1954年に株式会社「竹中商会」に改組）。肥料、農薬品、農機具の輸入が主業で特に肥料の輸入・製造に力を注いだ。サンパウロ穀物取引所理事日系第1号。全伯陸上実行委員、サンパウロ日本文化協会専務理事、日伯文化普及会理事。アテアビスタ会二代目会長（宮城松成編著、1965『ブラジル日系紳士録』日系出版社：サンパウロ、152）。

22　竹中儀助は1889年、現在の和歌山県白浜町で海運業竹中房吉の長男として生まれる。27歳で満州に渡り、39歳でブラジルに渡航する。サンパウロ市で貿易商社に勤務後、1948年に竹中商会を設立。サンパウロ市にはギスケ・タケナカ通りが生まれるなど、日伯親善と移民事業に尽力した。76歳で没（朝日新聞和歌山支局監条、1969：76-78）。

23　橋爪四郎氏は1928年和歌山市吉札生まれ。1949年の全米水泳大会1500m予選で世界新記録樹立。1952年ヘルシンキ五輪では競泳の同種目で銀メダルに輝いた。橋爪氏には、2017年8月21日、8月31日の2回、筆者の質問に手紙で回答をいただいた。

24　高杉（1992：168）は「全米水泳選手権大会」と表記しているが、日本水泳連盟（1969）には、正式名は「全米男子屋外水上選手権大会」となっている。本章では「全米水泳大会」とした。

25　田畑政治や水泳連盟総務部長の藤田明（広島出身）、そして米国フレズノ大学に留学経験のある衆議院議員・松本滝蔵（広島出身）たちは、GHQのマッカーサー元帥から米国渡航の特別許可を得た後、南加日系人商業会議所（日商）会頭の清水に手紙で支援を求めた。清水は直ちに募金活動を開始すると返事をしている（高杉、1992：13）。選手が空港に到着後、清水三彦、鳴海重太郎、佐々木雅美が車で和田邸まで連れて行った。佐々木は、広島出身（妻も広島出身）で胡椒の栽培で成功し「ペパー・キング」といわれた人物であり、当時、都ホテルを所有していた。高杉（1992：29）には、当初、「石川武義から選手の宿舎として都ホテルを無償で提供する申し出のあった」と書かれてある。石川武義は1949年1月に創立された日商のメンバーで、ホテル業のベテランとして佐々木からホテルをリースして経営を任されていた（竹田、1980）。

26　清水三彦はこの時58歳。和歌山県下里町で生まれ、1907年4月に英領カナダのビクトリア港に上陸。後にバンクーバー、サンフランシスコなどに移り住む。若いころから人格者で、人並み以上の努力家だったという。後にロサンゼルスで有名な旭靴百貨店を経営し大成功を収めた。同胞の面倒見がよく、これに費やす時間と経費は多大なものがあったという。戦前は和歌山県人会、羅府日本人会などの会長、中央日本人会の副会長に推されている。1949年に戦後初の日本水泳チーム一行が、米国水泳連盟の招待を受けて訪米した際、清水は至れり尽くせりの歓待を持って一行をねぎらい選手一同に深い感銘を与えた。清水自身も「ことに同選手団中には村山修一、橋爪四郎の2名まで本県（和歌山）出身者であった点において感銘一入であったであろう」と書かれている（和歌

山県編，1959)．
27 出迎えに行った鳴海重太郎は、和歌山県有田郡出身、1904年に渡米。雑貨販売に従事した後、日米開戦まで亜細亜商会（食糧・雑貨の直輸入）で主任として手腕を振るい、羅府日本人会、南加和歌山県人会他の幹部として社会に貢献した。戦後は日米キネマ（株）、日本人病院（株）の重役として、公人としては南加日本人商業会議所（日商）会計（和歌山県，1957：439-440）を務めた。佐々木雅実は、同じく商工会議所の幹部として名前が載っている（和歌山県史，1957：453）。
28 1933年に「南米派遣日本陸上選手団」（一行6名）がペルーを訪問した際には、2人の広島県出身選手だけがリマ市で県人会の歓迎会に招待されている。1949年の日本水泳チームがロスに遠征した際には、村山修一と橋爪四郎が和歌山出身とわかり、「6人の中に、和歌山生まれが2人もおったですか」感慨を込めて和田が言った」（高杉，1992：42）と書いている。1951年に和田夫妻が訪日した際には、和歌山の御坊に墓参りに行くという和田を、橋爪は和歌山市内の吉礼にある実家に呼び歓待するなど、同郷人としてのつながりを意識していたことが伺える。

参考文献

朝日新聞和歌山支局監修（1969）「紀の国100人和歌山県章シリーズ」和歌山県勢調査会出版局、76-78頁。
朝日新聞、2009年8月4日付、「病を押して、招致の旅 悲壮な覚悟、帰国時に殉職」、17頁。
外務省記録（I.1.120.2-1）体育並運動競技関係雑件／南米派遣日本陸上選手関係 単巻、外務省外交史料館。
波多野勝（2004）『東京オリンピックへの遥かな道』草思社。
波多野勝（2014）「招致活動 田畑政治、嘉納治五郎、フレッド和田、高円宮久子妃……『幻の1940年』から続く国際派人脈」東京人29（12）通号345、72-75頁。
石井千秋（2014）『ブラジル柔道のパイオニア』トッパンプレス印刷出版：サンパウロ。
石井賢治（2013）「第三章日系スポーツ史『(1) 陸上競技』」『ブラジル日本移民百年史』第4巻、第5巻（合冊）、日本移民百年史編纂・刊行委員会、トッパンプレス印刷出版：サンパウロ、98-206頁。
京都新聞（1939年6月14－24日）「水泳界の恩人 故安養寺氏」。
毎日新聞（2004年2月15日付）「五輪の歩んだ道 巨大イベントの108年⑦二つの祖国を胸に」毎日新聞社。
松瀬学（2013）『なぜ東京五輪招致は成功したのか？』扶桑社新書。
宮城松成（1965）『ブラジル日系紳士録』日系出版社、サンパウロ。
森幸一（2013）「第三章日系スポーツ史『(4) 水泳』」『ブラジル日本移民百年史』第4巻、第5巻（合冊）、日本移民百年史編纂・刊行委員会、トッパンプレス印刷出版：サンパウロ、225-226頁。
長岡亜矢子（2004）『和田勇物語』御坊ロータリークラブ創立50周年記念事業委員会。
南部忠平（1984）『私のスポーツ人生』なにわ塾叢書13、ブレーンセンター。
南部忠平（1999）大阪府「なにわ塾」編者、『南部忠平『南部忠平自伝』』日本図書センター。
日本移民五十年祭委員会編（1958）『物故先駆者列伝─日系コロニアの礎石として忘れ得ぬ人びと─』サンパウロ人文科学研究所、サンパウロ。
日本体育協会（2012）『日本体育協会・日本オリンピック委員会100年史』280-281頁。
日伯新聞（1932年9月15日－11月17日）「安養寺生『オリムピアードへの旅』(1)～(8)」、サンパウロ。
日本水泳連盟（1969）『水連四十年史』日本水泳連盟、162-171頁。
オリンピック東京大会組織委員会編集（1966）『第18回オリンピック競技大会公式報告書（上）』オリンピック東京大会組織委員会。

岡邦行（2013）『大島鎌吉の東京オリンピック』東海教育研究所、143-180 頁。
パウリスタ新聞（1986 年 6 月 21 日付）「竹中氏が記念ケーキ切る　日系社会一丸に」パウリスタ新聞社：サンパウロ。
桜井厚（2002）『インタビューの社会学―ライフストーリーの聞き方』せりか書房。
サンパウロ人文科学研究所（2002 年 3 月）『日系社会実態調査報告書』サンパウロ人文科学研究所、サンパウロ。
曾根幹子（2015）「南米派遣日本陸上選手団（1933 年）の足跡と遠征の成果」『広島国際研究』第 21 巻、広島市立大学国際学部。
高杉良（1992）『祖国へ、熱き心を　東京にオリンピックを呼んだ男』講談社、全 558 頁。
高杉良（1997）『卒寿を迎えた快男児の痛快人生　日本の恩人・フレッド和田『熱き心』の 90 年』現代 31（12）、講談社、284-297 頁。
竹田力（1980）「佐々木雅実」（pp.3-26）『日系パイオニア歩みの跡 4 号』南加日系パイオニア・センター、ロサンゼルス。
東京オリンピック・パラリンピック競技大会招致委員会編集（2010）『2016 年オリンピック・パラリンピック競技大会招致活動報告書』特定営利活動法人東京オリンピック・パラリンピック競技大会招致委員会。
内海和雄（2008）「オリンピックと資本主義社会 3：オリンピック招致と日本資本主義」Departmental Bulletin paper、一橋大学機関リポジトリ、68-72 頁。
和歌山県編（1957）「第八章アメリカ合衆国―中編世界に残る燿しい県民の足跡」『和歌山県移民史』和歌山県編集兼発行、439 頁。
好井裕明（2006）『『あたりまえ』を疑う社会学　質的調査のセンス』光文社新書 243、光文社。

第4章

教育の国際標準化に伴う各国の際立ち
―PISAの受容をめぐるドイツとわが国の対応―

卜部　匡司

1. はじめに

　本章の目的は、OECDによるPISAの受容に着目しながら、教育の国際標準化をめぐって世界各国が国際的な学力競争にどう対応しようとしているのか、特にドイツとわが国の事例として、両国を対比的に考察することである。そうすることで、PISAの受容をめぐる対応プロセスから、グローバル社会と各国社会との「際」を描こうと試みる。

　PISA（Programme for International Student Assessment）とは、OECD（経済開発協力機構）による生徒の学習到達度に関する国際的な調査である（国立教育政策研究所編, 2002）。PISA調査は、15歳児（わが国では高校1年生）を対象に、読解力、数学的リテラシーおよび科学的リテラシーの3分野について、3年ごとに実施されている。

　このPISAが2000年にスタートして以降、世界各国においてPISAでのランキングが意識されるようになり、国によってはその高得点を目指した教育改革が進められている。こうした状況は、まさにPISAが各国の教育を超えたグローバル・ガバナンスとして出現し、もはや国際機関（OECD）が各国の義務教育政策にも大きな影響を与えるようになっているということである（Meyer et al., 2013, 二宮ほか, 2009）。実際、各国の教育は、PISAに対応しようとする過程のなかで国際的に標準化するという動きを見せている。

　しかしその一方で、世界各国がPISAを受容するうちにどの国でも教育の標準化が進んでしまえば、その国の文化や伝統に根差した教育の「その国らし

さ」が失われてしまうのではないかという懸念も生じている(佐々木ほか, 2012)。すなわち、PISAのテストで高得点を取るために各国が自発的にPISAを受け入れるがゆえに教育の国際標準化が加速し、各国の教育の独自性が失われていくということである。

こうした問題意識のもと、本章では、まず各国の教育政策に対するPISAの影響を概観し、とりわけPISAの影響が大きかったドイツとわが国におけるPISAへの対応について述べる。そして最後に、ドイツとわが国の対比的な考察を踏まえながら、グローバル社会と各国社会との「際」を描いてみる。

2. 各国の教育政策に対するPISAの影響

(1) PISAの概要と調査結果の国際比較

PISA(生徒の学習到達度調査)は、主にOECD加盟国の子どもたちを対象とした国際的な学力調査であり、義務教育の修了段階にある15歳の生徒たちが、実生活のさまざまな場面で直面する課題に対して、自らが持っている知識や技能をどの程度活用できるかを評価するものである(国立教育政策研究所編, 2002)。このPISA調査で測定されるのは、読解リテラシー(読解力)、数学的リテラシー、科学的リテラシーの3分野であり、そのうちどれかひとつがその回の主要分野とされる。実際、初回の2000年調査では読解力が、2003年調査では数学的リテラシー、2006年調査では科学的リテラシーが、そして2009年調査では再び読解力が、2012年では数学的リテラシー、2015年調査では科学的リテラシーが、それぞれ主要分野とされている。これら3分野について、生徒たちは、各2時間ほどの試験(選択肢問題および記述式問題)を受けることになっている。PISA調査では、OECD加盟国の生徒の平均点が500点、約3分の2の生徒が400点から600点の間に入るよう換算が行われている(国立教育政策研究所編, 2002)。

それでは、PISAにおいて、わが国は世界ランキングで何位ぐらいが妥当なのだろうか。いわゆる「二位じゃだめなんでしょうか」も含めて、この問いを大学の講義で学生たちに投げかけると、最も多いのは「世界ランキングで5位

以内であればよい」という回答である。その次に多いのが「世界ランキング10位以内」、そして「世界でベスト3以内」が続く。相対的には、教育学部の学生たちのほうが、他学部の学生たちと比べても、わが国のランキングがより上位であるべきだと考える傾向にある。では次に、なぜそう考えるのかと学生たちに問いかけると、最も多いのが「日本は先進国だからG7（先進国首脳会議参加国）程度の順位以上であるべきだ」という回答である。すなわち、わが国は先進国の一員であるから先進国の構成メンバーの数より少ない順位であればよいということのようである。

　ちなみに、直近のPISA調査（2015年）の結果において、わが国の生徒たちは、読解力、数学的リテラシーおよび科学的リテラシーの3分野で、それぞれ世界ランキングでどのくらいの位置にあるのだろうか。また先進国G7のメンバー（フランス、アメリカ、イギリス、ドイツ、日本、イタリア、カナダ）は、世界ランキングでどのくらいの位置にあるのだろうか。

図表4-1　PISA調査の国際比較（読解力）

順位	PISA2000 (32か国中)		PISA2003 (41か国・地域中)		PISA2006 (57か国・地域中)		PISA2009 (65か国・地域中)		PISA2012 (65か国・地域中)		PISA2015 (72か国・地域中)	
1	フィンランド	546	フィンランド	543	韓国	556	上海	556	上海	570	シンガポール	535
2	カナダ	534	韓国	534	フィンランド	547	韓国	539	香港	545	香港	527
3	ニュージーランド	529	カナダ	528	香港	536	フィンランド	536	シンガポール	542	カナダ	527
4	オーストラリア	528	オーストラリア	525	カナダ	527	香港	533	日本	538	フィンランド	526
5	アイルランド	527	リヒテンシュタイン	525	ニュージーランド	521	シンガポール	526	韓国	536	アイルランド	521
6	韓国	525	ニュージーランド	522	アイルランド	517	カナダ	524	フィンランド	524	エストニア	519
7	イギリス	523	アイルランド	515	オーストラリア	513	ニュージーランド	521	アイルランド	523	韓国	517
8	日本	522	スウェーデン	514	リヒテンシュタイン	510	日本	520	台湾	523	日本	516
9	スウェーデン	516	オランダ	513	ポーランド	508	オーストラリア	515	カナダ	523	ノルウェー	513
10	オーストリア	507	香港	510	スウェーデン	507	オランダ	508	ポーランド	518	ニュージーランド	509
11	ベルギー	507	ベルギー	507	オランダ	507	ベルギー	506	エストニア	516	ドイツ	509
12	アイスランド	507	ノルウェー	500	ベルギー	501	ノルウェー	503	リヒテンシュタイン	516	マカオ	509
13	ノルウェー	505	スイス	499	エストニア	501	エストニア	501	ニュージーランド	512	ポーランド	506
14	フランス	505	日本	498	スイス	499	スイス	501	オーストラリア	512	スロベニア	505
15	アメリカ	504	マカオ	498	日本	498	ポーランド	500	オランダ	511	オランダ	503

出所：国立教育政策研究所編（2016, 2013, 2010, 2007, 2004, 2002）より筆者作成。

図表 4-2　PISA 調査の国際比較（数学的リテラシー）

順位	PISA2000 (32か国中)		PISA2003 (41か国・地域中)		PISA2006 (57か国・地域中)		PISA2009 (65か国・地域中)		PISA2012 (65か国・地域中)		PISA2015 (72か国・地域中)	
1	日本	557	香港	550	台湾	549	上海	600	上海	613	シンガポール	564
2	韓国	547	フィンランド	544	フィンランド	548	シンガポール	562	シンガポール	573	香港	548
3	ニュージーランド	537	韓国	542	香港	547	香港	555	香港	561	マカオ	544
4	フィンランド	536	オランダ	538	韓国	547	韓国	546	台湾	560	台湾	542
5	オーストラリア	533	リヒテンシュタイン	536	オランダ	531	台湾	543	韓国	554	日本	532
6	カナダ	533	日本	534	スイス	530	フィンランド	541	マカオ	538	北京・上海・江蘇・広東	531
7	スイス	529	カナダ	532	カナダ	527	リヒテンシュタイン	536	日本	536	韓国	524
8	イギリス	529	ベルギー	529	マカオ	525	スイス	534	リヒテンシュタイン	535	スイス	521
9	ベルギー	520	マカオ	527	リヒテンシュタイン	525	日本	529	スイス	531	エストニア	520
10	フランス	517	スイス	527	日本	523	カナダ	527	オランダ	523	カナダ	516
11	オーストリア	515	オーストラリア	524	ニュージーランド	522	オランダ	526	エストニア	521	オランダ	512
12	デンマーク	514	ニュージーランド	523	ベルギー	520	マカオ	525	フィンランド	519	デンマーク	511
13	アイスランド	514	チェコ	516	オーストラリア	520	ニュージーランド	519	カナダ	518	フィンランド	511
14	リヒテンシュタイン	514	アイスランド	515	エストニア	515	ベルギー	515	ポーランド	518	スロベニア	510
15	スウェーデン	510	デンマーク	514	デンマーク	513	オーストラリア	514	ベルギー	515	ベルギー	507

出所：国立教育政策研究所編（2016, 2013, 2010, 2007, 2004, 2002）より筆者作成。

図表 4-3　PISA 調査の国際比較（科学的リテラシー）

順位	PISA2000 (32か国中)		PISA2003 (41か国・地域中)		PISA2006 (57か国・地域中)		PISA2009 (65か国・地域中)		PISA2012 (65か国・地域中)		PISA2015 (72か国・地域中)	
1	韓国	552	フィンランド	548	フィンランド	563	上海	575	上海	580	シンガポール	556
2	日本	550	日本	548	香港	542	フィンランド	554	香港	555	日本	538
3	フィンランド	538	台湾	539	カナダ	534	香港	549	シンガポール	551	エストニア	534
4	イギリス	532	韓国	538	台湾	532	シンガポール	542	日本	547	台湾	532
5	カナダ	529	リヒテンシュタイン	525	エストニア	531	日本	539	フィンランド	545	フィンランド	531
6	ニュージーランド	528	オーストラリア	525	日本	531	韓国	538	エストニア	541	マカオ	529
7	オーストラリア	528	マカオ	525	ニュージーランド	530	ニュージーランド	532	韓国	538	カナダ	528
8	オーストリア	519	オランダ	524	オーストラリア	527	カナダ	529	ベトナム	528	ベトナム	525
9	アイルランド	513	チェコ	523	オランダ	525	エストニア	528	ポーランド	526	香港	523
10	スウェーデン	512	ニュージーランド	521	リヒテンシュタイン	522	オーストラリア	527	カナダ	525	北京・上海・江蘇・広東	518
11	チェコ	511	カナダ	519	韓国	522	オランダ	522	リヒテンシュタイン	525	韓国	516
12	フランス	500	スイス	513	スロベニア	519	台湾	520	ドイツ	524	ニュージーランド	513
13	ノルウェー	500	フランス	511	ドイツ	516	ドイツ	520	台湾	523	スロベニア	513
14	アメリカ	499	ベルギー	509	イギリス	515	リヒテンシュタイン	520	オランダ	522	オーストラリア	510
15	ハンガリー	499	スウェーデン	506	チェコ	513	スイス	517	アイルランド	522	イギリス	509

出所：国立教育政策研究所編（2016, 2013, 2010, 2007, 2004, 2002）より筆者作成。

直近の PISA 調査の結果によれば、わが国の生徒たちは、読解力で第8位、数学的リテラシーで第5位、科学的リテラシーで第2位の位置にある。さらに、わが国の成績の変化に注目すれば、わが国は当初から PISA 調査では高成績を収めていたが、若干の学力低下への懸念から教育改革が進められ、その結果として近年は改善傾向にある。その一方で、先進国G7のメンバーの PISA 調査での順位を見てみると、先進国だからといって必ずしも世界ランキングで上位であるとは限らないことがわかる。むしろ、PISA の世界ランキング上位国には、昨今から話題のフィンランドをはじめ、わが国のほか、韓国、香港、カナダ、ニュージーランド、オーストラリア、オランダ、エストニアといった国々が散見される。また近年では、わが国のほか、シンガポール、上海、香港、マカオ、台湾、韓国といった「漢字文化圏」の国や地域が、特に理数系において PISA の世界ランキング上位国として名を連ねるようになっている。

(2) PISA の世界各国への影響

　PISA が世界各国にどのような影響を与えたかについては、とりわけ義務教育の内容と制度への影響に注目した比較研究がある（二宮ほか, 2010）。その研究では、グローバル・ガバナンスのアクターとしての OECD が PISA の実施を通して各国の義務教育政策にどのような影響を与えているのかについて、わが国をはじめ、アメリカ、イギリス、オーストラリア、オランダ、カナダ、シンガポール、中国（上海）、ドイツ、フィンランド、フランス、ベルギーの12カ国について分析が行われている。

　さらに、これら12カ国にデンマークとポーランドの2カ国を加え、PISAの各国への影響を教育内容（カリキュラム）と教育制度（システム）の二つを軸とする枠組みの中に位置づけてみると、次の図表4-5のような分類となる（二宮ほか, 2009）。

　まず調査対象国のうち、PISA の影響が最も顕著にみられたのが、ドイツとデンマークである。周知の通り、ドイツに対する PISA の影響については「PISA ショック」と言われるほど大きいものであり、これらの国々では、教育制度においても教育内容においても改革を迫られることになった（佐々木ほか, 2012）。

図表 4-4 調査対象国の PISA 平均点の順位と得点

国・地域		PISA2000 読解力	PISA2000 数学的リテラシー	PISA2000 科学的リテラシー	PISA2003 読解力	PISA2003 数学的リテラシー	PISA2003 科学的リテラシー	PISA2006 読解力	PISA2006 数学的リテラシー	PISA2006 科学的リテラシー	PISA2009 読解力	PISA2009 数学的リテラシー	PISA2009 科学的リテラシー	PISA2012 読解力	PISA2012 数学的リテラシー	PISA2012 科学的リテラシー	PISA2015 読解力	PISA2015 数学的リテラシー	PISA2015 科学的リテラシー
アメリカ	順位	15	19	14	18	28	22	データなし	35	29	17	31	23	24	36	28	24	39	25
	得点	(504)	(493)	(499)	(495)	(483)	(491)		(474)	(489)	(500)	(487)	(502)	(498)	(481)	(497)	(497)	(470)	(496)
イギリス	順位	7	8	4	データなし			17	24	14	25	28	16	23	26	21	21	27	15
	得点	(523)	(529)	(532)				(495)	(495)	(515)	(494)	(492)	(514)	(499)	(494)	(514)	(498)	(492)	(509)
オーストラリア	順位	4	5	6	4	11	5	7	13	8	9	15	10	14	19	16	15	25	14
	得点	(528)	(533)	(528)	(525)	(524)	(525)	(513)	(520)	(527)	(515)	(514)	(527)	(512)	(504)	(521)	(503)	(494)	(510)
オランダ	順位	データなし			9	4	8	11	5	9	10	11	11	15	10	14	15	11	16
	得点				(513)	(538)	(524)	(507)	(531)	(525)	(508)	(526)	(522)	(511)	(523)	(522)	(503)	(512)	(509)
カナダ	順位	2	5	5	3	7	11	4	7	3	6	10	8	9	13	10	3	10	7
	得点	(534)	(533)	(529)	(528)	(532)	(519)	(527)	(527)	(534)	(524)	(527)	(529)	(523)	(518)	(525)	(527)	(516)	(528)
シンガポール	順位	不参加									5	2	4	3	2	3	1	1	1
	得点										(526)	(562)	(542)	(542)	(573)	(551)	(535)	(562)	(556)
中国(上海)	順位										1	1	1	1	1	1	27*	6*	10*
	得点										(556)	(600)	(575)	(570)	(613)	(580)	(494)	(531)	(518)
ドイツ	順位	21	20	20	21	19	18	18	20	13	20	16	13	20	16	12	10	16	16
	得点	(484)	(490)	(487)	(491)	(503)	(502)	(495)	(504)	(516)	(497)	(513)	(520)	(508)	(514)	(524)	(509)	(506)	(509)
日本	順位	8	1	2	14	6	1	15	10	5	8	9	5	4	7	4	8	5	2
	得点	(522)	(557)	(550)	(498)	(534)	(548)	(498)	(523)	(531)	(520)	(529)	(539)	(538)	(536)	(547)	(516)	(532)	(538)
フィンランド	順位	1	4	3	1	2	1	2	2	1	3	6	2	6	12	5	4	13	5
	得点	(546)	(536)	(538)	(543)	(544)	(548)	(547)	(548)	(563)	(536)	(541)	(554)	(524)	(519)	(545)	(526)	(511)	(531)
フランス	順位	14	10	12	17	16	13	23	23	25	22	22	27	21	25	26	49	26	26
	得点	(505)	((517)	(500)	(496)	(511)	(511)	(488)	(496)	(495)	(496)	(497)	(498)	(505)	(495)	(499)	(499)	(493)	(495)
ベルギー	順位	11	9	15	11	8	14	12	13	19	11	14	21	16	15	24	19	15	20
	得点	(507)	(520)	(496)	(507)	(529)	(509)	(501)	(520)	(510)	(506)	(515)	(507)	(509)	(515)	(505)	(499)	(507)	(502)

出所：国立教育政策研究所編（2016, 2013, 2010, 2007, 2004, 2002）より筆者作成。

次に、教育内容への影響が大きかったのが、わが国とフランスである。これら両国は、PISA への対応として特にカリキュラムの改革を迫られることになった。他方、教育制度への影響が大きかったのがベルギーである。

逆に、PISA の影響がそれほど見られなかった国や地域として、イギリス、アメリカ、カナダ、オーストラリア、フィンランド、オランダ、中国（上海）、シンガポール、ポーランドが挙げられる。これらのうち、独自の改革が PISA に合致したため注目を浴びたフィンランドと、PISA 実施以後に PISA の高得点を目指して教育改革を進めてきた中国（上海）、シンガポール、ポーランドを除けば、あとはアングロサクソンの価値観が色濃く出た国々が残る。とするならば、PISA はアングロサクソンの価値観が、PISA を通してゲルマンやラテンなどの価値観に挑戦していると解釈することもできる。

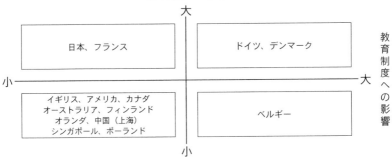

図表 4-5　PISA の世界各国への影響

出所：二宮ほか（2010, 2009）をもとに筆者作成。

　こうして世界各国は、PISA に参加することでグローバル化の流れに追従し、国際的な学力競争に巻き込まれていくことになるが、これはよいことなのだろうか。この問いを大学の講義で学生たちに発すると、約 6 割の学生がグローバル化への追従に賛成し、約 4 割の学生がそれに懐疑的な反応を示す。またなぜそう考えるのかと問いかけると、「グローバル化の波に日本が取り残されてしまえば、日本は先進国とは言えなくなるから、やはりグローバル化には追従すべきだ」という回答が多い一方で、「世界がフラット化してしまえば、日本らしさがなくなってしまうので、グローバル化への追従は慎重であるべきだ」という意見も根強い。

　では、グローバル化の流れに追従しながら PISA の受容に伴う改革を迫られた国々は、それぞれの国の伝統や教育文化に根差した独自性（その国ならではの教育）をどのように守り維持していくのか。以下では、PISA の影響が大きく見られたドイツならびにわが国の事例について考察する。

3. ドイツにおける PISA の受容

(1) 「PISA ショック」への対応

　ドイツにおける PISA の受容は、他国と比べても急進的な改革を伴うもので

あった。初回 PISA の調査結果が公表された 2001 年のドイツでは、その結果が社会に大きな衝撃をもたらした。いわゆる「PISA ショック」である。実際、ドイツの成績は、読解力が 21 位、数学的リテラシーが 20 位、科学的リテラシーが 20 位であり、OECD 諸国の平均を下回るというショッキングな結果となった。そして、その後の詳細な分析により、ドイツの教育は、他国と比べてもそれほど質が高くはなく、各州間の格差や成績の分散が大きく、社会の階層格差が成績に色濃く影響していることが判明した（坂野，2017）。こうした「PISA ショック」への対応として、ドイツは教育の内容と制度の両面で抜本的な改革に着手することになった。

まず、教育内容に関する改革として、教育スタンダード（Bildungsstandard）の設定および全国学力テストの実施が挙げられる。周知の通り、文化高権（Kulturhoheit）を重視するドイツでは、教育に関する権限も連邦政府ではなく各州政府に委ねられる。実際、教育内容やカリキュラムは、全 16 州でそれぞれ異なっており、できるだけ中央集権的な政策にならないような仕組みが維持されてきた。もちろん、教育に関する全国レベルでの政策的な統一事項については、それぞれの州の文部大臣で構成される常設各州文部大臣会議（KMK：Kultusministerkonferenz）で調整が行われてきたが、それでも教育に関しては各州の独自性が尊重されている（卜部，2014）。こうしたドイツの事情に鑑みると、ドイツ全国に共通のカリキュラム基準として教育スタンダードを設定するという改革は、従来のドイツではありえないような急進的な改革である。

教育スタンダードは、基礎学校（第 1 ～ 4 学年）のドイツ語および数学において、また基幹学校（第 5 ～ 9 学年）のドイツ語、数学、第一外国語（英語または仏語）、そして中等学校（第 5 ～ 10 学年）のドイツ語、数学、第一外国語、生物、物理、化学において、生徒たちがそれぞれの修了時点までに身につけるべきコンピテンシーを示している（久田監修，2013）。その全国共通の教育スタンダードに準じて、各州では州レベルの教育課程を編成することになっている。こうした教育スタンダードが、ドイツの伝統に照らしても極めて新しいものであると言えるのは、それがコンピテンシーに基づくカリキュラムとして編成されているためである。欧米のとりわけアングロサクソン系の国々では、カリキュラムがコンテンツ（内容）ではなくコンピテンシー（資質・能

力）に基づいて編成されるようになったが、そうした動きがついにドイツにも本格的に入ってきたというわけである。

　さらに、教育スタンダードで示したコンピテンシーがどのくらい生徒たちに身についたのかについて測定するため、各州文部大臣会議（KMK）は「教育の質開発研究所（IQB：Institut zur Qualitätsentwicklung im Bildungswesen)」を設置し、全国学力テストの実施に踏み切ったのである。実際には、第3学年および第8学年のすべての生徒を対象に、学力テストが実施されるようになり、その結果を教育改革に反映しようとしている（久田監修，2013）。

　次に、教育制度に関する主な改革として、中等学校制度の再編ならびに終日制学校（Ganztagsschule）の導入が挙げられる。中等学校制度の再編とは、従来のドイツに典型的であった三分岐型の中等学校制度（基幹学校／実科学校／ギムナジウム）が、二分岐型（ギムナジウム／新制中等学校）の制度に転換しつつあるということである（前原，2013）。もはやドイツの多くの州では、基幹学校が実科学校または総合制学校に統合されており、また新制の中等学校の呼称も各州において異なることから、ドイツの中等学校制度の全体像を把握するだけでも大変困難になっている（卜部，2016）。なぜ中等学校制度の分岐型を縮小する方向で改革が進められているかと言えば、ひとつはドイツでは分岐型制度が社会の階層格差を再生産し、それがPISAでの成績格差となって示されたからであり、もうひとつはPISAで高成績を収めているのは単線型の学校制度を採用する国が多いからである（坂野，2017）。

　さらに、こうした成績格差を是正するための施策として導入されたのが、終日制学校である。終日制学校とは、これまで午前中だけで終わっていた半日制の学校を午後にまで拡大するということである。各州文部大臣会議（KMK）の定義によれば、終日制学校とは、週に3日は7時間目まで授業を実施し、学校で昼食を提供し、午前の授業と午後の活動との関連を持たせる学校である（久田監修，2013）。この終日制学校は、義務型と自由型からなり、義務型は完全義務型と一部義務型に分類される。半日制学校であれば、子どもたちは午後からは完全に自由な時間を過ごすことになる。とするならば、子どもたちが午後からどのような時間を過ごすかは、主に家庭の事情に影響されることになる。子どもの教育に熱心な家庭では、午後からも子どもに勉強させるであろう

し、逆に教育に熱心でない家庭は、さほど子どもに勉強させようとはしない。すなわち、午後からの自由時間が長ければ長いほど、家庭（社会階層）による格差が成績に色濃く反映されることになる。逆に、子どもたちが学校に滞在する時間が長くなればなるほど、生徒間の成績格差は是正されることになる。

(2) PISA の受容をめぐる反応

　PISA に対応するために進められてきた一連の教育改革に対して、ドイツにおいては内容面でも制度面でも、それぞれ改革に対して厳しい批判の声が見受けられる。とりわけアングロサクソン系の価値観と親和性の高い PISA をグローバル・スタンダードとしてドイツに受け入れるにあたり、従来のドイツ的な価値観との論争は、極めて激しいものであり、教育のあり方をめぐって本質的なレベルで展開されている。

　まず、教育スタンダード（全国共通カリキュラム）の設定をめぐる論争に注目すると、それはコンピテンシー（Kompetenz）に対するビルドゥング（Bildung）という対立構図が浮かび上がる。PISA 推進派は、労働市場での競争力をより高めるために、子どもたちが PISA の試験で高得点を取ることが望ましいと考える（Rychen et al., 2003）。コンピテンシーという概念が、とりわけ（経済面での）高業績者の行動特性への注目に端を発し、職業教育において重視されてきたものであることから（太田, 1999）、ドイツの子どもたちも EU 域内、さらにはグローバル市場の中で、競争に勝ち抜く力を身につけるべきだと考えるのは自然なことである。こうしたコンピテンシーの考え方は、ドイツに特有なビルドゥング（人格形成）の考え方とは相容れないものである。そもそもビルドゥングは、人格の完成に向けて自分をより高めていくものであることから、ある特定の目的から自由で（zweckfrei）なければならない（Koch, 2004; Hentig, 2003; Benner, 2002）。まさに教養人になるための学びがビルドゥングであり、PISA に批判的な人たちにとって学校教育は、有能な労働者を育てる以前に教養を備えた人間になるための人格形成の場なのである。ここでの論点は、教育スタンダードの設定をめぐり、そもそも学校教育ではグローバル・スタンダードに合わせて職業教育を志向すべきなのか、それとも人格形成をより重視した教養教育を志向すべきなのかという点に集約される。

この流れの延長線上に、全国学力テストの導入をめぐる論争が位置づけられる。というのは、PISA 推進派は、全国学力テストが生徒たちの活用力（コンピテンシー）を測定できるからよいと考えるのに対して、PISA 批判派は、人間の資質や能力のすべてを試験によって測定することはできないと主張する（Georg, 2013; Müller, 2006; Rittelmeyer, 2006）。つまり人間の資質・能力をめぐり、それは測定可能なレベルで判断してもよいと考えるのか、それとも測定不可能な資質・能力も含めて人間の力を総合的に判断すべきだと考えるのかという論争となる。

次に、中等学校制度の改革に注目してみると、PISA 推進派が望ましいと考えるような三分岐型から二分岐型あるいは単線型に向けて学校制度の改革が進められている。しかし、視点を変えてみると、PISA 批判派が望むように、従来のドイツに典型的な三分岐型の構造そのものは、ほとんど変化していないことがわかる（Urabe, 2016）。実際、ドイツの中等学校制度そのものは、従来の三分岐型から二分岐型へと再編されつつあるが、中等学校修了時に与えられる修了資格は、依然として三分岐型のままである。具体的に言えば、基幹学校（第 5 ～ 9 学年）を修了すれば「就職資格（Berufsreife）」が、実科学校（第 5 ～ 10 学年）を修了すれば「中等前期修了資格（Mittlere Reife）」が、ギムナジウム（第 5 ～ 12 または 13 学年）を修了すれば「大学入学資格（Hochschulreife）」が、それぞれ与えられ、それらの資格が生徒たちの進路の決め手となるわけだが、学校制度の再編により基幹学校を実科学校に統合したとしても、新制中等学校の内部に「就職資格」コースと「中等前期修了資格」コースが別々に設置され、別々の修了資格が与えられるのである。総合制学校においても状況は同じであり、ひとつの学校の中に「就職資格」、「中等前期修了資格」および「大学入学資格」の 3 コースがそれぞれ設置され、別々の修了資格が与えられる（Urabe, 2016）。すなわち論点は、学校制度（場所）の単線化で十分なのか、それとも修了資格（キャリアコース）のほうも単線化を実現すべきなのかという点にあるが、いまのところドイツでは学校制度制度の再編にとどまっている。

さらに、終日制学校の導入をめぐって言えば、PISA 推進派にとっては、生徒の学校滞在時間が延長されれば、子どもたちの学力格差が是正されると考え

るが、その一方で、終日制学校の導入に批判的な人たちは、学校滞在時間を延長すれば、国家による教育への介入が拡大するため、それはそれで望ましいものではないと考える（Froelich, 2015, Kielbock et al., 2014, Kolbe et al., 2009）。ここでの論点は、学力格差の是正を優先させるか、国家や州政府の教育への介入抑制を優先させるかという点に集約されるが、ドイツは過去の国家による教育への介入（政府による国民教化）を猛省したという歴史を持つため、こうした論争の決着は困難である。

このようにドイツでは、PISAの受容をめぐって激しい論争が生じている。これらの論争は、まさにグローバル・スタンダードが迫ってくる中で、これまでのドイツの文化や伝統の流れも尊重しながら、教育におけるグローバルとローカルの関係にどう折り合いをつけるのかという問題である。それは、いわばグローバル社会とドイツ社会（国民国家）との「対話」として理解することもできる（佐々木ほか, 2012）。

それでは、わが国においてもドイツのように、グローバル社会と日本社会との「対話」は見られるのだろうか。わが国は、教育におけるグローバルとローカルの関係にどのように折り合いをつけようとしているのだろうか。

4. わが国における PISA の受容

(1) PISA に対応するための教育改革

わが国に対する PISA の影響は、とりわけ教育の内容に対して大きく見られる。当初、わが国における PISA の影響は、読解力の向上をめぐる施策に限定されていた。というのは、初回 PISA 調査において、わが国は、数学的リテラシーが首位、科学的リテラシーが第2位という高成績を収め、他方で読解力のみが第8位と若干振るわなかったにすぎないためである。

初回 PISA が実施された 2000 年当時、わが国では『分数のできない大学生』に象徴されるように（岡部ほか編, 1999）、学力低下の問題が議論されていたが、それはあくまで基礎学力低下への懸念であり、PISA で扱われるような活用力（応用力）に関する議論ではなかった。ところが PISA での読解力の順位

が数学的リテラシーや科学的リテラシーと比べて相対的に低いという事実を重くみた当時の政府（小泉政権）は、読解力向上のための施策を展開した。例えば、議員立法で「子どもの読書計画の推進に関する基本的な計画」（2001年）を策定し、「子どもの読書計画の推進に関する基本的な計画の概要」（2002年）を閣議決定した。こうした流れの中で全国の小・中・高校で順次導入されたのが、いわゆる朝読書である。朝読書とは、読書を習慣づけるべく学校の始業時間前に設定された読書タイムのことである。

しかしその後、第2回PISA調査（2003年）の結果を受けて、わが国においても「PISAショック」が到来した。というのは、科学的リテラシーにおいてわが国は首位をキープしたものの、読解力が第14位、数学的リテラシーが第6位と、その順位を大きく下げてしまったからである（国立教育政策研究所編、2004）。こうした結果を受けて、わが国の学力低下をめぐる議論が再び活性化し、学力低下への懸念が社会問題へと発展した。そもそも従来の基礎学力低下の懸念に加え、さらにPISA型学力（活用力）の低下も判明したことから、学力低下論争は混乱の中で展開していったが、なぜか最終的にはPISA型学力の向上に有用な「ゆとり教育」や「総合的な学習の時間」が主に批判の対象となった（加藤ほか、2001）。まもなく小・中学校学習指導要領の一部改正（2003年）により、学習指導要領の「基準性」が示され、学校では学習指導要領の範囲を超えた指導が認められることになった。

こうした混乱のなか、PISAを含めた学力低下への対策として、2007年より全国学力・学習状況調査（全国学力テスト）が始まった。全国学力・学習状況調査は、わが国の全国の小学校6年生および中学校3年生の全員を対象として、国語および算数・数学に関する学力テストと、生活習慣や学習環境等に関する調査からなる。この調査で特徴的なのは、基礎的・基本的な内容（A問題）とその活用能力（B問題）が別々に設定され、基礎学力とPISA型学力とが分けて測定される構造になっていることである。また各学校や国および教育委員会には、全国学力・学習状況調査の結果を踏まえながら教育の検証改善サイクルを構築するよう求められた。

さらに、PISAへの対応として、わが国では学習指導要領の改訂が行われた。実際、中央教育審議会答申「幼稚園、小学校、中学校、高等学校及び特別

支援学校の学習指導要領等の改善について」（2008年）では、「現在の各教科の内容、PISA調査の読解力や数学的リテラシー、科学的リテラシーの評価の枠組みなどを参考にしつつ、言語に関する専門家などの知見も得て検討した結果、知識・技能の活用など思考力・判断力・表現力等をはぐくむためには、例えば、以下のような学習活動が重要であると考えた。このような活動を各教科において行うことが、思考力・判断力・表現力等の育成にとって不可欠である」とされ、「各学校で子どもたちの思考力・判断力・表現力等を確実にはぐくむために、まず、各教科の指導の中で、基礎的・基本的な知識・技能の習得とともに、観察・実験やレポートの作成、論述といったそれぞれの教科の知識・技能を活用する学習活動を充実させることを重視する必要がある」とされた。すなわちPISA型学力は、わが国の伝統的な「知・徳・体」を柱に「生きる力」の理念で構成される学習指導要領の中に「思考力・判断力・表現力」として位置づけられたのである。

(2) PISAの受容をめぐる反応

ドイツにおいてはPISAの受容をめぐって激しい論争が見られたが、わが国ではどうだろうか。わが国においても、グローバル・スタンダードとしてのPISAを、わが国の文化や伝統を尊重しながら受け入れざるを得ないことは疑いの余地もない。ただ、わが国においては、グローバルとローカルの関係をめぐる折り合いのつけ方は、きわめてユニークで「日本らしい」ものである。結論を先取りすれば、わが国でいくらグローバル化に追従したとしても、わが国の独自性は失われることはなさそうである。

学習指導要領の改訂に伴い、PISA型学力がわが国の教育内容（カリキュラム）に組み込まれることになったが、グローバル化を重視する側は、PISA型のコンピテンシーをわが国では「思考力・判断力・表現力」として定義しようとした（Ninomiya et al., 2011）。その一方で、従来の基礎学力を尊重する側も、PISA型コンピテンシーは従来の基礎学力や受験学力と同様に大切なものであると考えた。すなわち、ドイツのような「AかBか」といった論争ではなく、わが国では「AもBも」といった議論になり、グローバルとローカルの関係をめぐり、そもそも論争や「対話」にならなかったのである。

わが国の議論をみていると、まさに「生きる力」（学習指導要領）という袋の中に、基礎学力もPISA型学力も、さらに近年ではキャリア教育や道徳教育、小学校での英語教育なども含めて、教育において大切なものが次々と投げ込まれているように見える。しかも、「生きる力」という袋に入れられたものは、それぞれが相互に混ざり合うことはなく、いずれも重要なものとして学校で実践されるべきものとなっている。その結果、学校現場では「生きる力」の袋の中に次々と投げ込まれた膨大な教育課題を前に、教師の業務負担は増える一方であり、現場の多忙感も増大している。

5. おわりに：グローバル社会と各国社会との「際」

　PISAの実施を契機として教育のグローバル化が進展するにつれて、世界各国の教育においてもグローバルとローカルの「際」が問題化している。すなわち、教育におけるグローバルとローカルの関係にどう折り合いをつけるのかという問題が顕在化している。とりわけPISAにおいて世界ランキングが公表されるようになると、国によってはその高得点を目指した改革が進められ、その結果として各国の教育が国際的に標準化することになる。しかし、そうなると教育の「その国らしさ」が失われるのではないかという懸念も生じることになる。

　こうしたグローバルとローカルの「際」において、ドイツでは相互に相容れない論争が展開していたのに対して、わが国では、あれもこれも受け入れるが相互は混ざらないという様相であった。よく考えてみると、わが国に特殊なこの構造は、文字や概念の表示法においても典型的にみられるものである。実際、わが国では、中国由来の漢字をはじめ、ひらがなとカタカナを併用している。とりわけ外来のものを表記する際には、カタカナが用いられ、漢字やひらがなとは混ざることなく併用される。つまり、わが国は、グローバルとローカルの関係の折り合いのつけ方が、他国と比べても極めてユニークな形式をとるがゆえに「わが国らしさ」が維持されてきたのである。逆に言えば、ユニークであるがゆえに、わが国は余計に国際化やグローバル化への対応に苦労してい

るのかもしれない。

参考文献

卜部匡司（2016）「三分岐型から二分岐型への中等学校制度再編に伴うドイツ教育評価制度の変容」広島市立大学国際学部『広島国際研究』第22巻、131-141頁。

卜部匡司（2014）「『半日制』の伝統をもつ学校：ドイツ」二宮皓編著『新版 世界の学校－教育制度から日常の学校風景まで』学事出版、14-24頁。

岡部恒治・戸瀬信之・西村和雄編（1999）『分数ができない大学生－21世紀の日本が危ない』東洋経済新報社。

太田隆次（1999）『アメリカを救った人事革命コンピテンシー』経営書院。

加藤幸次・高浦勝義編著（2001）『学力低下論批判』黎明書房。

国立教育政策研究所編（2016）『生きるための知識と技能〈6〉OECD生徒の学習到達度調査（PISA）—2015年調査国際結果報告書』明石書店。

国立教育政策研究所編（2013）『生きるための知識と技能〈5〉OECD生徒の学習到達度調査（PISA）—2012年調査国際結果報告書』明石書店。

国立教育政策研究所編（2010）『生きるための知識と技能〈4〉OECD生徒の学習到達度調査（PISA）—2009年調査国際結果報告書』明石書店。

国立教育政策研究所編（2007）『生きるための知識と技能〈3〉OECD生徒の学習到達度調査（PISA）—2006年調査国際結果報告書』ぎょうせい。

国立教育政策研究所編（2004）『生きるための知識と技能〈2〉OECD生徒の学習到達度調査（PISA）—2003年調査国際結果報告書』ぎょうせい。

国立教育政策研究所編（2002）『生きるための知識と技能—OECD生徒の学習到達度調査（PISA）—2000年調査国際結果報告書』ぎょうせい。

坂野慎二（2017）『統一ドイツ教育の多様性と質保証—日本への示唆』東信堂。

佐々木司・卜部匡司・大野亜由未・藤井泰・田崎徳友・二宮皓（2012）「PISA以降の国際標準化とダイバーシティの対話の可能性」中国四国教育学会編『教育学研究紀要（CD-ROM版）』第58巻、659-670頁。

久田敏彦監修、ドイツ教授学研究会編（2013）『PISA後の教育をどうとらえるか—ドイツをとおしてみる』八千代出版。

二宮皓・田崎徳友・卜部匡司・奥田久春・金井裕美子・渡邊あや（2010）「国際学力調査の教育制度と教育内容への影響」中国四国教育学会編『教育学研究紀要（CD-ROM版）』第56巻、586-594頁。

二宮皓・卜部匡司・奥田久春・金井裕美子・渡邊あや（2009）「国際競争力におけるグローバル・ガバナンスの実相の比較研究—研究の方法論を中心として」中国四国教育学会編『教育学研究紀要（CD-ROM版）』第55巻、219-230頁。

前原健二（2013）「ドイツにおける中等学校制度再編の多様化の論理」『東京学芸大学紀要（総合教育科学系II）64（2）』341-350頁。

Benner, D. (2002) Die Struktur der Allgemeinbildung im Kerncurriculum moderner Bildungssysteme. Ein Vorschlag zur bildungstheoretischen Rahmung von PISA. In: *Zeitschrift für Pädagogik*, 48. Jg., S. 68-90.

Froelich, T. M. (2015) Bildungsvielfalt statt Bildungseinfalt: Bessere Bildung für alle ohne Staat.

参考文献

Forum Freie Gesellschaft: Fürstenberg.
Georg, W. (2013) Der methodische Ansatz der PISA-Studien. Darstellung und kritische Würdigung. In: *Enzyklopädie Erziehungswissenschaft Online*. Weinheim.
Hentig, H.v. (2003) Die vermessene Bildung : die ungewollten Folgen von TIMSS und PISA. In: *Neue Sammlung*. H. 2, S. 211-233.
Kielblock, S./Fraij, A./Hopf, A./Dippelhofer, S./Stecher, L. (2014) Wirkungen von Ganztagsschulen auf Schüler/innen. In: Coelen, T./Ludwig S. (Hrsg.), *Die Ganztagsschule. Eine Einführung*. Weinheim, S. 155-171.
Koch, L. (2004) Allgemeinbildung und Grundbildung, Identität oder Alternative? In: *Zeitschrift für Erziehungswissenschaft*. Volume 7, Issue 2, S. 183-191.
Kolbe, F.-U./Reh, S./Idel, T.-S./Frtizsche, B./Kerstin R. (Hrsg.) (2009) *Ganztagsschule als symbolische Konstruktion. Fallanalysen zu Legitimationsdiskursen in schultheoretischer Perspektive*, Wiesbaden.
Meyer, H.-D./Benavot, A. (Eds.) (2013) *PISA, Power, and Policy: the emergence of global educational governance*. Symposium Books Ltd., Southampton.
Müller, D. (2006) *Das Bildungsideal der OECD. Zur Kritik der normativen Grundlagen der PISA-Studie*, Kiel.
Ninomiya, A./Urabe, M. (2011) Impact of PISA on Education Policy - The Case of Japan. *Pacific-Asian Education: The Journal of the Pacific Circle Consortium for Education*, Vol. 23, No. 1, pp. 23-30.
Rittelmeyer, C. (2006) Probleme der Messung von "Basiskompetenzen". In: *Erziehungskunst*. 70 (2006) SH, S. 9-13.
Rychen, D. S./Salganik, L. H. (Eds.) (2003) *Key competencies: For a successful life and a well-functioning society*. Hogrefe & Huber.（ライチェン，D.S.、サルガニク，L.H.編（2006）『キー・コンピテンシー―国際標準の学力をめざして』（立田慶裕監訳）明石書店。)
Schlicht-Schmälzle, R. (2011) *Determinanten der Bildungsungleichheit. die Leistungsfähigkeit von Bildungssystemen im Vergleich der deutschen Bundesländer*, Wiesbaden.
Urabe, M. (2016) Inklusion als Normalfall - japanische Anregungen. In: Lang-Wojtasik, G./Kansteiner, K./Stratmann, J. *Gemeinschaftsschule als pädagogische und gesellschaftliche Herausforderung*. Waxmann: Münster, S. 45-55.

第5章

情報デザイン教育におけるオンライン教材開発
―ウェブデザインを題材として―

今中　厚志

1. はじめに

(1) はじめに

　スマートフォンなどのモバイルデバイスの利用者の増加に伴い、情報デザインの代表的分野であるウェブコンテンツの閲覧もスマートデバイス経由での閲覧が増加傾向にあり、これらのデバイスでの画面表示に対応したウェブコンテンツの制作が必要とされている。官公庁や、企業の多くのウェブサイトでモバイルデバイスの対応のウェブサイトが構築され、標準的な仕様として普及が進んでいる。その中で、ウェブコンテンツをモバイルデバイスに対応した表示にさせる実装方法のひとつとして、レスポンシブ・ウェブデザイン（Responsive Web Design: RWD）と呼ばれる方法が採用されている。

　最新の技術要素やデザイン要素を実装することに熱心なのが、ウェブコンテンツ制作の特色である。例えば、富山大学のウェブサイト管理者の内田・水島（2016）によると、同大学のウェブサイトにおいては、毎年ユーザビリティ改善のためのコンテンツの変更が行われており、民間企業に調査をさせて、指摘を受けた課題を改善している。毎年の調査が必要なほど、技術動向の変遷が非常に早い。

　この傾向は、制作者向けの検定資格や教科書にもみることができる。ウェブコンテンツの検定試験として、公益財団法人画像情報教育振興協会が実施している「Webデザイナー検定」が知られている。同会が発行している主に教育現場や受験者向けの教科書『Webデザイン』は2004年に第1版が発行され、

2016年には5度目の改版が行われている。同様に、初学者向けのウェブコンテンツ制作の自習書においても、数年に1回のペースで改訂が行われることが多い。改版ごとに記述内容は大幅に刷新されており、ウェブコンテンツ制作に関する技術の陳腐化の速さの一端をうかがうことができる。

　ウェブデザインなどの情報デザイン教育のなかで、技術要素の修得をできるだけ排除して、ブラックボックス化やモジュール化して、デザイン技術の向上を重視する考え方もあるが、日本では、デザイナが、企業等プロジェクト等で協働する職種は、デザイナに次ぎ、エンジニアであるという調査もあり（鷲田，2015）、エンジニアと協働するために、デザイナが技術要素を修得するまではいかずとも、抵抗感がないことは重要であると考える。革新的でデザイン価値の高い商品開発を行うメーカとして知られるダイソンでは、組織としてだけでなく、人材としてデザイナとエンジニアを一体化させるアプローチを取っている（延岡ら，2015）。最新の技術要素を理解し、採用するためには、エンジニアとの協働やデザイナ自身がエンジニアとして振る舞うことは欠かすことができないことであり、デザイナは自身の職域の境界を超えるための試みや努力が必要であるだろう。

　ウェブコンテンツの基本的な技術要素がHTMLであることは、インターネット黎明期から変わらなく、ウェブコンテンツ制作者を育成する教育においては、ウェブコンテンツに関する基本的な技術要素を理解させることは必要不可欠である。さらに、実務で採用されている最新の技術要素を踏まえることが求められている。上述したことを意識した教材やカキュリラムの開発は大きな課題といえる。

　最新動向に対応した教育を実施するにあたっては、市販の教科書が限られるなど問題点がある。本章では、今後の教材の電子化を意識し、オンライン教材の制作を試み、集合教育での演習時の教材として受講者に活用させ、アンケートにより教材の評価を行った。その制作過程で得られた知見から今後の情報デザイン教育における教材開発についての課題を検討していきたい。

(2)　RWDの概要

　本章で取り上げるRWDについて概略を説明する。

ウェブコンテンツは、文章とその構造を表現するHTML（Hyper Text Media Language）ファイルによって構成され、CSS（Cascading Style Sheets）を使い、コンテンツのデザインやレイアウトを指定する。ユーザへの反応など動的な要素が必要な場合、JavaScriptやサーバサイドプログラミングを用いインタラクティブ要素を持ったコンテンツを制作する。

従前は、モバイルデバイスからウェブコンテンツを閲覧させるようにするには、PC向け、モバイルデバイス向けと、デバイスの解像度に合わせ最適化したレイアウトを制作し、対応させたいデバイスの数だけHTMLファイルを準備する方式が採用されていた。

RWDは、ウェブコンテンツ開発者のイーサン・マルコッテ氏のブログ記事（2010）で提唱されたのが最初とされている[1]。RWDを採用した場合も、デバイスの解像度に最適化したレイアウトを表示させるというアプローチは同じだが、1つのHTMLファイルで複数のレイアウトを実現していくところが大きな特色となっている。このためにCSSバージョン3から採用された技術要素であるメディアクエリ（Media Query）という技術要素を利用する。メディアクエリによって、デバイスに応じた任意のCSSをHTMLファイルに適用することができる[2]。

RWDは、1つのHTMLファイルでマルチデバイスに対応できるため、ウェブコンテンツ管理のコストを大きく下げることができ、既存方式に比べて優れている。その点から、ウェブコンテンツ制作者に注目されるようになり、RWDは、標準的なウェブコンテンツの制作手法になったといっても過言ではないだろう。

2012年以降、官公庁や企業においてRWDを採用したウェブサイトが構築された事例も多くなっている。Adobe社（2014）の企業のウェブサイト管理者に対するアンケートの中で、モバイルデバイスに対応したウェブサイトについて「すでに運用している」「制作中もしくは制作を予定している」の合計は、79.5％に達していた。その中で、「RWDを採用もしくは採用予定」とした割合は、82.1％であった。また、あとらす二十一社（2015）による調査では、2015年5月時点で日本国内の主要企業の15％がRWDを自社のウェブサイトに採用しているという報告もある。ウェブコンテンツの制作手法を修得するに

あたっては、モバイルデバイスに対応した技術要素の実装は欠かすことのできないテーマになっていくだろう。

2. 最新の技術動向をウェブコンテンツ制作教育で取り上げる際の課題

　ウェブコンテンツの教材について、出版社は、紙媒体の教材だけでなく電子版での出版も積極的である。また、インターネット上にはオンラインビデオや、ウェブコンテンツのチュートリアルも存在している[3]。

　ウェブコンテンツの制作の教材に限らない一般論になるが、教材の媒体別の比較について、赤堀・和田（2012）が、紙、PC、タブレット端末を取り上げ、その有効性ならびに特徴について比較した研究が存在する。その中では、紙は記憶の定着に有効であり、タブレット端末は、自分で考えたり判断したりすることに有効であると示された。さらに、赤堀（2013）では、文字入力を行うタスクにおいて、PC画面での有効性を示している。

　また、多くの大学や短期大学などでのプログラミング教育の効果を高めるための研究が行われており、高山（2012）、野口ら（2014）が、初学者向けのプログラミング教育支援ツールを開発するなどの試みを行っているが、研究は、アルゴリズムの理解に焦点があてられている。

　情報デザインの授業でのウェブコンテンツ制作の教育の効果を高めるため、また、環境の変化に対応するための研究活動も進められている。古性（2009）は、ウェブデザインに関するe-learning教育の可能性について論じ、また、古性（2010）は、遠隔教育に対応するための教材開発などについて実践している。また、本池（2013）は、Adobe Flashを使ったインタラクティブなウェブサイト制作の指導方法について整理している。また、上西・室田（2014）は、ウェブコンテンツ制作教育にも利用可能なプレゼンテーションソフトウェアを開発している。しかし、管見では本章で取り上げているようなHTMLやCSSといったウェブコンテンツに特化し、情報デザインの視点で議論したものは少なく、この分野でのさらなる知見が求められている。

　ウェブコンテンツをはじめとする情報デザインの大学などの高等教育機関に

おける集合教育で実施する際の課題として、まず、ウェブ技術の進展につれて必要と考えられる内容が広範になり高度化していき、必要事項の取捨選択と、十分な教育時間を確保することが年々難しくなっているという点が挙げられる。特に、ウェブコンテンツ制作者育成を主眼としているコースではない場合は、カリキュラムの関係上、概論的総花的なものになってしまうおそれがある。

さらに、技術進展の速度に合わせた教材を開発することの難易度の高さが課題として挙げられる。例えば、執筆者が所属している大学の「ウェブデザインII」という演習形式の2単位の授業の場合、ウェブコンテンツ制作の統合開発環境（Adobe Dreamweaver CC）の利用方法、インタラクティブ要素を制作するための技術要素（Adobe Animate（Flash）、jQuery）を2種類取り扱うという幅広い話題を扱うシラバスとなっている。特に、インタラクティブ要素については、Flash から HTML5 の移行が進んでいるとされるが、美術・デザイン系の専攻の学生にとって Adobe Animate はユーザビリティがよく、また、これまでの教育資産があるためカリキュラムとして残している。この際、統合開発環境、Adobe Animate、jQuery を修得させるための教科書ないし教材をそれぞれ学生に購入させるのは、金銭的負担が非常に大きい。特に、Adobe 社のソフトウェアについては、毎年のように機能追加やインターフェイスの変更が実施されていることもあり改版が必要となり、一部のソフトウェアにおいては最新版に対応した教科書が出版されない状況もある。そのため、上記のトピックを統合した内容の教科書も存在しない。前述の授業においては、授業担当者が分担し、各ソフトウェアやライブラリのバージョンアップに対応した PDF での電子教材を教員が作成している。

また、最新の技術要素についての記述は、市販の紙媒体の教材に含まれないことも多い。本章で取り上げる RWD については、授業で利用している教科書には記述がなく、最初から教材を作る必要があった。最新の技術要素を取り上げていく際に効率的な教材開発を実施する必要があり、その媒体として PC で閲覧可能なウェブコンテンツの開発の可能性を評価する必要性がある。

3. オンライン教材の概要

　集合教育の場におけるウェブコンテンツの技術要素の動向に対応可能な教材開発手法を検討するために、オンラインで利用できる教材群の開発を試行した。教材は、技術要素の説明資料、RWDを採用した実際のウェブコンテンツ、サンプルコンテンツ制作のためのチュートリアルからなる。受講者は、統合開発環境での制作を前提とする。オンライン教材の概要と演習の手順の詳細については、付録Aに記した。開発した教材群については課題を設定し、評価のための調査を実施した。

4. 評価

(1) 手順と評価項目

　調査は、執筆者の所属先である大学の90分の演習形式の授業の2回分を使い、2015年11月に実施した。1回目の演習にてRWDについての技術説明を行った後、翌週の2回目の演習にて受講者にサンプルコンテンツ制作の演習をさせた。

　サンプルコンテンツ完成後、演習時間中に受講者に対してアンケートを実施した。受講者に以下の課題に基づく質問をするとともに、受講者の基本属性とインターネットに対する接触状況を測る質問をした。

　　課題1：ウェブコンテンツのチュートリアルは、わかりやすかったか？
　　課題2：ウェブコンテンツのチュートリアルは、紙媒体のものより制作しやすかったか？
　　課題3：RWDについて理解することができたか？

(2) 結果

実施結果を以下に示し、本調査の課題について定量的な評価を行った。受講者の基本属性を示し、本調査での対象となる受講者の特徴を概観した上で課題とした調査項目の回答結果を示す。

① 受講者の基本属性

演習の受講者18名からの回答を得た。学年別の回答者は、2年次が16人、3年次以上が2人である。性別は、女性が12人、男性が6人である。

情報通信技術に対する興味関心の程度を把握するため、受講者に自身の情報通信環境について質問した。自分専用のPCを所有している割合は、18人中13人（72.2％）である。PCでのウェブサイト閲覧頻度は、約4割の8人（44.4％）が「毎日」と回答している。項目ごとの回答結果を図表5-1に示す。回答者自身のPCを所有している割合は、今中・古性（2016）が実施した所属光大学での利用実態調査の結果より高く、PCでのウェブサイトの閲覧も、一般の学生よりも頻度が高いと推測される。

図表5-1 PCでのウェブサイトの閲覧頻度 (n=18)

頻度	人数（人）	比率（％）
毎日	8	44.4％
週に5回以上	0	0.1％
週の半分くらい	2	11.1％
週に1、2回くらい	6	33.3％
2週間に1、2回くらい	1	5.5％
1か月に1回くらい	1	5.5％
パソコンではウェブサイトは閲覧しない	0	0.0％

出所：筆者作成。

また、モバイルデバイスでのウェブサイト閲覧頻度について18人中16人（88.9％）が「毎日」と回答している。利用しているソーシャルメディアは、LINEが最も多く、18名全員が利用しており、Instagramも5名がアカウントを所有していると回答した。この2つのソーシャルメディアは、スマートフォンで利用されることが前提のサービスとして展開されているものであり、受講

者のモバイルデバイスへの親和度も高いと推測できる。

② 制作教材の評価
制作教材の評価についての回答結果を図表5-2に示す。ウェブコンテンツのチュートリアルについての評価（課題1）は、「普通」が約6割と一番多く、18人中11人（61.1%）である。「まあまあ読みやすい」が、約4分の1の5人（27.8%）の回答となり、教材について肯定的な評価といえるだろう。

図表5-2　ウェブコンテンツの説明教材に対する評価（n=18）

評価	人数	比率
とても読みやすい	0	0.0%
まあまあ読みやすい	5	27.8%
普通	11	61.1%
やや読みづらい	2	11.1%
とても読みづらい	0	0.0%

出所：筆者作成。

演習教材としての紙媒体とウェブコンテンツのユーザビリティ比較（課題2）の結果を図表5-3に示す。両者の比較では、紙媒体の方が読みやすいと評価した回答者が多く、18人中8人（44.4%）である。ウェブコンテンツとした回答者は、4人（22.2%）である。ただし、「どちらも変わらない」と評価した回答者も6人（33.3%）と、全体の3分の1である。

図表5-3　紙媒体教材とウェブコンテンツ教材のユーザビリティの比較（n=18）

評価	人数	比率
ウェブコンテンツ	4	22.2%
紙媒体	8	44.4%
どちらも変わらない	6	33.3%

出所：筆者作成。

RWDについての理解度（課題3）を5段階で評価した結果を図表5-4に示す。「すこし理解できた」とした回答者が最も多く、18人中11人（61.1%）で

ある。しかし、「まったく理解できなかった」も2人（11.1%）である。

「とても理解できた」「まあまあ理解できた」と肯定的な回答したのは、計5人（27.8%）であり、「あまり理解できなかった」「まったく理解できなかった」計2人（11.1%）という否定的な回答を上回っている。

図表5-4　RWDについて理解できたか　(n=18)

評価	人数（人）	比率（%）
とても理解できた	1	5.6%
まあまあ理解できた	4	22.2%
すこし理解できた	11	61.1%
あまり理解できなかった	0	0.0%
まったく理解できなかった	2	11.1%

出所：筆者作成。

(3) 考察

アンケートの結果に加え、演習での受講者の定性的な反応を踏まえて考察を進める。

課題1の「ウェブコンテンツのチュートリアルは、わかりやすかったか？」について、「普通」が約6割となった。受講者の多くは普段からインターネットでの情報収集を行っていることから、支障なくウェブサイトでの閲覧ができたことがうかがえ、一定のわかりやすさを確保したと考えられる。

ただし、「とても読みやすい」という回答がなかった点については、改善の余地がある。ウェブコンテンツでの説明は、多くのウェブコンテンツのチュートリアル教材があり利用されていることから、受講者に抵抗はなく、肯定的な回答になると期待していたが、仮説に反する結果となった。ウェブコンテンツ制作者向けの技術要素に関する情報がインターネット上で流通しており、多くの制作者に利用されている現状がある。ただし、これまでの演習を紙媒体の教科書で行ってきた本調査の受講者にとっては、必ずしもウェブコンテンツが最善の媒体でないことを改めて認識させる結果といえる。教材のユーザインタフェース（UI）などの改善を検討し、紙媒体を上回るメリットを提示する必

要がある。

　課題2の「ウェブコンテンツのチュートリアルは、紙媒体教材より制作しやすかったか？」について、紙媒体とウェブコンテンツを比較した場合、紙媒体と回答した人数がウェブコンテンツを上回った。受講者が紙媒体を好意的に評価しているという先行研究を追認することとなった。この要因は、回答者が紙媒体に慣れていることだと推測される。ウェブコンテンツを利用した場合、受講者がマーキングやメモを取れないといった問題もあり、ユーザビリティが低いと感じている可能性もある。

　この演習では、教科書[4]を利用したサンプルコンテンツ制作を実施している。本章での教材制作のために、ウェブコンテンツの演習教材を何度か試作したが、記述内容に誤りがあるなど質が担保できないケースもあり、受講者が、市販の教材に比べて教師の開発した教材を否定的に捉えている可能性がある点は留意したい。

　課題3の「RWDについて理解することができたか？」について、「すこし理解できた」という結果が約6割となり、期待された結果が出たかは大きく疑問が残る。しかし、「とても理解できた」「まあまあ理解できた」という肯定的回答は、「あまり理解できなかった」「まったく理解できなかった」という否定的回答を上回っており、本調査は、一定の効果を得られたと考えることもできるだろう。また、今回、技術説明と制作を違う演習日に実施したことがあり、受講者が2つの内容との関連性を理解していなかった可能性もある。指示したサンプルを完成させたとしても、技術要素を理解したと判断できないことが浮き彫りになった。課題2で挙げた課題と同様、ウェブコンテンツでは、受講者が媒体に書き込みができないといった問題もあり、この点が理解度に影響している可能性もある。

5. まとめと今後の課題

(1) まとめ

　開発したオンライン教材は、演習での利用時に理解度は得られたことから、

一定の成果が得られたと結論づける。しかし、紙媒体と比較した際に、紙媒体の教材を評価する受講者が多く、ウェブコンテンツを利用することについての最終的な評価は難しい。特に、課題2について、前述の赤堀（2012）の研究では、理解度においてPCは紙媒体に劣ることを示したが、赤堀（2013）では、文字入力のタスクにおいてはPCが優位であることを示しており、HTMLのコーディングを伴う課題を行わせる際の比較は、今後の検討課題である。

演習での調査を通じて得られた知見を、今中・古性（2017）が一般情報教育のために開発した教材を演習で活用した際に観察した定性的な情報も加味して、図表5-5として受講者と教師の視点からメリットとデメリットを整理した。

図表5-5 調査からみえた媒体別のメリットとデメリット

媒体	メリット	デメリット
紙媒体 （市販）	□メモやマーカーなど媒体に書き込みが容易 □ページをめくるなどの身体的活動を伴うので記憶が定着しやすい ■教材の質を担保することが可能	□持参時の重量 □教材の購入費用 ■修正点がある場合、修正内容を別途説明する必要がある
ウェブ コンテンツ （自作）	□■媒体内に動画などインタラクティブ要素や参考情報へのハイパーリンクを加えることが可能 □■印刷のコストを低減可能 □持参時の重量からの解放 □制作時にソースのコピー＆ペーストが容易 ■教材そのものがショーケースとなる ■展開後の内容修正が容易	□メモやマーカーなどウェブコンテンツに書き込みが不可能 □PCの画面閲覧に対する疲労感 □ページをめくるなどの身体的活動を伴わない ■ウェブコンテンツを閲覧しながら、同じブラウザでウェブコンテンツを制作する必要があり、画面の切り替えが必要 ■教材の質を担保する責任が教師にある
PDF （自作）	□■媒体内に参考情報へのハイパーリンクを加えることが可能 □■必要に応じて印刷可能 □■印刷のコストを低減可能 □持参時の重量からの解放 □ソースのコピー＆ペーストが容易 ■プレゼンテーションソフトウェア、組版ソフトウェアでの制作が容易	□PCの画面閲覧に対する疲労感 □ページをめくるなどの身体的活動を伴わない ■修正点がある場合、再度教材ファイルを配布する必要がある ■教材の質を担保する責任が教師にある

□受講者視点　■教師視点

出所：筆者作成。

5. まとめと今後の課題

　受講者の視点では、紙媒体にある持参時の重量からの解放、制作時のコピーアンドペーストの容易さなどに、ウェブコンテンツやPDFなどのデジタル教材のメリットがある。

　教師ならび教材制作者の視点では、デジタル教材は、演習時に、媒体内に動画などインタラクティブ要素や参考情報へのハイパーリンクを加えることが可能であることや、配布時の印刷のコストが低減できることがメリットである。また、ウェブコンテンツの場合、コンテンツをサーバにアップロードすれば、即時に内容を修正し、受講者に提示できることはメリットだろう。演習時の受講者の質問への回答や、有用なウェブサイトなど受講者全体に共有するべき情報を、リアルタイムでウェブコンテンツに追加して受講者に閲覧させることも実現でき、コミュニケーションのツールとして利用可能である。しかし、デジタル教材の閲覧媒体をPCと想定すると、先行研究で示されているように、PCのディスプレイ画面を閲覧し続けることに疲労感を感じ、集中力が低下しているようにみられる受講者もいた点もデメリットと言える。

　ウェブコンテンツの教材を制作する場合、HTMLとCSSでの表現力に限界がある。たとえば、プレゼンテーションソフトや組版ソフトのように自由にオブジェクトを画面に配置できないなどの制約がある。ただし、優れた情報デザインを有する教材を制作することができれば、コンテンツ制作のショーケースのひとつとなりうる。このため、制作時には大きな工数を要する可能性がある。この点、PDFを配布した場合は、プレゼンテーションソフトを使い制作できるため制作工数は削減できる。教材の修正事項やフォローがしたい点があっても、PDFファイルの場合、受講者に配布してしまった後では、差分を示し、再配布する必要があり反映が難しい。

　図表5-5のメリットとデメリットから、受講者と教師の評価の視点には、大きく、ユーザビリティ、メンテナンス、コストの面から評価があると推察される。そこで、オンライン教材の運用サイクルのモデルについて、下記図表5-6のように整理した。

　このモデルは、いわゆるPDCAサイクルを意識したものとなっている。授業の目標があり、目標をもとに、コンテンツを含んだユーザビリティ、コスト、メンテナンスの側面からオンライン教材の設計（Plan）を実施する。受講

図表 5-6　オンライン教材の運用サイクルモデル

```
                    ┌─────────┐
                    │  目標   │
                    └─────────┘
              ①設計  ↓   ↓   ↓         ④改善
        ┌──────┐  ┌──────┐  ┌──────┐
        │ユーザ│  │ コ  │  │メンテ│
        │ビリ  │  │ ス  │  │ナンス│
        │ティ  │  │ ト  │  │      │
        └──────┘  └──────┘  └──────┘
           ↑  ②実行  ↑        ↑ ③評価
          ●                           ●
        受講者 ────フィードバック───→ 教師
```

者は、教師の指示のもとに、オンライン教材を実行（Do）する。その結果は、教師にフィードバックされ、教師自身の教材を利用した評価と合わせて、授業の振り返りと評価（Check）を行う。そして、次回の運用時により良いものにするために、目標を含めた授業の改善活動（Action）を行う。

また、評価の視点において、利用者である受講者からは、ユーザビリティとコストは評価可能であるが、メンテナンスについては評価が難しいと考えられ、受講者から遠い位置に配置している。一方、開発・運用者である教師からは、メンテナンスとコストは評価可能であると考えられるが、ユーザビリティについては評価が客観的に難しいと考え、教師から遠い位置に配置した。

本章においては、アンケートにより、教材の評価を実施したが、教師の視点から測定しづらいユーザビリティの評価の方法を効果的に実施することが、教材の改善につながると考えられる。

（2）　今後の課題

本調査後の課題制作において、「地域情報」の提供を目的としてウェブコン

テンツを構築させた。その際に、RWD を利用したウェブサイト制作に取り組んだ学生が少なかった。それは、課題の閲覧環境としてモバイルデバイスを想定していなかったことが要因だが、例えば、地域情報というテーマであれば、JavaScript を使い、Google Maps の情報をウェブページに取り込んだ動的な要素を含むサンプルを制作させる演習にするなどテーマに沿った技術的要素があると考えられる。他の技術要素についても教材を制作、評価し、受講者のニーズに沿ったコンテンツを開発していくことが今後の課題である。

また、本調査では、タブレット端末での教材開発に取り組むまでには至らなかった。タブレットの利用は、教育効果が高いということが先行研究でも示唆されており、受講者に提供するには費用もかかるが、今後の研究課題として検討したい。

プログラミング、特にアルゴリズムの演習と異なり、情報デザインの教育での技術要素を提示する目的は、受講者に、最新技術への適応度を高めていき、関心や興味を高めさせることにあるのが執筆者の私見である。本来は、教師の作成したチュートリアルに頼らず、インターネット上の情報を自由に閲覧し、自由自在に応用したコンテンツを制作するようなことを受講者に期待したいが、多くのウェブコンテンツを学ぶ受講者、特に美術・デザインを専攻する大学生にとっては障壁が高いのが現実である。授業担当者として、その障壁や抵抗感を減らしていき、受講者と教師の「際」の橋渡しとなる教材開発を進めていくことを今後の研究課題としたい。

付録　ウェブコンテンツ教材の概要

本調査において、制作したウェブコンテンツ教材について下記に概要を記す。

技術要素の説明については、スライドショーを制作し、PDF ファイルに変換し、構内 LAN のファイルサーバにアップロードし、受講者が演習後に振り返ることができるように配布した。内容については、RWD が提唱された経緯と実装方法（メディアクエリ）を解説するスライドとした。

また、RWDによるウェブコンテンツを直感的に理解してもらうため、いくつか実際に公開されているウェブコンテンツを受講者に提示した。筆者の所属する横浜美術大学の公式ウェブサイト[5]と映画『永い言い訳』公式ウェブサイト[6]である。大学公式ウェブサイトは、受講者に馴染み深く、PC版もモバイルデバイス版も閲覧経験があると考えられたからである。『永い言い訳』公式ウェブサイトは、写真5-1のようにRWDで実装された背景と文字組み切り替えが特徴的なサイトであり、ウェブコンテンツ制作の参考になると考えたからである[7]。

写真 5-1　RWD のサンプルサイト：映画『永い言い訳』公式サイト

出所：http://nagai-iiwake.com（2006年1月時点。現行サイトとは異なる）。

提示したウェブコンテンツは、RWDの適用場面を理解させることを目的として、演習中に受講者各自のPCの任意のブラウザでウェブコンテンツを閲覧させ、異なるディスプレイサイズで閲覧してるものと仮定して、ブラウザの画面幅を変化させるタスクを実施し、コンテンツのレイアウトが変化することを受講者に認識させた。

演習課題のチュートリアルは、演習の手順を記載したウェブコンテンツをHTMLとJavaScriptにより制作した。具体的には、写真5-2に示すように、受講者が記述するソースコードは、コピーアンドペーストにも対応できるように、画像ではなくテキストを記述した[8]。さらに、統合開発環境の操作画面、サンプルコンテンツの制作途中や完成時の表示を画像データとして取り込ん

写真 5-2 RWD サンプルコンテンツ制作のためのチュートリアル

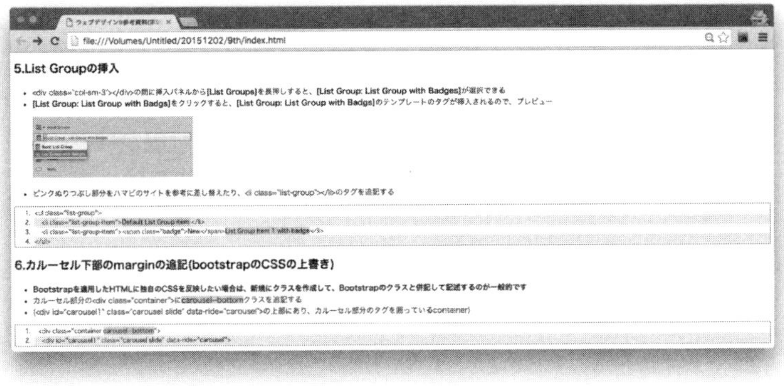

出所：筆者作成。

だ。画像ファイルは、HTML に埋め込み、受講者が閲覧できるようにした。構内 LAN にあるウェブサーバにファイルをアップロードし、前述したスライドショーの PDF ファイルにリンクを設置して、受講者が PC のブラウザからチュートリアルを閲覧できるようにした。

チュートリアルに記述されている手順通りに受講者が HTML ファイルを作成、コードを記述していくと RWD に対応したサンプルコンテンツが完成させられるようにした。

また、チュートリアル教材の評価をしてもらうため、Google フォームを利用したオンラインアンケートを制作した。先述した演習課題用のウェブコンテンツの最下部にリンクを設置した。サンプルが完成すると、アンケートフォームが閲覧できるようにし、受講者に回答させた。

謝辞・付記

本報告にあたり、教材開発については、横浜美術大学の古性淑子准教授、奥村建講師の授業において多くの示唆を受けましたので、厚く御礼申し上げます。また、ティーチング・アシスタントとして演習をサポートいただいた大町秀太郎さん、近藤真也さん、澤村育覧さんにも御礼申し上げます。なお、調査結果の一部は、18th APIEMS にて報告した。(A. Imanaka and Y. Furusho: "Development of Online Materials for Web Designing Lecture on Responsive Web Design," 18th Asia Pacific Industrial Engineering and Management Society)

注

1 イーサンは、RWDの実装要素として、3つの要素、前述したメディアクエリに加え、Fluid Grids、Fluid Image を挙げている。Fluid Grids は、グリッド単位でレイアウトする際に、画面の幅を pixel などの絶対単位でなく、パーセントなどの相対単位でレイアウトすることを示す、Fluid Image はウェブサイトでの画像のサイズを指定する際に、画像の本来持つサイズではなく、相対単位でレイアウトすることを示す。ただし、日本では、RWPは、メディアクエリを利用した画面幅ごとにレイアウトを変更させる実装方法を指すことが多く、残り2つの要素については、各種教科書においても明示的に触れないケースも多い。また、「レスポンシブ・ウェブデザイン」というキーワードがパスワードとして一人歩きし、実務上、RWD が単にマルチデバイス環境で閲覧可能なウェブコンテンツを指している傾向もあると見受けられる。

2 メディアクエリは、CSS バージョン2で提案された印刷用のレイアウトを表示させるための要素であった Media Type を各種デバイス向けに拡張したものである。メディアクエリによって、デバイスに応じた任意の CSS を HTML ファイルに適用することを実現することができる。RWD では、メディアクエリの画面の幅を判定する要素を利用し、ブラウザの画面幅を判定し、画面幅ごとの CSS を適用させることでそれぞれにふさわしいレイアウトを表示させる。例えば、画面幅の狭いスマートデバイスでウェブコンテンツを表示させる際に、ウェブページの表の幅を携帯電話の画面幅に合わせて変更させたり、一部の画像などの要素を非表示にしたり、文字の大きさを変更したりという変更を反映させることができる。

　この仕組みを利用すれば、想定外のデバイスでコンテンツを閲覧されても、画面の横幅を判定してウェブページが表示されるために、ユーザビリティを維持することができる。また、パソコンのブラウザの画面幅を確認する機能はサーバ側でなく、クライアント側にある点においても既存のファイルの振り分け方式と大きく異なる点であり、画期的といえる。

3 ドットインストール（http://dotinstall.com）が有名な事例として知られている。

4 林拓也（2015）『いちばんやさしい Dreamweaver- 作りながら覚える、ウェブサイト制作の基本』ビー・エヌ・エヌ新社を教科書として採用していた。

5 http://www.yokohama-art.ac.jp/（2016年1月時点。現行ウェブサイトとは異なる）

6 http://nagai-iiwake.com/（2016年1月時点。現行ウェブサイトとは異なる）

7 スマートフォンとパソコンの解像度の違いに応じ、原作本のカバーをイメージした背景の切り替えが実装されている。

8 受講者がキーボード入力の経験を積めるように、ソースコードを画像として準備し、強制的に文字入力をさせるタスクにする方法も検討できる。

参考文献

赤堀侃司（2013）「インターフェイスの比較による紙・PC・タブレット型端末の認知的効果」『白鷗大学教育学部論集』7（2）、261-279頁。

赤堀侃司・和田泰宜（2012）「学習教材のデバイスとしての iPad・紙・PC の特性比較」『白鷗大学教育学部論集』6（1）、15-34頁。

あとらす二十一（2015）「国内主要企業サイトのマルチデバイス対応状況」http://at21.jp/web/topic/topic20.html（2017年10月閲覧）

Adobe Japan（2014）「企業の Web 担当者に聞いた17の質問 2014 下半期」https://blogs.adobe.com/creativestation/files/2014/11/17questions-for-webmanagers_2014h2.pdf（2017年10月閲覧）

今中厚志・古性淑子（2017）「コンピュータリテラシーにおけるデジタル教材の開発に関する一考察」『横浜美術大学 教職研究』1、1-7頁。

今中厚志・古性淑子（2016）「横浜美術大学学生の SNS 利用状況についての調査報告」『横浜美術大学教育・研究紀要』6、113-118 頁。

上西秀和・室田真男（2014）「Web プログラミング言語教育用 HTML プレゼンテーション "CodEx" のためのスライド作成・編集ソフトの開発と評価」『教育システム情報学会誌』31（2）、172-184 頁。

内田並子・水島智代（2016）「『全国大学サイト・ユーザビリティ調査』において 2 連覇を達成した富山大学ウェブサイト」『富山大学総合情報基盤センター広報』13、103-112 頁。

高山文雄（2012）「Web 環境を利用したプログラミング教育支援システムの開発」『平成 24 年度教育改革 ICT 戦略大会資料』私立大学情報教育協会、206-207 頁。

野口孝文・千田和範・稲守栄（2015）「初心者から上級者までシームレスにプログラミングを学ぶことができる持続可能な学習環境の構築」『教育システム情報学会誌』32（1）、50-79 頁。

延岡健太郎・木村めぐみ・長内厚（2015）「デザイン価値の創造—デザインとエンジニアリングの統合に向けて」『一橋ビジネスレビュー』62（4）、6-21 頁。

古性淑子（2009）「ウェブデザイン教育における e-Learning の可能性について」『横浜美術短期大学教育・研究紀要』4、80-82 頁。

古性淑子（2010）「Twitter サービスを利用した学習情報共有化について」『横浜美術短期大学教育・研究紀要』5、78-81 頁。

本池巧（2013）「Adobe Flash を用いたウェブデザイン教育の実践報告」『横浜美術大学教育・研究紀要』3、239-246 頁。

鷲田祐一（2015）「デザイナーの役割分担について国際比較で見た相対的特徴」『一橋ビジネスレビュー』62（4）、50-63 頁。

Marcotte, E. (2010) "Responsible web Design," A LIST APART, retrieved March 31, 2016 from http://alistapart.com/article/responsive-web-design/（2017 年 10 月閲覧）

第6章

日本における「孝」の諸相
—仮名文学の「孝」を中心に—

施　　暉・欒　竹民

1. はじめに

　儒教、またその最も大事な概念の一つである「孝」をぬきにして日本文化、日本人の生活を考えることはできない。過去の歴史においてはもちろんのこと、現代についてもそうである。儒教の「孝」は中国に生成され、中国の「際」を超え、夙に日本に伝えられた外来思想として認知され、根付いており今日にも「つながって」いる。本研究はその「孝」が日本でどのように理解され、受容され、実践されたかという道筋、様相を明らかにしょうと努める。それと同時に、日本人に固有の思想や習慣が、「孝」をどのように変形させたかという問題にも迫ってみたい。

　法律も家訓も規制対象を必要とするという性質を持つものである。法令は社会全般を規制するのに対して、家訓は子孫または家臣に対する教訓となる。両者とも規範的側面を具有して社会体制や家族構造の維持、強化において公私に亘って現実的に機能を果たす。一方、文学作品における「孝」は登場人物の言動を通してその人物の階級、地位などの社会的条件や性格、才能等の個性的条件その他と絡みながら創作的に表象されるが、対象を規制して規範を順守させる法典や家訓と異なる。他方、作者や編者自身の孝思想、更に作者や編者が生きていた時代の社会的規範としての「孝」という側面も投影されている。以下、日本における「孝」の諸相に関する考究の一環として仮名文学（和文）に表れている「孝」を取り上げて検討していくこととする。

2. 平安時代の仮名文学における「孝」

　仮名文学は、平安時代中期を皮切りに隆盛期を迎えて国風暗黒時代[1]（小島憲之『国風暗黒時代の文学』塙書房）との分かれを告げて生まれたのである。その使用語彙としてはなるべく漢語を用いずに和語を中心に表現しようという執筆姿勢を積極的に取っていた。「孝」は中国の固有概念として夙に日本に伝わってきて、奈良時代文献及び平安時代漢文文献に多見しているが、果たして仮名文学にも受け入れられたのであろうか。また、受け入れられたとすれば、どのように受容されていたのであろうか。平安時代、大学寮等では『論語』とか『孝経』等の儒教の重要な経書を当時の貴族の学問として学習されていた。一方、東宮や親王家では、侍読による個人的家庭教育が行われていた。これは『源氏物語』の乙女巻に描かれている夕霧の学問始めからも察知される。日本の大学寮を中心とする学校制度は、唐の制度を模倣したために、その学問方法もその枠から出るものではなかった。また、教科書も、「学令」に規定されており、全て中国の漢籍であった。例えば、『源氏物語』の夕霧「御読書始」の記事に、御書として『御注孝経』が挙がっている[2]。「観学院の雀は蒙求を囀る」という諺の如く、平安時代藤原氏の私立大学で、『蒙求』が啓蒙の教科書として盛大に学習されていたことを物語る。その『蒙求』に儒教倫理的教養書として王祥、孟宗等の孝子譚が詠まれている。日本では平安初期以来、幼学にまた一般教養に広く人々に受容、親炙されていたため、諺まで生んだのである。『孝経』と『蒙求』の愛読によって日本での孝思想の普及、浸透を促進するという相乗効果を齎したと言えよう。両者が他の啓蒙書に資料を提供した例としては、源為憲が藤原道長の子頼通のために撰述した『世俗諺文』、平安末期成立の『幼学指南抄』等が挙げられよう。例えば、『世俗諺文』には、「身体髪膚禀于父母」、「父子之道天性也」等の『孝経』に訴えられている孝の観念が収載されている。このように孝は少なくとも上流階級の倫理道徳として認知され、その社会に深く溶け込んでいたことを裏付けている。

　仮名文学の代表格とも言える所謂作り物語は『竹取物語』を最古として、続

いて『宇津保物語』、『落窪物語』が登場して、またいずれも男性が作者と考えられているが、誰と特定しかねる。一方、『源氏物語』以後の平安時代の現存する作り物語は十中八九女性の作品と考えられて、優美な情趣を主軸とする女流仮名文学が花開き、中古文学の完成期を迎えた。平安時代の前期物語と称される作品の中では、「この物語の構想は著しく道義的な儒教的精神が貫いていて、それが特に親子、夫婦、主従の関係に見られます」[3] と指摘されているように、『宇津保物語』に儒教の孝の思想が受容されていたとされる[4]。特に「忠こそ」巻の仲忠の孝を取り上げて論述されているのが多かったようである。例えば、大井田晴彦氏は、「いわゆる仲忠孝養譚が、中国の孝子説話の翻案であり」、更に、「俊蔭に限らず、この物語には、「不孝」の罪を背負った人物が少なくない。「忠こそ」では、一巻を費やして「孝・不孝」の問題が執拗に語られる」と述べている[5]。また、同じ前期物語である『落窪物語』についても儒教の孝思想が看取されていると指摘されている。『落窪物語』は、落窪姫が継母に虐められ、右近の少将に助けられて、後に復讐に徳孝を以て報いるという話である。石原昭平氏は、「物語は、継母の不幸を強調するだけでなく、当時の受領は収入少なく、親より、まず妻子を養はねばならぬという。そこへ親への孝は尚ばれたが、孝養することは理想で、道頼しかできないだろうと、作者はいいたげである」[6] と説いている。つまり、作者は儒教の道徳を以て継母に虐待された怨みを報いず、孝という徳目で報いることを語っているのである。そこで、先行研究を参照しながら、仮名文学に投影されている儒教の孝という観念について考察を加えてみる。

　管見に及んだ『竹取物語』及び歌物語『伊勢物語』『平中物語』『大和物語』、平安日記文学『土佐日記』『蜻蛉日記』『和泉式部日記』『紫式部日記』『更級日記』等には「孝」の所在が確認できなかったが、『紫式部日記』には『孝経』が見られる。

(1) 『宇津保物語』の「孝」

　今回の調査で確認できた仮名文学の「孝」は『宇津保物語』における例を古いものとする。先ず、『宇津保物語』俊蔭巻において理想的人物像として描かれている仲忠の孝養振りを挙げてみる。仲忠は、嫗が瑞夢を見て「針にて見ゆ

る子は、いと賢き孝の子なり」と伏線を敷いて生まれた。後に期待通りに、零落した母を憐れみ、三歳の幼児なのに乳を飲まず母を養おうと決心して、凍ついた河で魚を釣り、また、雪山に芋や木の実を採りに出かけたりする。その姿と行動は中国の孝子譚に描かれている王祥、孟宗、楊香等の孝子を彷彿させる。更に、

　・我孝の子ならば、氷とけて魚出で来。孝の子ならずば、な出でこそ、我が身不孝〈ノ子〉ならば、この雪たかく降りまされ

と祈念して、その誠な孝心は天に通じて奇跡を生じさせて厳冬の河や山で食物が手に入ることができた。つまり、孝行によって天が感応し、加護や冥助をもたらすことになる。斯様な孝行を通して「我はまことの孝の子なりけり」「まろは孝の子なり」という親孝行であることが証明されている。一方、仲忠の祖父である俊蔭は遣唐使に任命されて、別れを歎く父母を残して唐に渡り、終に父母の最後を看取ることが出来なかったという不孝の重罪を犯してしまった。

　・その父母、紅の涙をながして、の給はく、汝不孝の子ならば、親にながき歎あらせよ。孝の子ならば、浅き思ひの浅きにあひむかへ

と、親を長く歎かせる不孝の子にならないように我が子の早期帰国を切望している親の思いである。しかし、不運にも暴風や大波に見舞われて、何年も経ったが、日本に帰らない身となったままで、「しかあれば、不孝の人なり。この罪を免れむために」というように、親不孝は罪として認識されている。つまり、「子曰、父母在、不遠遊。遊必有方（子曰く、父母在せば、遠く遊ばず。遊ぶこと必ず方あり）」（『論語』里仁第四）、「子曰孝子之喪親也、哭弗依、礼亡容、言弗文、服美弗安、聞楽弗楽、食旨弗甘。此哀感之情也（子曰く、孝子の親に喪するや、哭して依せず、礼は容つくる亡く、言は文らず、美を服して安からず、楽を聞いて楽しまず、旨きを食らひて甘からず。此れ哀感の情なり）」（『孝経』喪親章）という儒教の孝思想が作者または当時の貴族社会の道徳規範となってはじめて俊蔭は親不孝の人物として孫の仲忠と対照的に描かれているのである。更に、「三年之喪、天下之通喪也（夫れ三年の喪は天下の通喪なり）」（『論語』陽貨第十七）、「喪、不過三年（喪、三年に過ぎざるは）」（『孝経』喪親章）という孝の最終段階である「服喪」も語られている。二十三年振りに帰ってきた俊蔭は他界した両親のために「三年の孝送る」。即ち三年

間の喪に服した。「孝」は親への「哀感之情」を表するための服喪という意味で用いられて、中国語の「守孝」の意味と類似する。『宇津保物語』における「孝」は儒教のそれを受容しながら、日本の理想的孝子像と不孝の人物造形に用いられているが、追善供養という仏教的意味として目立った『源氏物語』に使用されている「孝」とは異とするように見える。

(2) 『源氏物語』の「孝」

王朝物語の粋を凝集した最高峰の女流文学の『源氏物語』における「孝」について考えてみる。『源氏物語』の孝に関しては夙に注目されている[7]。尚、田中徳定氏に依れば、「『源氏物語』における、物語の展開に関わる孝のありようについてまとめてみると、光源氏と朱雀帝は父桐壺院の遺言を遵守することによって孝を尽くそうとし、冷泉帝は、実父光源氏に譲位まで申し出て、父への孝を尽くそうとしていた。これらの行動の根底には、儒教の孝思想があったことは確かであろう。ただし、孝が守られず、不孝の振る舞いがあった場合には、仏教的罪として意識され、現世・来世での「報い」が畏れられたのである。つまり、『源氏物語』における孝は、倫理道徳としての儒教を根底とする生活思想として機能していたが、不孝に関しては、宗教的罪として認識されていたのである」[8]と指摘されている。亦、光源氏の人物像について儒教によって標榜、冀求されているがの如く、君には「忠貞」を、親には「孝敬」を、人には「恭敬」を尽くせ、と作り上げようとしているとされる[9]。

『源氏物語』(岩波日本古典文学大系と小学館新編日本古典文学全集)における「孝」の用例は全部で九例、名詞「孝」(御孝を含めて) 四例、サ変動詞「孝ず」三例[10]、「不孝」一例、「孝養」一例となる。語形態として注目すべきことは、敬意を表す接頭辞「御」と結合した「御孝」と動詞化した「孝ず」が『宇津保物語』には見えず新たに派生して日本語への同化を遂げている。尚、意味については、田中徳定氏に依れば、「「孝」(名詞)の用例は、生前の親への孝養を意味するもの二例、死後の孝、すなわち追善供養を意味するもの一例、亡き親への服喪を意味するもの一例、であるが、「孝ず」(動詞)の用例は、すべて追善供養を意味するものである。また、「孝養」は親に対する倫理道徳としての親孝行の意味に用いられている」と記述されている[11]。残りの

「不孝」は、「不孝なるは、仏の道にもいみじくこそ言ひたれ」と、親に背いたという子の不孝行為は仏の道でも厳しく戒めているというように、「違犯教令」という法律上での厳罰にも止まらず、仏教的罪としても厳しく処する、というような意味として使われている。つまり、『源氏物語』における「孝」は、生前の親に対する孝養と死後の親への追善供養といった意味として用いられて、『宇津保物語』の主たる、親に対する倫理道徳としての親孝行の意味としての「孝」と相違するのである。但し、「親の孝よりもけにやつれたまへり」（『源氏物語』柏木）の「孝」は前掲した『宇津保物語』の「三年の孝送る」と同様に、服喪という意味を表すという点で一致している。

(3) 『栄華物語』の「孝」

次に日本文学史上では、往々にして歴史物語の嚆矢と目される『栄華物語』（岩波日本古典文学大系）における「孝」を挙げてみるが、全部で四例、いずれもサ変動詞として用いられている。『孝経』も見られている[12]。「『栄華物語』には、東三条院の臨終に際し、孝を尽くすことのできない一条天皇の心中が縷々綴られ、一条天皇が孝心の深い天皇であったことが記されていた。そして、その記事に連続して記される、天皇手づから『法華経』を書写して行った先妣東三条院宸筆御八講は、天皇が敬愛を尽くして母への死後の孝として行った手厚い追善供養であったことがうかがわれたのである」と[13]。その内容は公私に亘る宮廷貴族の悲喜こもごもの生活史を骨子として描くが、道長はほぼ物語に一貫する主人公として見ることも可能となる。「『栄華物語』の作者が、『日本三代実録』をもって断絶した官撰の国史を仮名文の物語という形で受け継ぎ、宇多朝から起筆したということは、並々ならぬ自負のこもる新機軸のまさに驚嘆すべき創出であったといえよう」[14]。

・さて内はやがて御精進にて、この程はすべて御戯に〔も〕女御・御息所の御宿直絶へたり。いとさまことに<u>孝じ</u>きこえさせ給。かくて御法事六月十七日の程にぞせさせ給へりける。（『栄華物語』巻第一）

「孝ず」は亡き中宮のため追善供養を行うことに用いられている。『日本紀略』に依れば、「於法性寺、被修前皇后冊九日法事」（康保元年六月十七日）と記しているように、故中宮の御法事が営まれたことが明らかである。「孝ず」

は亡き人のため仏事供養するという意味を表し、『源氏物語』の「孝ず」と一致してそれを摂取していると言えよう。尚、「内はやがて御精進にて、この程はすべて御戯に〔も〕女御・御息所の御宿直絶へたり」は中宮安子の死を悼み、慎み深い生活を送る様子を描写している。それは、死者への哀痛の真心を表すために、「夫君子之居喪、食旨不甘。聞楽不楽、居處不安（夫君子の喪に居る、旨きを食らふも甘からず、楽を聞くも楽しからず、居處安からず）」（『論語』陽貨第十七）、「聞楽弗楽、食旨弗甘、此哀感之情也（楽を聞いて楽しまず、旨きを食らひて甘からず。此れ哀感の情なり）」（『孝経』喪親章）というように、服喪中は粥をすすり、粗衣を着て謹慎するという儒教の服喪の有りようとも相通じている

・植木静ならんと思へども、風やまず。子孝せんと思へども、親待たず。（『栄華物語』巻第十五）

「夫樹欲静而風不停、子欲養而親不待」（『孔子家語』観思第八）とあるように、韓詩外伝等にも見える表現であるが、ここは日本の『往生要集』（日本思想大系）に「人之在世、所求不如意、樹欲静而風不停、子欲養而親不待」（大文第二欣求浄土第六）とあるに依拠するとされる[15]。「孝」はその典拠となる「子欲養」の示すが如く、前例と異なって、死後ではなく生前の親によく仕えるということに使われている。つまり、親の生きている内に孝行すべきと教訓している。

・又降魔、成道、転法輪、忉利天に昇り給て、摩耶を孝じ奉り給ふ、（『栄華物語』巻第十七）

法成寺金堂の扉に八相成道という説話が描かれて、「孝ず」は、涅槃を前にした釈迦が成道後、忉利天に昇ってそこにいる母親の摩耶を孝行するという意味で用いられている。

・「いとかたじけなう、猶よろしきほどに、孝じきこえさせ給へかし」とのみ申す人々多かり。（『栄華物語』巻第二十六）

院源僧都が尚侍（嬉子）の死に対しての道長の悲嘆を諭すために、話しかけた慰めのことばに「孝ず」が使われている。つまり、悲しみも程々にされて後世を弔われるのがよろしいでしょうと進言した。「孝ず」は死後の弔いいわば仏教による法事を能くすることに用いられている。

『栄華物語』における「孝」は生前の親孝行と亡き人の追善供養といった意味として使用されており、『源氏物語』と同様の様相を呈している。但し、追善供養の対象は親ではなく、中宮、娘となって相違点を見せている。亡人のために営む追善供養法事について「亡くなった親族のために、遺族が僧を請じて法会を営み、その功徳を冥界の亡者に廻施して往生を願うことは、いわば、この世に遺された遺族の義務でもあった」と指摘されている[16]。

(4) 『浜松中納言物語』の『孝』

次に日本人の渡唐物語である『浜松中納言物語』（岩波日本古典文学大系）における「孝」を列挙してみよう。全部で五例を検出でき、孝（一例）、御孝（二例）、孝養（一例）、不孝（一例）となる。この物語では、夢と転生とを主軸として恋一すじに追い続ける人生絵巻が繰り広げられる。『浜松中納言物語』は『源氏物語』の影響下に浸かりながらその模倣として成立したとされるが、『源氏物語』に見えた「御孝」を踏襲したのであろう。

・この后の御かはりには、わが、この<u>御きやう</u>[17]ををくるべきも、身に取りて、この后の御事ばかりおぼゆること、（『浜松中納言物語』巻四）
・まづ「もろこしには、わがかく公私わすられて、この<u>御きやう</u>ををくると、夢のうちにも知られたてまつりたらんはしも、あはれと思さゞらんやうあらじ。（同上）

「御孝を送る」は形態上前掲した『宇津保物語』に見えた「孝送る」と類似しており、平安時代の仮名文学に成立した表現と考えられるが、意味的にも亡き親を悲しみ悼み、葬送して死後の孝養を尽くすということを表す。管見に及んだ中国語文献には「送孝」という熟語があるが、「収礼送孝」（『緑野仙踪』清李百川）とあるように、時代がかなり下って、「弔に来る人に喪服を送る」という意味として用いられて、日本語と違っているのである。

・よろづよりも、母上をそむきて思はせ給はむ<u>不孝</u>の罪、いと恐ろし、（同上巻一）

母親に背くのは、中納言が親のもとを離れて三年経ったら帰国すると約束したことを果たせなかったため母上を心配させたことである。そのような「不孝」の罪はたいそう恐ろしいことである。これは、作者が前述の「違犯教令」

という親の命に従わぬ不孝の罪を念頭に置いての描写であろう。反対に、孝子の場合は、「父母在、不遠遊。遊必有方」(『論語』里仁第四)と説いているように、子のことを心配するのは親の常であるため、「思はせ給はむ」ということのないように、父母の存命中は遠遊を慎み、外出には必ず行く先を明示すべきである。これを守らずに親と死別したことを第一の過失であると悔んでならない例として『孔子家語』に挙げられている。「吾有三失。晩而自覚。悔之何及。(中略)。吾少時、好学周徧天下。後還喪吾親。是一失也」(観思第八)。

・もろこしの后の、よるひるわが親のおはすらんありさまを、えきゝ知らぬ悲しさをなげき給ひて、いかでかおはすらんありさまを聞かんと、明暮なげき仏を念じ給孝(注:補注四八三に依ると、「「けう」は春庭本・東北大本・丹鶴本「けうやう」(孝養)。底本などが「やう」を移し落したものとも言いきれない。」の心いみじくあはれなれど、(同上巻三)

「孝の心」は死後の追善供養ということではなく、親への孝行心として用いられて、仏を祈念する孝心はしみじみ心にしみてたいそう感じ入ることを表している。

・<u>孝養</u>の心ざし深く思ひ立ちにし道なればにや、おそろしうはるかに思ひやりし波の上なれど、(同上巻一)

亡き父宮が九品の望みも捨てて、唐の第三の王子として再びこの人間界に生れ変った慈愛深い心をかたじけないと思えば、その孝養の志は唐の第三の王子に転生している亡父にお会いしようとする中納言の親孝行の心を表し、『源氏物語』にある「孝養」の意とよく似ているが、「弔うための供養を指す仏教語」[18]と考えられかねる。

以上『浜松中納言物語』における「孝」について考察してみたところ、『源氏物語』のような亡親の追善供養という仏教的な「孝」は見出すことが出来なく、儒教的なものばかりであるように思われる。

(5) 『枕草子』の「孝」

日本の文学史上で女流文学の平安時代では最も鮮烈に輝きを放つ双璧の作品が『枕草子』と『源氏物語』である。随筆の傑作である『枕草子』の作者は鋭い感覚と縦横の才気を発揮し、自然と人間を詳らかに描いている。以下、『枕

草子』（岩波日本古典文学大系）にある二例の「孝」について考えてみる。

・あはれなるもの　孝ある人の子。

「孝ある人の子」は孝心深い子供の意を表すが、親の喪に服している子といった説もあるとされる[19]。「孝は生存の親に対しても言うが、死してその喪に服すにも言い、ここは後者とされる」（新岩波日本古典文学大系文注15）等のように、類似した注釈がある。更に「親の喪に服する意で、『源氏物語』にも見える。後文への続き具合から仮にそのように解するが「孝ある」がややおちつかない。一般的に「孝心ある」と見ることもできる」（新編日本古典文学全集頭注1）とあるように、疑問視もされている。亦、「思うに、『源氏物語』において「けう」（孝）には喪に服するという意の用法用例が多いが、そうでない例も一つあり、『枕草子』の「けう（孝）ある」二例は、生きている親に孝養をつくすことをいっているのであろう」（日本古典評釈・全注釈叢書『枕草子全注釈』田中重太郎、と注釈されている）。ここでは作者が「あはれなるもの」として「孝ある人の子」を挙げて感心することを書いている。これは少なくとも当時の貴族に仕える女性も「孝」について理解して評価の対象となっていることを物語る。

・いみじく孝なる人にて、遠き所に住ませじ、一日に一たび見ではえあるまじとて、(244)

cf 老いたるおあやもたりける人の、孝のこころふかくして（日本歌学大系第一巻『奥義抄』307）

蟻通明神という棄老伝説に登場している中将が極めて孝心深い人で、その孝行ぶりは一日に両親の顔を見ないでいられないものである。同じ蟻通説話は藤原清輔作の『奥義抄』等にも見えて、尚、仏教説話として漢訳仏典『雑宝蔵経』「棄老国縁」にも、中国の民間伝説「闘鼠記」等にも類話が存している。いずれにも「老人無用」という「棄老」習俗があって、老人の智恵によって難問難題が解かれたため、老人捨てという習俗が廃され、「敬老」に変わったというモチーフとなっている。実は2009年8月中国湖北省丹江口市西河村において民俗学者によるフイールド調査で老人を棄てる洞窟「寄死窖」が大量に発見された。これは地元に古くから口伝されている「闘鼠記」に伝わっている棄老習俗が単なる伝説ではなく、明らかな歴史的な事実であることを徴証するこ

ととなろう。一方、蟻通説話の主人公である親孝行息子の中将は大臣となり死後蟻通明神となり後世まで祭られている。更に、『蟻通』が謡曲や江戸期の長唄等の演目として巷に知られる。これは庶民の敬老啓発、教化に一役を買っているとも言えよう。

(6) 『とはずがたり』等の「孝」

次に日記文学に分類される、鎌倉時代末期の成立した女性日記『とはずがたり』（新編日本古典文学全集）における「孝」を取り上げて考えてみる。「不孝」は二例確認できたが、二例とも「勘当」「義絶」つまり親不孝等を働いて親子の縁を切るという意味として用いられているように見える。志村有広氏「孝・不孝の物語」[20] によれば、『とはずがたり』の「不孝」は「ふきょう」と訓んで、今の「勘当」という意味であると説明されている。これは中世の古辞書『下学集』「不孝（不孝）者其子不随父母命也然日本俗以（不孝）二字為勘当義也」や公家法『明法条々勘録』「近来世俗、以義絶称不孝」という注釈の証しとなり、またそのような注釈成立の下地ともなるであろう。

・世に住むわざをせば、亡き跡なりとも、不孝の身と思ふべし。（巻一）

臨終を迎えた源雅忠が娘の二条に最後の教訓をする場面において用いられている「不孝」は父親の訓戒に見えて、「勘当」という意味で、「私が死んだ後であっても、勘当の身と思うがよい」と解される。二条は父親の死別の教訓を守り通して、つまり、親の命に従ったという孝を守った孝行娘と言えよう。

・我が身には不憫にもさぶらはねば、<u>不孝せよ</u>の御気色ばしさぶらはば、仰せに従ひさぶらふべくさぶらふよしを申さる。（巻二）

「不孝」はサ変動詞となって、「勘当せよとのご意向でございましたら、ご命令にしたがいます」と解釈される。尚、『とはずがたり』におけるもう一つ注目すべきことは「恩を送る」という表現である。

・我が後生をも助かり、二つの親の<u>恩をも送り</u>、一蓮の縁と祈るべし。（巻一）

「恩を送る」は両親から受けた恩に報いる。いわば、亡き親の供養をする。換言すれば、両親死後の孝行を果たすという意味を表す。「送る」は人への恩返し、償いを果たすという意として用いられている[21]。ここで前掲した平安時

代に見えた「孝（を）送る」という言い方を想起する。「孝を送る」の「送る」は『とはずがたり』の「送る」と意を同じくして「孝を果たす」と解釈されて妥当ではないか。つまり、亡き親の追善供養に努め、死後の孝行を果たす。さすれば、斯様な意味の「送る」は既に平安時代に見えるようになったと言えよう。更に、『とはずがたり』において親の死に対する哀痛と追悼の心情は正に『孝経』の喪親章に「哭泣擗踊、哀以送之、（中略）、春秋祭祀、以時思之、生事愛敬、死事哀感（哭泣擗踊、哀しんで以て之を送り、（中略）、春秋に祭祀して、時を以て之を思ふ。生事に愛敬し、死事に哀感す）」と説かれているように表出されている。

・すべて何と思ふはかりもなく、天に仰ぎて見れば、日月地に堕ちけるにや、光も見えぬ心地し、地に伏して泣く涙は川となりて流るるかと思ひ、（中略）、五体身分を得しことは、その恩迷盧八万の頂よりも高く、養育扶持の心ざし、母に代りて切なりしかば、その恩、また四大海の水よりも深し。何と報じ、いかに酬いてか余りあらむと思ふ（巻一）

親との死別を惜しんで、悲しみの余り、地に倒れ伏して泣く涙は大河となって流れ、親を思慕してその恩は蘇迷盧八万由旬の頂きよりも高く、四大海の水よりも深い。いくら報いても報いきれないものである。

次に鎌倉時代末期に成立した日本三大随筆の一つと称される『徒然草』（新編日本古典文学全集）における一例の「孝」を挙げてみよう。仏教的な無常思想を骨組みとして展開している作品であると言われるが、果たしてその「孝」も仏教的なものとなるであろうか。

・恩愛に道ならでは、かかる者の心に慈悲ありなんや。孝養の心なき者も、子持ちてこそ、親の志は思ひ知るなれ。（第142段）

「孝養」は亡き親の追善供養という仏教的なものではなく、孝心を尽くして親を養い、父母の生育の重恩に報いるという儒教本来の意味として用いられている。つまり、孝行を尽くす心のないものも、子供を持ってはじめて、親の慈愛は心に思い当たるものである。

3. 結び

　以上、仮名文学における「孝」について考察したことによって、次のことが判明した。「孝」は、名詞またはサ変動詞として用いられ、更に「御孝」という日本語化した表現も平安時代に創出されている。亦、儒教的な「孝」の他には、「平安時代においてはこのような、仏教化された「孝」思想が一般的であった」[22] と言われるように、親死後の追善供養という仏教的な「孝」も特に『源氏物語』等において多用されている。つまり、生前の親への孝養、死後の親への孝養の両方を表すものである。亡き親への追善供養も、孝思想に基づいた孝の一環としての亡き親への死後の孝養であるが、仮名文学では生前の親への孝行だけではなく、仏教の法事として亡き親への葬送儀礼や祭祀、更に後世を救済することを意味する言葉として理解されているであろう。付言して言えば、日本の仮名文学における「孝」は儒教と仏教が融合した形で表象されている。それは「日本仏教は死と臨終の苦からの救済と、死後の霊魂の救済すなわち往生浄土ということに、顕教・密教ともに熱心であった」[23]。という背景も有ったためであろう。

　一方、中国の古典文学では日本と異なり、殊に仏教伝来の前に成立の文学作品は言うまでもなくいずれも儒教の思想として『孝経』に説かれている「孝」であると言ってよかろう。例えば、中国最古の詩集である『詩経』には「孝」が17例あり、いずれも儒教が唱道している「孝」である。具体的に言えば「父母の恩に報いる」、「父母を孝養する」、「祖先祭祀」などのように、親の死後の追善ではなく、生前に親孝行を称えている。『詩経』に説かれている「孝」は後に成立した、孝道の集大成である『孝経』の形成への影響が大きかったと言えよう。また、中国古代小説の嚆矢とも言われる『捜神記』（東晋干宝著）においては6人もの孝子の物語が描かれているが、いずれも親の生きている間の孝行であった。何故中日両国の文学作品ではこのような違いが生じたのか。それは「古代日本社会の人々の信仰や思想の中に儒教・仏教一体思想が浸透していった」[24] ためであろう。それを受け継いだ平安時代の仮名文学に登場して

いる「孝」は仏教の追善供養と儒教の孝思想とが一体化した所以である。平安時代以降も「「孝」の意味として、亡き親への追善供養そのものを意味する場合が多いが、「孝」が追善供養の意味として定着していく」[25]。つまり、追善供養法会の唱導を通して、仏教の「孝」は死後の親、親族への孝（追善供養）である信仰として日本人の生活の中に浸透していった。中国文学、史書及び家訓等において説かれている、生前に父母を孝行するという儒教の孝思想と趣を異にしている。また、日本における儒教と仏教との融合した「孝」の形成、定着に伴って、儒教の孝としての至上の概念である「孝養」も日本の中世までは生前に父母を「孝養」するに際して、「こうよう（カウヤウ）」と漢音読みするに対して、父母の死後の追善供養を行う「孝養」は「きょうよう（ケウヤウ）」と呉音読みしていた[26]。いわば、意味概念によって読み分けられていたと考えられる。

注

1 小島憲之『国風暗黒時代の文学』塙書房、昭和43年～平成3年。
2 奈良時代以来、『孝経』特に唐の玄宗が作る所の『御注孝経』は皇族また貴族などの子供の必読書として重視されていた。『日本紀略（後編）』には「皇太子始読御注孝経」という記述が四例も掲げられている。その背景は孝謙天皇の天平宝字元年（757）に、天下に詔して家毎に『孝経』一本を蔵し、精しく誦習に勤めしめ倍加発さしむと呼び掛けていること、『続日本紀』巻第二十に、古者より民を治め国を安ずるには必ず孝を以て理む。百行の本は玆より先なるは莫しを訴えていることなどにあるかと思う。
3 『宇津保物語』解説17頁、日本古典文学大系、岩波書店。
4 大井田晴彦「忠こそ物語の位相―『うつほ物語』の論理―」『国語と国文学』平成7年10月、「『うつほ物語』の言葉と思想―「孝・不孝」「才」をめぐって―」『国文学』2000.8、学燈社、三木雅博「『うつほ物語』忠こその〈継子いじめ譚〉の位相―『孝子伝』の伯奇譚・クナラ太子譚との比較考察から―」『国語国文』第73巻第1号、2004.1、田中徳定『孝思想の受容と古代中世文学』平成19年、新典社、等々。
5 大井田晴彦「『うつほ物語』の言葉と思想―「孝・不孝」「才」をめぐって―」『国文学』学燈社、2000.8。
6 石原昭平「『落窪物語』―徳孝と「さいはひ」を語る―」『国文学解釈と鑑賞』第59巻3号、1994.3。
7 田中隆昭「光源氏における孝と不孝―『史記』との関わりから―」（論集平安文学2『東アジアの中の平安文学』所収、勉誠社、1995.5等。
8 田中徳定『孝思想の受容と古代中世文学』新典社、153頁、平成19年。
9 日向一雅『源氏物語の準拠と話型』第五章「光源氏の儒教的形象―『九条右丞相遺誡』と『令集解』を媒介にして―」至文堂、1999。
10 「孝」（名詞）四例、「孝ず」（動詞）三例（田中徳定『孝思想の受容と古代中世文学』新典社、154頁、平成19年）とある。

11　岩波日本古典文学大系『浜松中納言物語』483 補注に依れば、「源氏物語では名詞の「孝」は、親の喪に服すること・亡き親の追善供養をすることの意味にのみ用いられている」と説かれている。
12　同 8 注においても『栄華物語』の追善法華八講に注目され、追善供養と孝思想との相関関係を説かれている。
13　同 8 注 284 頁。
14　新編日本古典文学全集『栄華物語』「古典への招待」に拠る。
15　同 14 注の頭注 23 に拠る。
16　同 8 注 275 頁。
17　『浜松中納言物語』（岩波日本古典文学大系）補注 621 に「尾上本「御けふ」、春庭本・丹鶴本「御けう」は「御孝（けう）」とみてよいと思うが、「御孝を送る」はわかりにくい」と記されている。
18　頭注 1 に「親孝行ばかりでなく、亡親を弔う心情や、弔うための供養を指す仏教語」と注釈されている。（新編日本古典文学全集『浜松中納言物語』巻一）
19　『枕草子』（岩波日本古典文学大系）頭注 22 に「一説に親の喪に服している子」とも記されて、同じく「親の喪に服する」（日本古典文学全集頭注 7 に）もある。
20　志村有広「孝・不孝の物語」（『アジアの孝子物語』アジア遊学 112、勉誠社、2008）。
21　第二版『日本国語大辞典』「送る」条に列挙されている斯様な意味の用例はいずれも室町末期以降のものである。
22　同 8 注 167 頁。
23　五来重『葬と供養』704 頁、東方出版、1993 第 3 刷。
24 と 25　田中徳定『孝思想の受容と古代中世文学』92 頁、95 頁、新典社、平成 19 年。
26　拙稿「日本における「孝」の受容と展開について―その読みと意味を中心に―」（広島市立大学国際学部叢書 7『〈際〉からの探究：つながりへの途』文眞堂、2017）。

付記：本章は江蘇省哲学社会科学応用研究精品工程外国語類課題（16jsyw-08）による研究成果の一部です。

第7章

中国の人名用漢字について
―日本人名のデータとの比較を通して―

張　強

1. はじめに

　人名の形は通常緩やかに変遷していくものだが、時に為政者の強大な政治権力によって急遽変更を余儀なくされる。特に近代となり、人名の形は幾度か国家の法律によって変えられた。例えば、明治八年の所謂「平民苗字必称令」など一連の太政官布告によって、旧来の複名俗を基本としてきた社会階級ごとの人名スタイルが現行の全国民一氏一名に変えられた。更に、戦後の国語施策として1946年に告示された「当用漢字」が結果的に人名（名の部分）に使用できる漢字字種の限定範囲となった。この動きは恐らく漢字を人名の公式表記とする国の中では初めてであろう。一方、中国では1997年に張書岩（1997）が初めて中国の「人名用字表」の制作についての必要性と構想を述べて、2000年代に中国の国家語言文字工作委員会（概ね旧国語審議会に相当　以降委員会と略す）がついに制定に向けて動き出した。

　前出の張書岩は委員会の直属機構「語言文字応用研究所」の所属研究員である。張書岩（1997）では何度も日本の人名用漢字（当用漢字を含む）が取りあげられ、それを原型として参考にしているのは明らかである。この人名用字表の制定に当たって、張氏がどのような役割を果たしていたかは不明だが、制定のための研究調査は氏の研究の流れを汲んでいるに違いない。実は張書岩（1997）に先立ち、氏は筆頭編集者として「姓氏人名用字分析統計」（以降「用字統計」と略し、詳細に関しては次の節で紹介）の編纂に携わった。「用字統計」のデータはそのまま人名用字表制定の参考になったわけではないが、2013

年に施行された「通用規範漢字表」の三段式区分の第三級字表の主要構成部の一つは姓氏人名用字である。更にこの姓氏人名用字の出処の筆頭は「用字統計」と同じく第三回国勢調査から得た人名用漢字である。調査手法などの面において手本とされた可能性が高い。データ数の面では、相当用例数が増やされたようだが性格は一致しているので、公開されていない「通用規範漢字表」の選定用データの代替資料としては「用字統計」は中国の人名用漢字に関する最も権威的な研究資料である。本章においては、「用字統計」の内容を紹介しながら、筆者自身が構築した日本人名データベースの分析結果と対照しながら、日中の人名用漢字の使用状況を調査したい。

2. 人名用漢字の分析に用いる原資料について

(1) 中国の人名資料「姓氏人名用字分析統計」について

中国では1950年代から漢字字体を簡略化する言語政策が行われてきたが、人名・地名などに関しては未だ触れられていない状態にある。前述のように、つい最近民衆一般に対して意見募集を始めたばかりだが、学術的な研究はより早い時期から進められていた。「姓氏人名用字分析統計」は1991年に出版され、中国の国立人文科学研究機関の一部門である「中国社会科学院語言文字応用研究所漢字整理研究室」が編集したものである。一般刊行物ではあるが刊行部数及び定価、そして筆者が入手した現物の蔵書印[1]から見て、一般図書市場で流通するためのものとは考えにくく、白書に寄るものかもしれない。

分析に使用されたデータは第三回国勢調査で得た実例人名から無作為に抽出されたもので、時期的にちょうど昭和末期に相当する。データはやや古いが、筆者が今回比較に使われる日本人名データを取得するために構築した人名データベースの原資料と同時代のもので現段階では、量的にも質的にもこれを超えるものはまだない。

具体的な人名データに関しては、中国の六つの地域の七つの省市（都道府県に相当）からそれぞれ約2万5000人、計17万4900人を無作為に抽出し、人名データベースが作成された。これをもとに統計分析を行いまとめられたのが

「用字統計」である。前書きによると、調査範囲は姓と名に分けられ、更に地域別、時代別と性別で調査を行ったという。この人名データベースの用例数は17万4900人であり用例数が人口総数に対するパーセンテージから考えると、筆者が作成した日本の人名データベースの収録用例数のパーセンテージとほぼ一致する。この点において、日本の人名の調査結果との比較に適している。

「用字統計」は「一、姓氏」「二、人名用字」「三、単名、双名和重名[2]」三つの部分で構成されており、各部分に更に小見出しが設けられている。体裁としては主として種々の統計表が提示され、分析らしき文言は小見出しの最初のページに主要統計データの提示と性格・背景の注釈など少量にとどまるので同書の性格は分析報告そのものよりデータ集に近いかもしれない。なお前書きなどでは明示されていないが、人名データは漢族のもののみを選別して使われたと思われる。

(2)　日本の人名資料について

日本の人名の言語学的な特徴を調査分析するため、筆者は「読売年鑑」の人名録1968年版、1987年版、2007年版の人名データの主要情報をデータベース化した。重複データの除外作業を終え、最終的に男性名2万1453人、女性名2272人分の人名データを得た。データ人物の出生年代幅については男性が明治元年から昭和64年までで、女性は明治9年から平成1年までとなっているが両方とも大正から昭和中期にかけてのデータが一番豊富で、両端へとなると減少する傾向がある。この人名データベースと原資料の仔細について、張 (2015) を参照されたい。

3.　統計データで見る人名の漢字の使用状況

(1)　姓氏について

「人名統計」編者の説明によれば、

> 全17万4900人から得た姓氏は737個であった。その内訳は、単姓（一字

の姓氏)は729個、復姓(二字の姓氏)は8個、三字姓氏はなかった。そして近代以前一部の女性は名前を持たなかった[3]ため、自分の生家の姓の前に夫の姓を冠して、○(夫)△(嫁)氏(女性を意味する)と称していた。例えば、李を姓とする男性が王家の娘を嫁に迎えたら、結婚後、妻は李王氏と称される。このような類の姓は今回の調査で「双姓」と呼ぶこととした。双姓は396個あった。

そして、全ての姓は使用頻度多い順に出現回数と頻度(割合)とともに一覧表にまとめられた。本章において、一文字姓の上位100位を図表7-1に示した(パーミルへの変換は筆者による)。日本人名の苗字に関しては筆者独自の調査は未実施のため、第一生命広報部(1987)のデータを利用した。

図表7-1　中日の姓氏上位100位のパーミル

順位	姓氏	‰	苗字	‰	順位	姓氏	‰	苗字	‰
1	王	72.59	佐藤	15.83	21	何	10.06	清水	4.12
2	陈	71.20	鈴木	13.32	22	郑	10.04	森	3.84
3	李	69.18	高橋	11.32	23	胡	9.46	池田	3.64
4	张	61.55	田中	10.61	24	蔡	8.53	橋本	3.56
5	刘	45.67	渡辺	10.07	25	曾	8.38	山下	3.50
6	杨	26.38	伊藤・伊東	9.50	26	余	7.68	石川	3.33
7	黄	24.83	中村	8.64	27	邓	7.66	坂本	3.19
8	吴	21.81	山本	8.56	28	沈	7.01	後藤	3.19
9	林	20.05	小林	8.12	29	谢	6.78	小川	3.12
10	周	18.54	斎藤	7.99	30	唐	6.64	前田	3.10
11	叶	16.61	加藤	7.20	31	许	6.31	坂井	3.05
12	赵	16.48	吉田	6.70	32	罗	6.31	近藤	3.01
13	吕	15.40	山田	6.61	33	袁	6.14	藤田	2.99
14	徐	14.73	佐々木	5.90	34	冯	5.96	長谷川	2.97
15	孙	13.11	松本	5.27	35	宋	5.79	石井	2.92
16	朱	12.10	山口	5.19	36	苏	5.49	太田	2.90
17	高	11.68	木村	4.76	37	曹	5.43	岡田	2.88
18	马	11.18	井上	4.70	38	陆	5.41	菊地・菊池	2.82
19	梁	10.20	阿部・安部	4.64	39	麦	5.28	山崎	2.81
20	郭	10.12	林	4.25	40	董	5.21	村上	2.76

41	于	5.21	遠藤	2.76		71	贺	2.61	宮崎	1.93
42	韩	5.01	青木	2.66		72	钱	2.53	本田	1.91
43	任	4.92	三浦	2.59		73	庄	2.49	内田	1.87
44	蒋	4.81	竹内・武内	2.58		74	邹	2.49	宮本	1.80
45	顾	4.77	中島	2.49		75	汪	2.46	川村	1.80
46	钟	4.61	中野	2.48		76	史	2.44	藤原	1.80
47	方	4.27	小野	2.47		77	路	2.36	島田	1.80
48	杜	4.25	福田	2.47		78	石	2.36	丸山	1.74
49	丁	4.22	新井・荒井	2.47		79	彭	2.36	上野・植野	1.71
50	姚	4.21	西村	2.41		80	龚	2.34	杉山	1.69
51	潘	4.09	田村	2.38		81	秦	2.32	谷口	1.68
52	姜	3.95	藤井	2.38		82	廖	2.30	大野	1.67
53	谭	3.92	金子	2.37		83	黎	2.24	村田	1.66
54	邱	3.91	中川	2.36		84	施	2.17	久保田・窪田	1.66
55	肖	3.88	竹田・武田	2.32		85	付	2.08	今井	1.60
56	金	3.68	上田・植田	2.30		86	赖	2.08	久保・窪	1.60
57	贾	3.65	岡本	2.30		87	江	2.07	高木	1.56
58	田	3.63	松田	2.26		88	邵	2.01	平野	1.55
59	崔	3.61	中山	2.23		89	毛	1.85	藤本	1.55
60	程	3.60	原田	2.20		90	邢	1.79	松尾	1.55
61	佘	3.46	小島・児島	2.19		91	倪	1.76	桜井	1.55
62	魏	3.46	工藤	2.12		92	阎	1.74	大塚	1.54
63	薛	3.33	森田	2.11		93	严	1.73	杉本	1.54
64	戴	3.23	和田	2.10		94	常	1.70	松井	1.53
65	范	3.17	石田	2.10		95	康	1.70	千葉	1.52
66	卢	3.12	柴田	2.10		96	牛	1.68	野村	1.50
67	洪	3.01	横山	2.01		97	万	1.66	木下	1.48
68	侯	2.89	安藤	2.00		98	陶	1.58	長井・永井	1.48
69	夏	2.78	原田	1.97		99	孟	1.57	佐野	1.47
70	白	2.69	益田・増田	1.93		100	葛	1.57	野口	1.46

出所：筆者作成。

　図表 7-1 を見て、まず、中国の上位 5 位の姓氏の占める割合の高さが際だつ。日本の同順位の苗字と比べて五倍弱ほど高くなり「王、陳、李、張」の四つの姓はいずれも全体の 5％を超えており、「劉」と合わせると全体の 32％にも達する。上位 15 位だけでカバー率が優に半数を超え、上位 115 位の姓で全

体の90％、上位365位で99％以上がカバーされる。一方日本の場合、上位5位で6.12％、上位15位で13.56％、上位115位でようやく中国の上位5位より若干多く、36.18％に及ぶ。99％のカバー率に達するには、まだ権威的なデータがないが推定1万位が必要とされよう。この比較から中国での上位の姓への人口の集中ぶりが推察できる。しかし留意しなければならない点もある。6位から中国の姓の使用率は日本との差が減少する傾向にあり、上位5位の五倍ほどの差から三倍をきり、34位に至っては二倍を割った。90位辺りともなれば既にほぼ同率になっている。つまり、中国の上位の姓のカバー率が高いのは最上位の超大型姓の存在が一番の原因であることは明白だ。また、日本同様姓の分布上の多寡は地域により変動が大きい。上位五大姓とは言え全ての地域において必ずしも最上位を保てるとは限らない。全体の1位の「王」でさえ福建省では5位圏外であった。

　なお、採録できた複姓は八つにとどまり使用者数も極めて少なかった。中国の姓氏は一文字が基本で、日本は二文字であることが改めて確認できた。従って直感でも分かるように、中国の場合「一つの姓」イコール「漢字一字」というように捉えられる。第一生命広報部（1987）は全苗字データを公開していたわけではないため、字種レベルの完全なる比較はできないが上位100位に限って見ると、使用されたのは延べ227文字、計86字種（々を含む）で上位10位の字種は田（29）[4]藤（13）井（11）本（9）山（9）野（9）村（8）木（6）中（6）川（5）となっている。上位20位以降の字種の出現回数は2回以下となる。つまり日本人の苗字を字種レベルで分析すると、中国の姓の常用字種そのものとは異なるものの、少数の高出現率の字種が存在する可能性は高い。

(2) 名前について

　中国の姓は基本的に一文字であり、現在も使用されている姓の総数は数百程度にとどまり、人名用漢字表の制作の大きな障害にならない。問題なのは名前の方である。「人名統計」の「二、人名用字」の部分の説明によると統計の結果、人名に使用された漢字は3345字であった。品詞の視点から見れば名詞、形容詞、形容動詞、動詞だけでなく副詞、接続詞、感動詞など、ほぼ全ての品詞分類が確認できる。そして字典に載っていない字も若干採録され、勿論発音

も意味も定かでない。人名用漢字の制定に当たってこれらの問題をどう考え、対処するかが、「人名統計」によって提起されたと言ってもよい。

① 国別と性別の比較

まず、男女全体の漢字使用状況を見よう。「人名統計」の説明によると、最上位の「英、華、玉、秀、明、珍」の六つの字だけでカバー率は10％を超える。上位28字で30％、上位1141字で99％のカバー率に達し、これは一般語彙と比べてかなり高い数値である。

中国では女性名専用の文字が存在し、その一部は甲骨文字まで遡れる。そして伝統的な命名法では、漢字字種の使用傾向の違いで男女名は字面で大体区別できるが、現代の女性名の一部は明らかに男性名用と思われる漢字を使用するようになったことも体感できる。従ってその検証も含めてこれからの考察で日中国別、そして男女別で具体的に分析するため上位100位までの字種とパーミルを図表7-2に示した。

図表7-2によれば、上位10位の字種のカバー率は中国男性名14.80％、女性名25.14％、日本男性名27.40％、女性名46.07％となっている。中国男性名は日本のそれと違い、顕著な「止め字」が存在しないので上位10位は殆ど止め字の日本男性名に大差をつけられた。一方中国女性名の場合、男性名と同じく止

図表7-2　中日の男女名上位100位のパーミル[5]

順位	中男	‰	日男	‰	中女	‰	日女	‰
1	明	21.50	一	51.67	英	40.230	子	297.58
2	国	17.62	郎	49.77	秀	33.690	美	60.96
3	文	16.37	夫	33.60	玉	27.730	恵	19.15
4	華	15.61	雄	31.83	華	25.390	代	13.68
5	徳	14.43	正	23.79	珍	25.300	和	12.31
6	建	13.75	三	20.61	兰	22.110	真	12.11
7	志	13.63	男	16.71	芳	21.100	由	11.92
8	永	11.97	二	16.37	丽	19.720	み	11.33
9	林	11.66	彦	16.02	淑	18.780	枝	10.94
10	成	11.48	治	13.63	桂	17.390	千	10.75
11	军	10.25	太	11.29	凤	15.100	り	10.36

12	平	10.21	義	11.22	素	14.050	紀	8.79
13	福	10.20	信	10.53	梅	12.350	久	8.79
14	荣	9.99	之	10.21	美	12.160	理	7.23
15	生	9.88	明	10.13	玲	11.930	奈	6.84
16	海	9.49	和	9.84	红	11.550	里	6.84
17	金	9.40	英	9.84	春	10.960	智	6.64
18	忠	9.14	次	9.64	云	10.760	江	6.25
19	伟	8.79	俊	9.42	琴	10.390	香	6.25
20	玉	8.56	隆	9.32	惠	9.980	裕	5.86
21	兴	8.37	弘	9.07	霞	9.450	喜	5.28
22	祥	8.03	秀	8.53	金	8.730	洋	5.08
23	强	7.57	博	8.31	萍	8.590	幸	4.88
24	清	7.57	昭	8.14	荣	8.540	明	4.88
25	春	7.45	久	8.06	清	8.400	直	4.69
26	庆	7.34	幸	7.86	燕	8.350	陽	4.69
27	宝	6.60	孝	7.27	小	8.340	か	4.69
28	新	6.27	武	7.25	艳	8.340	佐	4.49
29	东	6.21	良	7.03	文	8.250	知	4.30
30	光	6.19	清	6.93	娟	8.220	愛	4.10
31	良	6.18	光	6.85	花	8.130	雅	4.10
32	振	6.17	健	6.80	妹	8.020	貴	4.10
33	民	6.15	吉	6.61	芬	7.970	寿	3.91
34	洪	6.06	文	6.46	琼	7.800	さ	3.71
35	全	6.06	忠	6.34	宝	7.270	ま	3.52
36	贵	5.87	司	6.29	月	7.070	京	3.52
37	元	5.82	敏	6.19	明	6.640	ゆ	3.52
38	龙	5.71	平	6.11	亚	6.420	栄	3.52
39	云	5.43	康	6.09	芝	6.410	ミ	3.32
40	辉	5.41	勝	6.02	爱	6.260	文	3.13
41	世	5.25	宏	5.79	香	6.240	悦	3.13
42	亚	5.18	也	5.47	敏	6.220	道	3.13
43	安	5.09	樹	5.10	莲	5.970	る	2.93
44	学	5.03	泰	4.96	菊	5.610	純	2.93
45	富	4.92	茂	4.93	治	5.310	英	2.93
46	根	4.87	哲	4.88	翠	5.180	い	2.93
47	昌	4.77	浩	4.88	雪	5.010	慶	2.93

3. 統計データで見る人名の漢字の使用状況

48	山	4.75	直	4.86	暁	4.890	敏	2.74
49	杰	4.70	人	4.81	珠	4.850	葉	2.74
50	勇	4.66	重	4.68	碧	4.710	麻	2.74
51	长	4.43	誠	4.66	蓉	4.550	春	2.74
52	斌	4.39	道	4.59	秋	4.510	ど	2.74
53	义	4.37	行	4.49	平	4.510	佳	2.74
54	友	4.32	洋	4.46	彩	4.450	リ	2.74
55	水	4.29	喜	4.39	瑞	4.450	郁	2.74
56	树	4.24	利	4.34	静	4.330	え	2.74
57	俊	4.19	美	4.22	娣	4.290	実	2.74
58	刚	4.01	昌	4.22	娥	4.010	穂	2.54
59	立	3.98	雅	3.87	莉	3.970	光	2.54
60	顺	3.95	邦	3.80	容	3.950	祐	2.54
61	小	3.92	史	3.72	群	3.900	順	2.54
62	利	3.91	介	3.72	慧	3.890	百	2.54
63	发	3.89	生	3.48	林	3.800	澄	2.54
64	胜	3.70	達	3.45	君	3.780	芳	2.54
65	正	3.58	栄	3.40	德	3.740	正	2.54
66	仁	3.57	政	3.38	国	3.680	あ	2.54
67	才	3.55	志	3.38	建	3.670	亜	2.34
68	维	3.53	修	3.38	利	3.630	生	2.34
69	天	3.47	芳	3.35	永	3.530	登	2.34
70	江	3.39	敬	3.25	連	3.500	の	2.34
71	家	3.33	真	3.25	志	3.400	静	2.34
72	峰	3.24	憲	3.23	新	3.300	昌	2.34
73	连	3.17	助	3.23	芹	3.230	多	2.34
74	贤	3.16	章	3.23	雅	3.120	津	2.34
75	和	3.14	朗	3.11	仙	2.860	お	2.34
76	广	3.10	裕	3.08	卿	2.810	ひ	2.34
77	瑞	3.08	德	3.08	氏	2.800	世	2.15
78	波	3.03	豊	3.06	俊	2.780	合	2.15
79	雄	2.97	保	2.96	海	2.750	弓	2.15
80	万	2.95	克	2.76	貞	2.750	節	2.15
81	耀	2.94	善	2.76	少	2.680	保	2.15
82	康	2.92	実	2.71	娜	2.550	な	2.15
83	松	2.89	貞	2.69	青	2.530	き	2.15

84	涛	2.89	紀	2.66	佩	2.440	ち	2.15
85	紅	2.88	元	2.64	杰	2.410	良	2.15
86	培	2.85	嘉	2.61	会	2.320	信	2.15
87	暁	2.84	公	2.54	阿	2.320	清	1.95
88	有	2.82	寿	2.51	賢	2.250	弘	1.95
89	宏	2.81	四	2.51	洁	2.220	三	1.95
90	武	2.84	寛	2.49	福	2.180	富	1.95
91	紹	2.73	進	2.47	学	2.150	有	1.95
92	炳	2.73	典	2.47	如	2.140	礼	1.95
93	進	2.68	大	2.44	洪	2.120	淑	1.95
94	英	2.60	恒	2.44	立	2.110	早	1.95
95	章	2.57	衛	2.42	興	2.100	綾	1.95
96	泉	2.56	成	2.37	俠	2.070	桂	1.95
97	芳	2.53	啓	2.37	女	2.040	志	1.95
98	継	2.52	勇	2.34	銀	2.020	朋	1.76
99	大	2.51	蔵	2.32	成	1.930	玲	1.76
100	启	2.49	輝	2.29	廷	1.920	利	1.76

出所：筆者作成。

め字は存在しないものの女性専用（好まれる）の字種が多用されたことで、結果的に高いカバー率を有している。日本女性名となると止め字の「子」の存在は大きく、これを除けば他の字種のカバー率は寧ろ中国男性名よりも低い。上位10位の字種のカバー率は止め字の有無に強い影響を受けるようだ。

　上位100位の場合、中国男性名58.81％、女性名72.66％、日本男性名73.63％、女性名76.08％で、意外に近い数値を呈している。つまり中国男性名だけがより多くの字種を使用しており、その分、分散して全体のカバー率の低下に繋がった。具体的な字種を見ると全体的に抽象的で道徳や人格に関する良いイメージの漢字が多く確認できた。これは漢字自体が持つ意味が国と性別を超越した結果ではないだろうか。また、正確に数えていないが日中の男性名の共通字種の比率は、女性より若干高いと思われる。これは歴史上男性が漢語漢文を学び、使ってきた経緯を踏まえると、その価値観も受けた文化的な影響は女性より強かったと推察できる。一方、日本女性名は伝統的に大正時代以前漢字を使っていたのは極一部の公家層の女性に限られていた。

② 地域の影響について

筆者は「人名統計」は姓氏の場合と同様、人名の字種使用状況の地域差にも注目した。中国は国土が広く、地理地形気候など風土の特徴は地域によって正に千差万別である。そして、何よりも多くの地域方言が存在する。これらの要因は名づけに様々な影響をもたらしており、例えば広東省と上海の人名には「a（あ）」の音が入ることが多い。もっとも広東省で好まれる漢字は「亜」であるが上海は「阿」となる。またその地域の特産品や地名に因んだ漢字の選別もよく見られる。

図表 7-3　中国地域別人名漢字上位 20 位のパーミル

順番	北京 字	‰	上海 字	‰	遼寧 字	‰	陝西 字	‰	四川 字	‰	広東 字	‰	福建 字	‰
1	淑	26.72	英	30.65	玉	31.95	英	19.01	華	34.68	亜	20.02	丽	21.73
2	秀	22.85	華	25.30	桂	25.10	芳	17.88	秀	27.60	英	17.81	秀	17.13
3	英	21.71	芳	20.64	英	21.89	秀	15.38	英	23.25	華	16.59	治	16.90
4	玉	21.08	明	18.81	華	20.73	玉	15.38	明	22.53	明	13.57	美	16.27
5	華	18.35	珍	19.54	素	20.04	兰	14.65	玉	20.38	玉	13.22	玉	13.72
6	兰	17.17	妹	16.03	兰	17.60	文	14.12	清	17.42	丽	11.10	華	13.35
7	文	16.27	金	15.21	凤	17.05	華	13.38	琼	17.23	珍	11.08	水	12.53
8	荣	14.51	宝	15.04	秀	15.50	建	13.25	珍	16.68	芳	10.73	英	12.48
9	珍	12.84	林	14.83	春	14.16	明	13.22	德	15.88	文	10.08	金	12.23
10	春	12.78	秀	13.61	淑	13.66	军	12.45	成	15.01	秀	9.47	明	12.00
11	凤	12.78	国	13.25	德	12.29	平	12.27	芳	14.06	伟	8.96	文	11.77
12	宝	11.53	根	12.79	文	12.25	林	11.13	国	12.80	荣	8.69	花	11.31
13	桂	11.46	建	11.44	丽	12.21	国	10.86	兴	12.33	少	8.47	国	9.92
14	德	11.28	文	11.14	珍	12.14	春	10.58	云	11.87	兰	7.43	清	9.86
15	明	10.69	娟	11.00	荣	12.08	红	10.58	文	11.57	惠	8.26	志	9.82
16	国	10.27	玉	9.99	艳	11.07	志	10.24	素	11.32	桂	8.20	珍	9.65
17	志	10.12	凤	9.84	国	10.51	霞	9.77	小	10.83	妹	8.20	惠	9.14
18	建	9.59	娣	9.69	云	10.28	梅	9.31	光	10.07	国	8.16	淑	8.47
19	红	9.55	美	9.48	芝	10.26	永	8.77	贵	9.99	金	8.12	建	8.34
20	永	8.80	惠	9.02	军	9.49	小	8.62	建	9.62	志	7.84	庆	7.82

出所：筆者作成。

上記の諸事情を背景に同書において地域別に人名用漢字の字種も集計された。地域別の上位20位 6 字種をまとめたのが図表 7-3 なので各地域の上位の字種を見てみよう。全体では多くの字種を共有しつつも、地域的に好まれる独特の字種も見られる。共通の字種であっても、地域ごとに順位を上下し、出現率も全データの上位20位の「英 20.96％、华 20.38％、玉 17.91％、秀 17.31％、明 14.25％、珍 12.69％、文 12.41％、芳 11.59％、兰 11.04％、国 10.82％、、丽 9.77％、桂 9.70％、荣 9.28％、淑 9.27％、德 9.21％、春 9.16％、金 9.07％、建 8.83％、志 8.64％、凤 8.42％」とは一致しない。

例えば全データと女性名の上位 1 位の「英 20.96％」は上海での出現率が一番高く 30.65％と全体の 1.5 倍に達しているのに対し、福建では 8 位のほぼ半数となる。一方、全データ上位 5 位と男性名上位 1 位の「明 14.25％」は上海において最高値の 22.53％であるが、遼寧となると 20 位圏外ほど不人気だ。地域による字種の人気差の大きさが改めて浮彫りにされた。

残念ながら地域差において「人名統計」と比較できる日本人名のデータはまだない。個人研究のレベルでは恐らく今後も取得困難であろう。日本では戸籍の移動は基本的に自由なので地域的な名付け傾向を考察するには、戸籍地より、出身地まで調べなければならないため国勢調査のようなデータソースがなければこれはなかなか難しい。

「人名統計」は本章でこれまで取り上げたテーマの他、時代差による人名用字の変化、一文字名と二文字名の同名問題との関係、性別と同名の関係などについての統計データも提示した。紙面の関係上今回は割愛したが機会があれば改めて報告したい。

4. おわりに

国家権力が一般国民の名付けまで制限を設けることは、一見なんと横暴極まりない、と思われるかもしれないが、人名用漢字制定を含めた全ての言語施策は一般民衆の目に殆ど触れていないところで多くの研究者によって時間をかけ

て研究調査が重ねられ、広く議論の上出された結論であることもまた紛れない事実である。

　日本の場合、「当用漢字」は本来法律、公用文や新聞雑誌などに使用される漢字と想定して選定されたもので地名人名などの固有名詞は含まれていなかった。しかし、専門家の想定した前提をよそに、行政機関が「当用漢字」を事実上の人名用漢字の規定範囲へそのまま転用した。これにはやはり不都合が生じ、その告示直後から「人名用漢字別表」という形で修正されつつ現在に至る。張（2015）のデータでは昭和前半の延べ人名用字数は1万7585字873字種で、昭和後半は延べ6547字と523字種であった。延べ字数の差の影響は定かではないが、一見「当用漢字」実施後、300以上の字種減となっていることは確かである。この二組のデータだけを見れば「当用漢字」の影響だと言えそうだが、昭和前半の字種数はそれ以前の明治・大正期よりも300字種以上減少していた。つまり「当用漢字」施行以前から、人名の字種数は減少し続けていたのである。残念ながら、研究の現段階では「当用漢字」による人名用漢字に対する制限は結果的にどれくらいの字種減に直結しているかはまだ明らかでないが、調査前想像した程ではなかったと言える。

　また、人名用漢字不足から現在大きな社会問題にも発展した難読難解の「平成人名」[7]が生じたのではないか、という声も聞こえる。しかし筆者としてはこのような考え方を否定的に捉えている。「平成人名」は今後の課題であり、その実態が解明されていない今、結論を早急に出すことはできない。推測の域をでないが、筆者は国民一般全体の漢字素養の低下がその最大の要因と見ている。従来漢字文化圏での命名は字面が重視されていたが、昨今、漢字素養の低下によって音が重視されてきたのかもしれない。何れにせよ、「平成人名」実態の解明は間違いなくこれからの最重要課題の一つであろう。

　一方、中国の人名用漢字政策は日本の数十年の施行経験を参考にしているが、当初から「人名統計」のような人名用漢字のための予備調査を重ねてきた。文字系統は漢字のみもあって8000文字以上の字種から選べるので、そこまで不自由を感じないのかもしれない。二十年、三十年後、十分な新人名データが備蓄されたら、また一度その影響を是非見てみたい。

注

1 初版の部数は1400部で、定価は50元で当時の物価で考えると決して安価ではない。蔵書印は某地警察学校のものが捺印されている。
2 一文字名、二文字名と同名。
3 昔の中国の女性の名前の有無について、検討する余地はあるが、本章では割愛した。
4 カッコ内数字は上位100位の苗字における使用回数。
5 中国男性名2745字、女性名2500字。日本男性名1232字、女性名563字。
6 前節の分析で判明したように、男性より女性名は少数の字種に集中する傾向があり、上位10位では殆ど女性名用の字種になるので、20位にした。
7 キラキラネームとも。

参考文献

第一生命広報部編（1987）『日本全国苗字と名前おもしろBOOK』 恒友出版株式会社。
中国社会科学院語言文字応用研究所漢字整理研究室編（1991）『姓氏人名用字分析統計』語文出版社（北京）。
張強（2015）「近・現代の日本人の名前に関する言語学的研究」 広島市立大学（博士学位論文）。
張書岩（1985）「現代人名用字面面観――介紹七省市姓氏、人名用字的抽様分析統計」『文字改革』1985（05）34-36頁、語言文字報刊社（北京）。
張書岩（1997）「関于制訂『人名用字表』的一些設想」『語文建設』1997年第2号、5-7頁、語言文字報刊社（北京）。

第 8 章

十二神祇神楽の伝承過程における 2 つの「段階」
― 定着的段階と生成的段階 ―

迫　　俊道

1. はじめに

　教育哲学者の生田久美子は著書『「わざ」から知る』(1987)の中で、日本の芸道における修練過程の特徴は「非段階性」であると主張している。生田は、「最終的な目標が遠くにあってそれに向かって、段階を追って学習を進めていく方法とは全く異なる、非段階的な学習方法」(生田, 1987: 13)に注目している。生田は非段階性について次のように述べている。

> 日本古来の「わざ」の教授はいきなり一つの作品の模倣から始められ、しかも段階を追って順に学習を進めていく方式は採られていないのが共通した特徴であると言えよう。易から難へと段階を追って進むのではなく、むしろ難を入門者に経験させたり、あえて段階を設定しないで、学習者自らがその段階や目標を作り出すように促したりすることの教育的意義を実践している (生田, 1987: 14)

　上記の引用文において生田は芸道の「わざ」の教授は模倣から開始されると述べている。そして、易しいものから難しいものへといった順に段階を進んでいくことはないとも生田は説明している。生田が指摘したように模倣によって稽古は進んでいくが、学習者が模倣する内容は容易なものから難しいものへという段階があるのではないかと思われる。また、学習者自身が段階や目標を作り出すという点に教育的意義があることも生田の記述には示されている。「非

段階性」と生田は指摘しながら、一方で学習者が「段階」を作り出すとも述べているのである。生田が「非段階性」といった場合に想定している「段階」とはどのようなものなのか、また学習者が作り出すと生田が考えた「段階」とはいかなるものなのか、次の生田の記述から考えてみる。

　「わざ」の世界における段階は、段階そのものに独自の明確な目標を持たせ、それに向けて学習者を教育するという学校教育的な段階とは異なり、学習者自らが習得のプロセスで目標を生成的に拡大し、豊かにしていき、自らが次々と生成していく目標に応じて設定していく段階であると言えよう。この点、出来上りの段階、目標に向けて教授が進められる学校教育的な段階、目標とは異なっている（生田，1987: 16）。

　以上から、生田が「非段階性」といった場合に想定している「段階」とは、学校教育に見られるような「段階」であることがわかる。その一方で学習者が作り出す「段階」については、生成される目標に応じて学習者が設定するものであると記されている。上記の生田の記述から、2つの段階が読み取れる。1つは学校教育等に見られるような細かく分類された「段階」であり、もう1つは学習者が稽古の中において作り出す、生成されるものとしての「段階」である。だが、「段階」が生成されていくことについてはその内実を克明に描き出しているとは言い難く、概括的な表現となっている。

　2つの「段階」の概念を整理するために、社会学者の亀山佳明の「定着論」と「生成論」の理論的枠組みに目を向けることは意味があるであろう。亀山（2013）は事物を外部からとらえ対象の変化を止めて観察する方法を「定着論」とし、対象をその内部から体験し記述する方法を「生成論」と呼んでいる。亀山（2012）によれば、自転車に乗るという行為ひとつとっても定着論と生成論のどちらからも分析する可能性が開かれているという。自転車の乗り方の過程が細かく分解され、技術上の段階が想定され、それらひとつひとつが監督者から反復して教えられる。このような捉え方は「定着論」として位置づくものである。一方で自転車に乗って走るという技術を体得し、身体が自転車と一体化した瞬間は日常的な活動の初歩的なレベルであったとしても快感がもた

らされ、その時まで不可能であった身体所作が新たに出現している。このような体験が「生成論」と呼ばれる。亀山の定着と生成に関する理論を踏まえて、生田が用いた「段階」の2つの側面を照らし合わせて考えてみると、出来上がりの段階は定着論としての段階（以下「定着的段階」）、稽古の中で作り出されていく段階は生成論としての段階（以下「生成的段階」）として考えることができるだろう。

　生田が日本の芸道の修練過程の特徴としてあげた「非段階性」に筆者は着目し、芸道の身体教育に特有な段階があることを明らかにした（迫，2006）。芸道に見られる段階とは指導者と学習者の相互作用によって新たに創出されるものであり、筆者は「段階」を生成的な性質を帯びているものとして考察を行った。生田は「学習者」が段階を生成すると考えているのに対して、筆者は「指導者」の導きによって段階が創造されると指摘した。しかし、指導者がどのようにして学習者を次の段階へと導いているのか、学習者の技芸の習熟状況をどうやって把握するのかなど、指導に関する具体的な出来事はこれまでほとんど描き出されていないと思われる。本章の目的は十二神祇神楽を継承する集団に対するフィールドワークから神楽の伝承過程における2つの段階（定着的段階と生成的段階）とそこで展開される指導の具体相を描き出すことにある。

2. 調査対象の神楽団および調査の内容について

(1) 本研究においてフィールドワークの対象となった神楽団

　広島県は神楽どころとして全国的に有名である。広島県を中心とする神楽について精力的な研究を行ってきた民俗芸能学者の三村泰臣（2004）によれば、広島県の神楽は大きく分けると、「芸北神楽」「安芸十二神祇」「芸予諸島の神楽」「比婆荒神神楽」「備後神楽」の5つに類型化できるという。広島県内の神楽団（神楽を継承する組織）の数は約300近い（三村，2014）。本研究の対象となった神楽団は広島県広島市佐伯区において活動している神楽団[1]である。この神楽団が継承している神楽は、十二神祇神楽（上述の安芸十二神祇に相当）と呼ばれるものである。十二神祇神楽は主に広島市内、広島県西部に分布

するものであり、三村によって、広島県（安芸）のオリジナルな神楽であると評価されている。

　次に本研究対象の神楽団について説明する。この神楽団のはじまりは天保年間とされ古くから神楽を継承してきたが、2001年から2003年までの間、舞手となる子どもの参加が減少したこともあり神楽団としての活動を休止していた。その後、2004年に神楽団を再生した。神楽団のメンバーは小学生から社会人であるが、神楽の舞手の担い手は主として小学生から大学生である。近年は親や知人の紹介等によって入団する者が多い。過去の指導者の中にはこの神楽をずっと継承してきた家系もあったが、現在は神楽団員の中で経験豊富な者達が指導を行っている。

（2）　フィールドワークの調査の実施時期およびインタビュー調査の対象者について

　調査の実施期間は2014年4月から2016年の2月までである。フィールドワークの具体的な内容については、筆者が練習場所へ行き、練習模様をデジタルビデオカメラで撮影した。また、ノートパソコンを持参し、練習の概要と神楽団員の言動の一部とその際に筆者が気づいたこと等を記述した。

　インタビュー調査は神楽団の指導者を主な対象とした。先行研究において段階が創り出されていく際には、指導者が学習者の技能の習得状況を見極めて次の段階への橋渡しをしていくということが示唆されたため、指導者に対するインタビュー調査を行うことで、定着的段階および生成的段階に関する言説が析出できるのではないかと考えたからである。フィールドワーク先の神楽団の指導者に対するインタビュー調査は2014年11月に4名の団員に対して実施した（収集した映像資料を検証した後に新たに浮かび上がった質問事項については2016年1月～2月にインタビュー調査を実施した）。これらの4名が本格的に指導に関わったのは2007年ぐらいからであり、指導者として豊富な経験を有しているわけではなかった。そのため、2015年1月に他の神楽団で指導的立場にある団員1名（指導歴22年）に対してインタビュー調査を実施した。調査実施時における、以上の5人の平均年齢は38.6歳、神楽の平均指導歴は11.6年であった。2015年9月には調査対象の神楽団員1名（10年近い舞手と

しての経験年数を有する10代後半の者）に対してインタビュー調査を実施した。

3. 神楽の伝承過程に見られる2つの段階

（1）　新規入団者が取り組む練習と指導者の関わり

　神楽団の中で舞手が身に付ける演目には順番がある。調査対象の神楽団において入団者は「へんばい（幣舞）」という演目から習い始めることが多い（同時期の入団者の人数によっては「あんどん」「旗舞」から始まる場合もある）。「へんばい」という演目は、2人で行う演目である。左手に鈴を持ち、右手に刀を持って舞うものであり、十二神祇神楽の中でも基本型の神楽に位置付けられている。そのほかの演目に比べると演目の時間は決して短くはないが、緩やかなテンポで行われる。この演目には他の演目の基礎となる動きも含まれており、入団者が最初に担当するものである。その後に、「二刀」「五刀」「つり舞」「四天王子」などの演目も行うようになり、「煤払い」「薙刀舞」を担当する。最後に担当するのが「あらひら（関舞）」である。舞手の技能や経験年数に応じて担当する演目がある程度定められている。

　神楽では舞手に加えて囃子を担当する者達がいる。本研究の対象となった神楽団では、太鼓、鉦、笛の3つの囃子を担当する楽人（囃子の楽器を担当する者のこと）がいる。まず、最初に練習を行うのは鉦である[2]。太鼓のリズムに合わせて、鉦を鳴らしていく。舞の盛り上がりを見せるところでは鉦を強く叩くなどの強弱、舞の導入部分や終盤で緩やかなリズムになるなどの緩急の変化をつける必要がある。一方で、太鼓は鉦と同様に強弱や緩急といった変化に加えて、一定のリズムを繰り返しながら叩かねばならず、かなりの技量が必要となってくる。囃子の中で笛は最も習得することが難しいと言われている。太鼓や鉦のような打楽器と異なり、笛の音を出すことだけでもかなりの技能が必要な場合もあるという。

　筆者がフィールドワークを行った期間に小学生の新規の入団者が加わった。彼は「へんばい」の演目を担当することになった。刀を置く向き、刀の持ち

方、礼の仕方など細々とした部分まで指導が行われた。指導者が神楽を習う学習者の後ろにつき学習者の腕を持ちながら動きの所作を指導した。これは学習者本人だけでは正しい所作を確立することが難しいので、指導者が補助することによって学習者が身に付けなければならない正しい動作を学習者に経験させるためであると思われた。また、1つの演目を最後まで練習するのではなく、全体をいくつかの部分に区切って短いユニットを繰り返し練習し、最初から最後まで演目の一連の手順を少しずつ覚えていく地道な作業が行われていった。歩く場面でも「4歩歩くよ」など、数字を使いながら具体的な助言も指導者により与えられた。この4歩ほど歩くシーンであっても指導者は学習者の近くに立ち「いち、に、さん、し」と声をかけて、歩数と歩くリズムを伝えていた。まだ演目の手順を覚えきれていない状態では、1つの所作を丁寧に指導するために、指導者は学習者の隣に並び、学習者と同じ動きを実演しながら次の動作「じゃら、じゃら、じゃら」（鈴を鳴らす場面）などと指示をする。「へんばい」は2人で対面に向き合い同じ動作を行い、動きを合わせることが求められるが、まだ手順をマスターしていない状況では相手との動きの協応はかなり先の課題である。学習者の視線は一緒に「へんばい」を舞うパートナーではなく、自分の隣で同じように神楽を演じている指導者の動きに向けられ、自分が覚えた手順が間違っていないかどうかを確認しながら練習が継続していく。

　以上が調査を行った神楽団において新規入団者が担当する演目の練習の初期の様子である。「歩く」という初歩的な活動においても守るべき歩数、またどちらの足から動き出すのかという決まりがあり、学習者が身に付けなければならない事柄が数多く存在する。ここで求められる所作や手順は「定着的段階」に位置づくものである。これらを身に付けることで神楽団の舞手としての基礎が出来上がってくる。以上のように基本的な動きに不慣れな初心者に対しては、指導者によって手厚い支援が行われている。

（2）　神楽の経験者による自発的努力を待つ指導者

　調査を開始した2014年の前年に調査対象の神楽団では全員で笛の技能を習得することを目指し、神楽団としては初めての試みであるが、笛の指導者であるBさんが笛に取り組む者にとって着手し易い方法として神楽の笛の音を楽

譜におこし、それをリコーダーで吹くことから練習を開始した[3]。リコーダーで吹けるようになった後、団員は横笛の練習に取り組んだ。舞の練習も行わなければならず、笛だけの練習を重点的に継続していくことは困難であった。結局、笛の練習は神楽団員の自主的な練習に委ねられることになったが、神楽の練習場以外で笛の練習を行うことができる環境は少なく、十分な練習量が確保できなかったようである。そのため、神楽団の指導の中心的立場にあるＣさんによれば、笛の練習から１年経過したが、「舞の速いタイプで吹くとき全然リズムが取れなくて追いつかない」状況に陥り、１つの演目を吹ききることができないようであった。Ｃさんは笛の練習を通して次のようなことを感じたという。

　　なんかその吹き方って、コツみたいなのは確かにあるんですけど、そのコツをいくら使っても音は出るけれども音色として吹けるかっていうとなかなか微妙なところがあって個人で練習しまくるしか話にならんようなところがあって。

　吹き方のコツはあるけれども、それを使っても神楽の囃子としての役目を担うことができるかどうかわからないという。Ｂさんは笛の指導について「個々で練習してちょっと上手くなったら、見るというか、１から手取り足取りじゃあ、覚える方も意欲がなくなる」と述べている。Ｂさんは、覚える方（学習者）の意欲がなくなるので最初から継続して手取り足取りといった指導は行わないとしているが、どれだけ懇切丁寧な指導を指導者から学習者が受けたとしても、Ｃさんが述べているように、技術を身に付けるためには学習者が一定の期間、練習を反復していく必要がある。わざを習得する瞬間、「生成的段階」が到来するまで学習者には真摯な努力を継続することが求められるのである。
　Ｃさんは2004年の神楽団再生後に本格的に太鼓の練習に取り組むようになった。Ｃさんによれば、太鼓がワンフレーズほどリズムよく叩けたとしても次のフレーズが続かない、上手くいかない、思い通りにならないといった状況に直面しながらも練習を繰り返していくうちに、次のフレーズが叩けるように

なってきたという。これはそれまでできなかった太鼓のリズムのパターンを少しずつ身に付けてきた過程である。特定のリズムを身に付けて太鼓が叩けるようになったとしても新たな課題が浮上したという。それは舞手とリズムを合わせることである。Cさんは太鼓を練習し始めて2，3年が経過したあと、太鼓だけではなく舞手との関係にもようやく意識が及ぶようになった時のことを次のように述懐している。

> （太鼓の）指導を受けて1年、2年ぐらいはちょっと見よう見まねでっていうか、この舞はこういう舞だからって考えながら叩くんだけど、なかなかこう舞手との一体感は感じられなくて、それが2，3年ぐらいしたときに自分の中で気持ちがいいなっていう感覚を覚えて、そういう感覚になったぐらいですかね、自分の中でも舞ってるときにそういう太鼓のことを考えられ始めたのは。
> 舞っていて太鼓のリズムがどうのこうのっていうのは、ほんとごく最近なんですよ。僕で今（神楽の経験）20年ですけど。それこそ、ここ最近というか、14，5年やってないとわかんないっていうレベルだとしたら、今の子たちにそれを求めるのは酷なんかな。

上記の表現からCさんは太鼓を叩くことに習熟したことで、自分が舞手として関わる時にも太鼓の存在を意識できるようになったことがわかる。笛、太鼓の習得過程から見えてきたものは、導入的場面では指導者から笛の吹き方や、太鼓の叩き方の指導は行われるが、学習者は技術を習得するまで努力を重ねて主体的な取り組みを継続していく必要があるということである。

以上を見ていくと指導者は学習者に対して積極的に関わっていないように思われるかもしれない。Bさんは学習者の意欲を削がないようにあえて必要最小限の関わりにとどめている。練習の間に気が付いたことがあれば、例えばBさんは太鼓の練習を行っている者に対して「等間隔になってきとるよ」という助言を行うなど、囃子の担当者にアドバイスをしていた。指導的立場にあるCさんに至っては、太鼓の指導を受けた後は可能な限り自らの自発的努力によって技術を身に付けようとしてきた姿勢がうかがえる。この間、Cさんに太

鼓を教えた指導者はCさんの太鼓に全く無頓着であったということではない。Cさんが太鼓の練習に真剣に取り組む様子を確認していたのである。このように直接的な関わりを指導者自身が制限することも重要な行為であると思われる。

　能楽研究者である松岡心平は「伝統芸能では、弟子の修業は、師匠の芸を一生懸命模倣するところからはじまる。師の芸を何回も何回も繰り返す中で、その芸を内側からつかまえられる身体的熟成の日をひたすら待つのである」（松岡，1995: 160）と述べている。ここで述べられているのは、弟子、つまり学習者の行為である。また、松岡は指導者の「教えない」教育の意義を次のように述べている。

> 伝統芸能の側では、均質な身体には芸能の神様は宿らないことをあらかじめ見越した上で、その伝承者の個性が最終的に十全に開花することを期待して、つまり芸になんともいえない味わいが出てくることを期待して、あえて、システマチックな方法を拒否し、「教えない」教育を施すのである。学習者の側にその芸の習得への熱意がある場合、むしろ「教えない」教育の方が、学習者の内部での対話活動を活性化させ、学習者がさまざまな暗中模索を行なうなかで、深いレベルでの芸の習得が可能となり、それがひいては個性の開花につながっていく（松岡，1995: 189-190）。

　松岡の述べる「教えない教育」と同じような表現を十二神祇神楽の指導者であるCさんは、「色をつける」と述べた。その意味とは指導者が教える内容には限りがあり、基本的な内容を身に付けた後は、自分なりのこだわりや創意工夫を見せてほしいということであった。芸北神楽の豊富な指導歴を有するFさんは「教えない教育」を次のように語った。

> 教える範囲って結構決まっとって、後は自分の個性だったり考えてからしていくという部分もあるんで、ほんと基礎的なことばっかしやりよるんですけど。後は言葉で言えんとこ、間だったりいうところはヒントみたいなことは言いはするんですけど、あと考えてね、みたいなところはありま

すよね。

　Fさんは指導者が教えることには限界があるので、学習者が自ら考えて創意工夫を行うことが必要であると述べている。学習者がある程度習熟の域に達した場合、指導者は「教える」ことと同様あるいはそれ以上に学習者が自ら「考える」ことを求めている。学習者がある一定の技芸を習得した場合、学習者による創造的な行為を指導者は「待つ」のである。ここに「生成的段階」の教育的な意義があると思われる。

(3) 指導者による学習者の技芸の習熟状況の把握

　以上に見てきたように神楽の舞や囃子の伝承過程には2つの「段階」、「定着的段階」と「生成的段階」がある。指導者に求められるのは、学習者の技芸の習熟状況がどのような局面(「定着的段階」あるいは「生成的段階」)にあるのか、それを的確に把握することである。ここではある程度の経験年数を有した神楽の舞手に対して、指導者が学習者の技芸の習熟状況をどのように探索するのか、このことについて論じていく。

　Cさんは神楽を習っていた当時の指導者とのやりとりに関して、「求めるものが経験を積んでいくに連れて欲を出した指導というか、もっとこうしなさいみたいな、今のでもいいけどもっとこうしなさいみたいなことを言われることが多かったですね」と振り返った。Cさんの指導者は、Cさんの技能の習得状況に応じて、指導する内容をより高度にレベルアップさせていったようである。Cさんは指導者の存在については次のように考えている。

　　自分でもっと舞を舞ってるようにするためにはどうしたらいいか、っていうところのできなささを、できるように変えていくためにまた練習をしていく、ただそこって自分の中で考えてもなかなかできんところだと思うんで客観的な視点というか、指導者の方だとか見ている方の指示がそこは絶対いる。

　ここでCさんは、できない状態からできる状態を生み出すには指導者の存

在が不可欠であると述べている。生田は伝統芸道・芸能の稽古は指導者の模範とする動きを学習者が模倣していく形で進み、学習者が段階や目標を生成していると指摘している。学習者が指導者の模倣を行っている間、指導者は学習者の模倣の進捗状況を探り指導内容を検討しているのではないかと思われる。本研究のフィールドワークから学習者は指導者の模範[4]とする舞や囃子の動きに合わせよう、真似ようとする行為が見られたが、指導者はただ単に学習者に模倣を繰り返させているわけではない。『＜わざ＞を生きる身体』を上梓した奥井遼によれば、指導者は実際の稽古の中では身ぶり手ぶりを尽くして指導する様子が散見されるという。本研究においても指導者であるCさんが練習において学習者へ手本を示す前に、指導者が自分の身体を使って何かを確認する作業、自らの行為を吟味する場面（無言の身振り手振り）が何度も確認された。映像収録されたその部分を指導者に提示し、何を行っているのか尋ねた。その結果、Cさんからは「感覚のすり合わせを自分の中でして、見たものと＜自分が＞やったもので何の違いがあるのかっていうのを自分の中で明確化」すると説明した。また、同じ部分の映像を確認した舞子頭と呼ばれる指導者のDさんからは「＜Cさんは＞自分の覚えている感覚と照らし合わせているのではないか」と述べた。さらに同じ部分の映像をその時に舞手として実際に神楽の練習をしていたEさんに示したところ、次のように語った。

　　（指導者の視線）は超気になります。超ビクビクしていますよ。（緊張感をもって練習）できますよ。（指導者の無言の身振り手振りなどが目に入ることは）めっちゃありますよ。（視界に）100％入ってますね。（どこか間違ったのかと気になることが）ありますよ。

　神楽の舞手が経験者である場合、指導者と学習者（舞手）の間で言葉が一切交わされない状況で練習が進んでいくことがある。声に出して言葉を発していなくとも、両者の間では濃密な相互作用が展開している。指導者が無言の身振り手振りを行った理由をEさんに尋ねたところ、「自分がやってたときとなんか違う」という疑問がその行動を呼び起こしたのではないかと答えた。また、初心者を教える機会もあるEさんに同じこと（無言の身振り手振り）を行った

ことがあるかどうか尋ねたところ「何回かあった」という返答が得られた。Eさんに何をしているのかと尋ねたところ、「自分がやってきた舞をやる感じです」と述べた後に、「(自分がやってたのと、自分がいま目の前で見た違和感を覚えた舞)どっちもやってみる」ことで、違いを探り当てるとも説明した。

神楽を習う者が初心者で単純な間違いをした場合、指導者は即座に練習を中断する。指導者は手足の動き、動き出す順番など、神楽を習う者の間違いを指摘し、正しい所作を示す。本研究のフィールドワークから、一定の技術が身に付いた学習者に対して、指導者は具体的な指導を行う前に学習者の動きのどこに問題があるのかを自分の身体を用いて身ぶり手ぶりで検証した上で指導を行っている様子が確認できた。このような学習者の技芸の習熟状況を把握するための行為はそれぞれの指導者によって多様な実践形態をとりながら展開されていると思われる。

4. おわりに

本章では生田が日本の芸道の修練過程の特徴として提示した「非段階性(段階性)」の概念に着目した。生田は、出来上がりの段階と生成される段階という2つの側面について言及している。筆者は亀山の定着論と生成論に関する理論的枠組みを援用し、2つの段階をそれぞれ「定着的段階」「生成的段階」として位置づけた。そして十二神祇神楽を継承する組織に対するフィールドワークから神楽の伝承過程における2つの段階、定着的段階と生成的段階、およびそこで神楽の指導者によって繰り広げられている具体的な出来事をインタビュー調査の結果やフィールドワークにおける練習記録から描き出してきた。初めて神楽に関わる場合、学習者は神楽において必要とされる動き、決められた所作、舞を構成する手順など基礎的部分を習得していく必要がある。この際には指導者によって細かく丁寧な指導が行われる。これは「定着的段階」である。ある一定の技術を身に付けた後では、学習者は真摯な努力を継続し、わざを習得できる(生成的段階)まで待たなければならない。この間、指導者は学習者の様子を観察しながら学習者の自発的努力を待っている。指導者が「教え

ない」教育を行うことで、学習者の創意工夫が期待できる。神楽の伝承過程においては、「定着的段階」「生成的段階」、これらの2つの段階がただ混在しているというのではない。神楽の練習は「定着的段階」として始まり学習者の技芸の習熟が高まった後に「生成的段階」の局面に到達する。神楽の経験者であっても新しく習得しなければならない演目に着手し始めると、「定着的段階」から練習が行われていく。つまり、指導者と学習者の相互作用によって「定着的段階」から「生成的段階」へ、「生成的段階」から「定着的段階」へと局面が移行していくといえよう。

本研究において描き出された指導者による学習者の技芸の習熟状況の把握に関する行為を詳細に考察するには「なぞり」や「同調」に関する記述や理論の整理が必要である。「なぞり」に関しては美学者の尼ヶ崎彬や教育学者の佐藤学が模倣との関連で興味深い記述を残している。亀山は「なぞり」の概念と関連性の深い、身体の「同調」に関する理論的枠組み(同形同調、相補同調、基底同調)を提示している。これらの文献研究に加えて、実際に指導者と学習者の相互行為の内容を緻密に記述していくことも求められる。伝統芸能の指導・学習過程における「なぞり」の構造については稿を改めて考察したい。

謝辞

石内神楽団の皆様には本調査に快くご協力頂いた。服部直氏、浜田雄介氏にはご多忙の中、筆者との意見交換を通じて本章の作成に関して貴重なご意見を頂戴した。ここに衷心より御礼を申し上げます。

付記

本章は科学研究費助成事業(若手研究(B)課題番号JP 26750254)の助成によって行われたものの一部である(研究代表者(迫俊道)研究課題名「芸道における身体教育の段階性に関する現代的意義―「生成論」の観点から―」平成26年~平成27年度)。

注

1 この神楽団について『郷土芸能神楽編』によれば、「石内には今を去る二百数十年前、中組の渡本、乗岡氏などの祖先数名の人々が、山田村(広島市)社人山田加賀守より伊勢神楽十二神祇の伝授を受け、中組神楽団を結成し代々伝承して現在迄受継がれて来た」(ふるさと運動促進委員会, 1977: 25)と説明されている。

2 芸北神楽であれば、大太鼓、小太鼓、鉦、笛の4つの囃子を担当する楽人がいる。芸北神楽を継承しているFさんによれば最初は囃子の練習、中でも小太鼓の練習から行うという。その後に舞の練習を行い、ある程度できるようになったら大太鼓といったように神楽の種類によって習得する順番には違いがある。だが、初心者から経験を積んでいく過程において身に付けるべき内容には順

序立てられた段階があることは共通している。
3　リコーダーから練習が行われた背景には、笛の指導者のBさんが2004年に神楽団の団員として関わるようになってから10年ほど小学校の神楽クラブで児童に2,3週間に1回の頻度で、神楽の笛のメロディをリコーダーで教えていた経験があったことが影響している。
4　副団長であるAさんは、指導者によって言い回しが違っていたり、言い方が異なることで学習者が混乱することもあり、複数の指導者が介入する際には慎重になることもあるという。

参考文献
安部崇慶（1980）「芸道における稽古論の性格」『広島大学教育学部紀要 第一部』29、13-23頁。
安部崇慶（1997）『芸道の教育』ナカニシヤ出版。
尼ヶ崎彬（1990）『ことばと身体』勁草書房。
ふるさと運動促進委員会編（1977）『郷土芸能神楽編』石内公民館。
服部直（2007）「生きるための技法―身体、そして世阿弥―」『龍谷大学社会学部紀要』30、44-54頁。
生田久美子（1987）『「わざ」から知る』東京大学出版会。
生田久美子（1995）「「わざから知る」その後」福島真人編『身体の構築学―社会的学習過程としての身体技法―』ひつじ書房、415-456頁。
亀山佳明（2012）『生成する身体の社会学―スポーツ・パフォーマンス／フロー体験／リズム』世界思想社。
亀山佳明（2013）「「身体論の可能性」、その後―制度の身体論から体験の身体論へ―」日本スポーツ社会学編『21世紀のスポーツ社会学』創文企画、84-100頁。
松岡心平（1995）「芸の継承―想像力の共同体」佐伯胖・藤田英典・佐藤学編『表現者として育つ（シリーズ学びと文化5）』東京大学出版会、159-191頁。
三村泰臣（2004）『広島の神楽探訪』南々社。
三村泰臣（2013）『中国・四国地方の神楽探訪』南々社。
奥井遼（2015）『＜わざ＞を生きる身体―人形遣いと稽古の臨床教育学―』ミネルヴァ書房。
西郷由布子（1995）「芸能を＜身につける＞―山伏神楽の習得過程」福島真人編『身体の構築学―社会的学習過程としての身体技法―』ひつじ書房、101-141頁。
迫俊道（2006）「芸道における身体教育の段階性に関する一考察」『スポーツ社会学研究』14、83-93頁。
佐藤学（1995）「「表現の教育」から「表現者」の教育へ」佐伯胖・藤田英典・佐藤学編『表現者として育つ（シリーズ学びと文化5）』東京大学出版会、221-238頁。

第9章

コア技術展開型複合事業企業の国際戦略[1]
―オムロンの事例―

李　在鎬

1. はじめに

　本章では、オムロンの国際戦略の軌跡を俯瞰し、その特徴をまとめた上で、国際戦略に遂行するための組織体制のあり方を考察する。また、その海外展開の要因について、コア技術、企業家精神、組織内外のコンテキストの観点からアプローチする。

　日本にはコア技術を組織の内部で育て、このコア技術を活用し、様々な製品を開発し、複数のビジネスへ展開する企業が数多く存在する。このような「コア技術展開型複合事業企業」とは、シード型企業、あるいは研究開発型企業と呼ばれることも多いが、本章ではコア技術を用いて多角化を展開する企業の中でも、自社内各事業単位間での取引の比率が比較的低い企業のことを指す。

　コア・コンピタンス論や深層の組織能力論では、このような日本のコア技術展開型複合事業企業はしばしば成功事例として取り上げられてきた。そこでは、企業が共通の技術や経営能力に基づいて、異なる複数のビジネスからなる事業ポートフォリオを構築し、深層の中核能力を拡大再生産できるように、その組織構造とプロセス、および組織文化を発展させうるかどうかで、コア技術展開型複合事業企業の成否が分かれるとされてきた。

　しかし、コア技術展開型複合事業企業の成功要因を国際戦略の視点から捉える研究は少ない。本章では、オムロンを例証にコア技術展開型複合事業企業が、事業における海外依存が深まる過程で如何に環境変化に適合し、効果的な組織体制を整えることができるのか、その動態的な成功要因を紐解いていく。

研究方法においては、主に2015年7月9日～2016年9月29日までオムロン京都本社グローバル理財本部、グローバルものづくり革新本部や事業所をヒアリング調査して集めたデータやその他の関連二次データに依拠し、オムロンの国際戦略と組織的変遷について記述的な分析を試みる[2]。

まず、初期におけるオムロンの海外直接投資の軌跡を振り返り、進出先のローカル企業に勝る独自のコア技術の構築が直接投資に先行していたことを示す。同時に、直接投資を誘発する動因として為替相場を含めた外部環境の変動を取り上げる。他の日本企業同様、オムロンにおいても、プラザ合意による急激な円高以降、本格的な海外進出が展開され始めた。

注目に値するのは、オムロンは本格的な海外直接投資を開始して比較的早い時期から地域統括会社制度など先進的な組織体制を導入したという点である。それは、創業者の先見の明による結果というよりも、創業者家が試験的な海外進出とその試行錯誤を経て、そのような構想を形作ったことによって実現したものである。

結論を先取りして述べると、オムロンはその事業に占める海外比重が高まるにつれ、事業軸と地域軸のあり方について、時には見直しや調整を余儀なくされつつも、最終的には事業軸が優位にたち、地域軸に沿って拡張していく構図に落ち着いているのである。同社は、事業軸においても、地域軸においても、比較的バランスの取れたポートフォリオをなしており、安定的に付加価値を創出し続ける世界的組織基盤が整っているといえる。

2. 国際戦略と組織体制

かつて、経営史の大家チャンドラーは「（組織）構造は戦略に従う」と説いた。彼は、米国企業の戦略と組織の間の関係性においては、一定の段階的順序が存在するとした。つまり、単一職能制から職能部門制、さらに職能部門制から事業部制へと段階を踏んで発展を遂げるとしたのである（Chandler, 1962）。戦略の類型が組織の形態を規定するという彼の命題は、多くの後進の実証研究者により支持されてきた。

とりわけ、国際戦略と組織体制との適合性を論じる初期の研究として、最も広く受け入れられている研究は、187社のアメリカを本拠とする大手多国籍企業の実証研究に依拠したStopford and Wells（1972）の「国際組織構造4段階モデル」である[3]。

このモデルによると、海外に進出する多国籍企業は、海外部門の多様性が増したり、総売上高に占める海外売り上げの割合が大きくなるにつれて、概ね4段階の国際組織構造（international structural stages）を経て進化していくとした。つまり、まだ海外進出していない第1段階、他の全社組織をそのままに据え置いた上で、追加的に国際事業部を新設する第2段階、世界的製品別事業部制、または地域別事業部制の2つの選択肢からなる第3段階、最後の第4段階はグローバル・マトリックス組織となっている。第3段階においては、海外製品の多様性という戦略軸に重点をおく組織は世界的製品別事業部制を、反対に海外での販売に注力する戦略を採用する組織は地域別事業部制をとる傾向が高いとされている。

このモデルは、製品の多様性や海外事業比率という戦略的課題が、組織類型を規定するという考え方に依拠している。また、第3段階の方では、世界的製

図表9-1　ストップフォードとウェルズの国際組織構造段階モデル

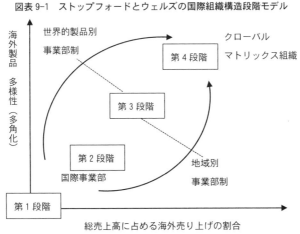

出所：Stopford, J. M., and L. T. Wells Jr. (1972), *Managing the Multinational Enterprise: Organization of the Firm and Ownership of the Subsidiary*, NY: Basic Books（山崎清訳（1976）『多国籍企業の組織と所有政策―グローバル構造を超えて』ダイヤモンド社）。

品別事業部制や地域別事業部制という代案となる発展経路（alternate paths development）を想定しているという面で、例え同一の発展段階であっても、企業による戦略と組織体制の選び方には一定の自由度があることを示唆している。

　ここで、世界的製品別事業部制とは、総本部の傘下に、Ａ製品事業部、Ｂ製品事業部といった各製品別事業部を配属させており、さらにその傘下に、北米本部、アジア本部といった地域本部が連なっている組織形態であり、全社的組織のヒエラルキーの中で、製品軸を地域軸の上位に配置している点が特徴である。これに対して、地域別事業部制では、総本部の傘下に、北米事業部、アジア事業部といった地域別事業部を抱えており、これらの地域別事業部門の傘下に、Ａ製品本部、Ｂ製品本部といった製品別本部を設けているのが特徴である。

　この古いモデルは、規範的というよりも、記述的なモデルとして提示されたが、近年においても多くの経営者やコンサルタントにより、応用モデルの原型として頻繁に取り上げられている[4]。

　次節以降においては、ストップフォードとウェルズの国際組織構造の４段階と地域軸と製品軸の組み合わせ方を修正した分析枠組みを提示し、そのフレームワークを用いてオムロンの国際戦略と組織体制の変遷過程について述べていく。

3. オムロンの現状

　オムロンは「センシング＆コントロール」という独自のコア技術を駆使し、制御機器事業、車載事業、ヘルスケア事業、電子事業部品事業、社会システム事業など、多岐にわたる事業を110以上の国や地域で展開している会社であり、その連結売上高は8,336億円（2015年度）に達する。巷では携帯用の血圧計で知られているオムロンであるが、同社の主力事業は工場の自動化などを支える制御機器事業であり、全社の売上高の約40％を占めている。また車載事業（17％）、ヘルスケア（13％）、電子部品事業（12％）、社会システム事業

3. オムロンの現状

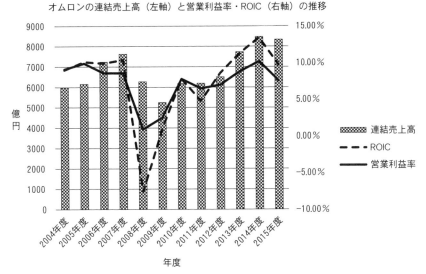

図表 9-2 オムロンの業績の推移

出所:オムロン「統合レポート」各年度。

(9%) に続き、本社直轄事業が8%を占めている。本社直轄事業部では、新規事業の探索と育成を行っている。また、同社の海外売上高比率は約60%に、また海外従業員の比率は約69%に達している (2016年3月31日時点)。

図表9-2で分かるように、2000年代後半のリーマンショックによる一時的な不振を除けば、オムロンの直近10年間の売上高、営業利益率、ROICの3指標の推移ともおおむね好調といえる。オムロンの成功は、学界や業界からも一目置かれている。例えば、同社の事業ポートフォリオの実行と「ROIC逆ツリー」といった、効果的な全社戦略により、高いROICを実現していることが評価され、2015年1月に東京証券取引所が主催する企業価値向上表彰において、3400社強の上場企業の中から大賞に選ばれる実績を有する。

ここで、ROICとは投下資本利益率であり、投下資金によって、実効税金を除き、どの程度の営業利益を出したかを表すもので、全社戦略の成果を示す尺度としてよく用いられる。言い換えれば、この指標は会計年度において投下された全ての資金 (運用資金と固定資産の合計) がどの程度、利益を生んでいるかを示すものである。

近年におけるオムロンの成功要因としては、第一に、全社の異なるドメインや事業を評価できるフェアな共通指標への集中、第二に、財務指標とプロセス指標との連動、第三に、ビジネスカンパニー組織のマトリクス的な組織運用などが明らかになっている（李・佐武・入江，2016）。しかし、同社の海外売上高比率が6割を占めているにも関わらず、国際戦略の観点から同社の成功要因をとらえた研究は数少ない。

次節以降では、同社の成長過程を国際戦略の視点から述べていきたい。環境変化の中で、同社が持続的に日本、及び国際社会のニーズに符合する付加価値を生み出すために、如何にコア技術を蓄積し、複合事業に転用し、組織体制を構築し、成長を遂げてきたか、その生成・発展の軌跡を辿っていく。また、その意義を検討していく。

4. 海外進出の草創期

1933年立石一真氏が大阪市でレントゲン写真撮影用タイマという高付加価値製品を日本製として開発し、その製造を開始したのが、同社の初の事業となる。同社は1948年「立石電機株式会社」（現、オムロン）として設立された。1955年には、同社の販売部門・研究部門を各々分離独立させ、立石電機販売㈱・㈱立石電機研究所を設立させた。さらに、「プロデューサ・システム」という分権制による独立専門工場方式を創案し、その第一号として㈱西京電機製作所の設立に漕ぎ付け、その後計9社の生産子会社を順次設立させた。後に、研究所は本社に吸収合併されることになるが、生産子会社による下請け生産体制はその後も続くことになる。プロデューサ・システムという下請けの子会社化の導入の背景には、1953年それまで下請け生産を行っていた協力企業が組合化（山漁会）したこともあったとされている。

1959年、オムロンは分離独立させておいた㈱立石電機研究所を再び本社に吸収し、内部での研究開発を通じてコア技術の蓄積に積極的に取り組む路線を固めた。その結果、1960年に世界初の無接点近接スイッチの開発に端を発し、1964年には世界初の電子式自動感応式信号機、1967年には世界初の無人駅シ

ステム、1971年には世界初のオンライン現金自動支払機といった、最先端の新製品開発に次から次へと成功した。また、1972年には日本エヌ・シー・アールに次ぎ、POSシステムの実用化に成功するなど「センシング＆コントロール」のコア技術を活用し、ビジネスを急速に拡大させていった。1976年3事業部制へ移行していく中で、プロデューサ・システムは社内に統合されていたが、一部ネオ・プロデューサ、ミニ・プロデューサという小規模の生産子会社はしばらく存続することになる。

　他の企業と同様、オムロンの草創期における国際戦略は、輸出中心の海外市場開拓であった。同社は、1962年10月立石電機販売東京支店に貿易課を新設し、この貿易課を通じて、英キースイッチ社とリレーなどの部品に関する長期輸出契約を結んでいた。本社内に、海外事業部が設立されたのは、1965年のことである。これは、ストップフォードとウェルズの国際組織構造段階モデルの中で、第2段階に当てはまる。

　同時に、海外現地法人設立においても、同社は日本メーカーの中でもフロンティアであった。研究開発を通じたコア技術の蓄積を成長の主軸としていたオムロンであったが、その初の海外現地法人は研究所であった。1970年オムロンは、アメリカにOMRON R&D INC（以下、ORD）を設立したが、これが日本メーカーの初の在米研究所である。この研究所には、半導体の権威である元NY大学教授バーナード・ジェイコフ博士ら米人技術者8名と立石電機（現、オムロン）からの派遣研究員4人が活動していたが、膨大なコストが嵩み、ORDは失敗したが、その後組織再編を通じて、1977年OEI（Omron Electronics Inc.）として落ち着いた。

　オムロンは、海外研究開発拠点の設立に続き、1971年には、「ワールド・プロデューサ（WP）」と銘打った海外生産子会社を設立すると発表した。この「ワールド・プロデューサ」の構想においては、国内における「プロデューサ・システム」の経験が奏功したと考えられる。

　一方、1970年代より創業者の立石一真氏は、将来を見据え、中国進出の地盤づくりに力を注いでいた。しかし、これは本格的な海外直接投資のための施策ではなく、輸出や委託生産のための布石と考えられる。日中間の国交正常化が実現した1972年から、オムロンは中国で製品出展会や技術交流を通じて自

社製品の知名度を高めようとしていた[5]。例えば、1979年には中国の国家公安部と交通管制システム関連の技術交流を開始するなど、中国ビジネスとの接点を模索していたのである。1978年に中国の対外政策方針が改革開放に舵を切ると、オムロンは製品や部品の生産を中国企業に委託する形で国際分業を開始した。1980年代初頭から中国企業に同社製品の生産を外注し始め、この委託生産の形は1992年まで続いた。当時、日本経済は高度成長の波に乗り出しており、毎年前期比40％前後の売り上げを伸ばしていた。

アジア向けの海外直接投資においては、当時のオムロンは依然として慎重であった。確かに、1973年第1号海外生産法人をマレーシアに設立したものの、第2号の海外生産法人（オムロン・タイワン・エレクトロニクス）の設立がその後を次ぐのはその13年後の1987年のことである。

このようにして、オムロンは1970年〜73年の間に、海外法人8社を相次ぎ設立し、海外における研究、生産、販売の拠点整備を試みていた。しかし、当時は国内の本社で開発し、国内の生産子会社に下請け生産を委せ、輸出を行う方が、海外に直接投資を行うより、有利であったと考えられる。

総じて、この時期における、オムロンの国際戦略は輸出主導型でありながら、海外での開発、生産、販売の海外法人の運営の貴重な経験を積み重ね、将来の本格的な海外進出に備えた時期である。つまり、探索的海外進出期といえよう。

5. 1980年代後半の展開

1985年9月のプラザ合意以後、日本企業は急激な円高の為替相場に直面した。一方、1980年代後半には欧州共同体（EC）が市場統合に向かうなど経済ブロック化の動きが現れ始めた。通常円高が進むと、企業の海外直接投資が増えると言われるが、企業が国際戦略と組織体制を変更するのには時間とコストがかかる。そこで、この国際戦略を柔軟に切り替えることができる否かが、経営者に問われる課題であった。日本の場合、このような外部環境の変動が急激に起こったため、輸出に依存していた多数の日系企業がたちまち経営不振に陥

り、国内経済はいわゆる円高不況に見舞われた。本来なら、積極的に海外直接投資に舵を切るべき時期であったが、この円高不況により、多くの企業は設備投資を控える傾向があった。オムロンの主力事業が制御機器であったがゆえに、このような民間設備投資の低迷は、間もなく同社の経常利益の圧迫につながっていたのである。

しかし、資金調達において低金利を活かした外貨建ての転換社債（CB）の発行を活用できたため、オムロンは組織改革を断行しつつも、イノベーションと海外進出のための投資に臆することはなかった。ただし、製品の品目によっては、国内生産が長引かざるを得ないものもあった。結局、急激な円高により、オムロンも輸出から得られる利益を急速に失っていった。このように同社は国際戦略の見直しの必要性に迫られつつも、1980年代後半まで海外で販売する製品の大半を国内で生産していた。同社の組織体制からも、1987年までは海外直接投資に慎重であったことが窺える。1987年11月時点におけるオムロンの海外拠点は31拠点であったが、そのうち台湾とマレーシアの二つの製造会社以外は全て販売会社であった。

特筆すべきは、このようにオムロンがまだ海外生産を本格的に遂行する前から、海外生産組織の構想を練っていたことである。同社は、1987年末に世界各地で生産、販売、営業活動をそれぞれ地域別に統合的に管理する「総本部制度（ヘッドクオーター制度）」と称される海外地域統括会社制度を掲げたが、その構想は1989年3月には世界4極の「統括会社」の設立という形で[6]、具現化し始めた。

世界4極構想とは、同社の海外戦略の主軸を、日本、欧州、アジア・太平洋圏、北米の4つに分け、それぞれの将来の地域市場に適応するという組織体制に関する方針である。これは、2001年を最終ゴールとし、90年代には如何に事業展開を進めるべきか、その道筋を示した「ゴールデンナインティーズ」という中長期計画の中に組み込まれていたものである。ゴールデンナインティーズの中身は、第一部事業構造のあり方を考える事業ビジョン、第二部CI（コーポレート・アイデンティティ）を中心に据え置く企業文化ビジョン、第三部経営構造ビジョンの三部構成からなっていたが、海外4極思想は第三部の経営構造ビジョンに属するものである。4極体制の構想そのものは、すでに1987年

当時社長であった立石義雄氏により温められており、「開発、生産、販売、管理のあらゆる機能を世界4極に分散せよ」という号令で実行に移されはじめた。1988年から経営戦略室により、具体案として作成が進められてきたとされている。この発想の根底には、創業者の立石一真氏のソーシャルニーズ論があったとされている。すなわち、ソーシャルニーズ論を極めていけば、究極的には世界各地で現地のニーズを捉えながら事業を展開するという発想に通底するということである。

基本的に製品別事業部という全社組織に、地域統括会社が加わる意義は、本社機能の部分的な海外移転として理解されるべきである。しかし、注意を要するのは、本社機能が海外移転される側（地域統括会社）が、事業単位（事業部やカンパニー）の海外子会社ではなく、本社の海外子会社になるという点である。よって、経営者が標榜する通り、一概に地域統括会社の設置を分権化のプロセスとみなすのは誤りであり、地域統括会社制度の導入により、各事業単位は海外での事業活動において、本社機能からの関与をより強く受けるものと解釈すべきである。

いずれにせよ、地域統括会社制度の導入により、1989年8月におけるオムロンの海外拠点の詳細は図表9-3のようになった。1987年11月には2社しかなかった同社の海外生産拠点も1989年8月には、7カ所と増えており、国際的な内部生産ネットワークが整い始めた。

前述の通り、同社は他の日系企業と同様、製品の仕様によって、輸出と海外

図表9-3　オムロンの海外拠点数

		欧州	アジア・太平洋圏	北米	合計
統括会社		1	1	1	3
制御機器	販売	13	6	3	22
	生産	2	3	2	7
電子決済システム	販売	3	1	4	8
研究				2	2
金融		1			1
計		20	11	12	43

出所：1989/08/21 日経産業新聞。

生産を使い分けていた。すなわち、高付加価値製品は日本国内で生産して輸出していたのに対して、単機能タイプの製品は海外生産拠点から再輸出していたのである。例えば、1989年頃、国内向けであった高付加価値タイプの「ソリッドステート・リレー（SSR）」（継電器）が米国や西ドイツ（現、ドイツ）、北欧などの先進国市場、および日系企業の進出が著しかった東南アジアにも普及し始めた。すると、オムロンは円高の為替相場にも関わらず、これらの地域向けの製品を日本国内で生産し、輸出していた。一方で、単機能型リレーの場合は、マレーシアの生産子会社で製造し、その他の海外市場に再輸出することによって、多様な仕様の製品を全世界に供給できる体制を確立し始めた。

総じて、80年代後半は他の日系メーカー同様、オムロンも低付加価値製品を中心に海外直接投資を本格的に始めた時期である。同社は、この時期に事業軸を中心に置きつつ、統括会社を加えた世界組織体制の構想を形作っていたのである。

6. 1990年代の展開

1980年代末までに、世界4極体制を担う海外統括会社を、アムステルダム（オランダ）、シンガポール、シカゴ（アメリカ）に設立し終えたオムロンは、1990年代に入ると、世界4極体制の内実を期するための施策を次から次へと打ち出していく。

同社は1990年代の前半までは、まず本社各事業部のグローバル化を進めていた。その意味で、オムロンはストップフォードとウェルズの国際組織構造段階モデルの第3段階において、世界的製品別事業部制を選んだことになる。ただし、それは純然たる世界的製品別事業部制というよりも、地域統括制度など、地域軸の要素を加味した世界的製品事業部制にほかならない。ところが、その過程で事業軸と地域軸のどちらを重視すべきか、その方向性を決めるにあたって、葛藤があったと思われる。

1990年代の半ばに、オムロンは徐々に各地域に経営の権限を委譲しようとしていた。それは、世界4極のトップが自由裁量権をもって経営できるように

するという計画として現れた。究極的には世界4極を、開発や技術拠点として育てていくというものである[7]。例えば、同社は1990年代に入り、需要が伸びていたコンピュータ周辺機器を中心としたOA機器事業を重点事業と位置づけ、欧米市場において10年で10倍増を目指し、販売強化策を立案し、展開した。そのため、当初はOA統括事業部が欧米拠点を監督していたが、事業が軌道にのった段階で、米国統括会社（OMCA）の管轄下におくとする方針に転換したのである。つまり、一部の重点製品において、海外戦略を事業軸中心から、地域軸中心へ移行しようとしたのである。

一方で、同社は21世紀初頭において、最も重視すべき市場は中国をはじめとするアジアであると認識していた。実際、1990年初頭になると日本、米国、欧州の3大市場とも低迷していたため、特に中国経済に対しての期待は一段と高まった。そこで、オムロンは1991年12月に、中国大連に初めて全額出資の子会社を設立した。しかし、このようにアジアで事業を展開する上で依然として課題となっていたことが、現地のマネジャーと技術者を如何に育てていくかという問題であった。そこで、同社は1990年4月に、「生産技術の研修センター」を設置し、そこに海外の従業員を受け入れ、研修を始めた[8]。また、海外進出戦略として、現地企業との提携や連合を進めながら、高度の技術を要する製品も一部は海外で開発できる体制を構築しようとしていた。このように人材育成や現地企業との提携など、新興国市場への海外進出の条件が整えてくると、オムロンは図表9-4の通り、1994年5月に日本の電機メーカーとしては初めて中国の北京に地域統括会社（地域本社[9]）であるオムロン（中国）有限公司（OCE）を設立することによって、世界4極体制から世界5極体制へその世界組織体制を拡張した。中国統括会社の設立には、中国国内へ投資を行う際、その出資比率が25％を上回れば、海外からの投資とみなされるという税制面での優遇措置が受けられるというメリットもあったが、既に急拡大していた中国内でのさまざまなオムロンのビジネスを補佐・調整する狙いが大きかった。当時における中国地域統括会社に期待された役割は、代理販売促進、技術サービスの代理提供、中国内での顧客サービス機能の一元管理、市場動向調査、傘下各社の収益管理、傘下各社との間の経営資源の最適配分の仲介、人材育成、法務・財務面でのアドバイス、各社の操業度を調整する生産統括機能な

図表9-4　1994年におけるオムロンの中国拠点

オムロンの中国拠点	事業内容
① 北京事務所	不明
② 上海オムロン計算機有限公司	ソフトウェア開発
③ オムロン（大連）有限公司	健康機器などの生産
④ 上海オムロン自動化システム有限公司	プログラマブルコントローラーの生産
⑤ 上海オムロン制御機器有限公司	リレーの生産
⑥ オムロン（中国）有限公司	地域統括会社（地域本社）
⑦ 北京高騰商業コンピュータシステム有限公司	POS端末などの生産

出所：1994/06/29 日経産業新聞。

ど多岐にわたっていた。

　一方、オムロンが中国など新興国へ海外進出を加速化する上で、注力したのがサプライ・チェーン・マネジメントの強化であった。オムロンは自社の急速な海外進出に伴い、協力部品メーカーとの海外での協働が不可欠だと判断していたが、当時協力部品メーカーは海外進出の経験が乏しかったため、支援を行ったのである。例えば、オムロンは中国上海やインドネシアにある同社の工場敷地の一部を進出協力企業に割安な価格で貸し出していた。これら協力部品メーカーはプレスや成形等の加工に従事していたが、オムロンは同社からの受注のみならず、現地工場の周辺に進出している他の企業からも受注が得られるよう配慮していた。

　1990年代の後半にさしかかると、オムロンの海外直接投資は急速に拡大した。1994年におけるオムロンの海外生産比率は10％に過ぎなかったが、1996年には15％に伸びており、2001年には30％の大台にのった。海外開発、生産、販売においても新たな製品が加わったため、海外戦略の立案と展開はより複雑になった。そこで、日本、米国、欧州、アジアの地域間の再編においても全社的調整が必要となった。例えば、1990年代後半になると、同社は地域間調整を通じて日本、米国、欧州で開発した商品をアジアで生産するというグローバル・バリューチェーン体制を確立しはじめたのである[10]。このような内外的な環境変化とニーズを踏まえ、同社は1999年にカンパニー制を導入するに至る[11]。カンパニー制度は、基本的には事業部制やSBU（戦略的事業単位）

制度と類似しているが、各事業部を独立した会社と見立て、各事業部長に大幅な責任と権限が委ねられるという点で、その特徴がある。各カンパニーの社長には、事業カンパニーの事業戦略の企画、設備投資の決裁の権限が与えられ、総資産利益率（ROA）、損益分岐点比率、キャッシュフローなどの財務指標による各カンパニー内の事業単位の毎月の収益管理の責任が任されるようになった。さらに、各カンパニーの社長には海外戦略を含め、事業における開発・生産・販売戦略の権限が与えられた。これによって、例えば15億円以下の投資案件であるなら、各カンパニーの社長に決裁権限が一任されるようになった。

1990年代末の環境変化の中で、もう一つ注目すべきは、香港の中国への返還後の対中華圏戦略である。同社は香港返還により、中国大陸、香港、台湾を加えた中華経済圏の融合がさらに進むと予想し、1997年1月にこれらの3地域の事業戦略や地域経営を総合的にコントロールする統括会社であるオムロン・マネジメント・オブ・チャイナ（OMCC）を香港に設立した。1994年5月に、同社が北京に設立したオムロン（中国）有限公司（OCE）は、中国の地域統括会社（地域本社）であったのに対して、OMCCは香港を編入した中国と台湾までも管轄領域として含む、いわゆる中華圏地域統括会社であった。台湾が含まれるのは、中国大陸と台湾との密接な国際分業関係によるものである。当時、同社の中国ビジネスは急ピッチで進んでおり、1996年4月には上海でリレー、プログラマブルコントローラー（PC）、センサーの3工場が本格的に稼働を始めた。これらの3工場での生産に必要な部品の多くは台湾から直接調達されていた。中国と台湾との交易の間に、香港のIPO（国際調達拠点）を経由させることによって国際取引を円滑に進めようとする国際政治上の配慮も見て取れるが、当時の香港の貿易量が上海の9倍近くに及んでいたことから、経済規模や情報量において香港に新しい統括会社を構えた方がより経済的に合理的と判断したと考えられる[12]。しかし、後に上海のプレゼンスが大きくなるにつれて、中華圏統括会社は上海に移転することになる。

1990年代末頃には、それまでタイ、マレーシア、インドネシアや中国沿岸部などで生産・販売拠点を展開してきた日系メーカーが新たな成長の基盤を求めて、インドや中国内陸部へ進出し始めた。そこで、オムロンも日系企業の工場建設が相次ぐ新興地域に目を向け、これらの地域で事業を拡充するため、

図表9-5　オムロンの世界5極体制の出発点となる海外4大統括会社の設立時期

設立時期	地域	海外法人名	備考
1988年	西独からオランダ（アムステルダム）へ移転	欧州統括会社	
1988年	シンガポール	アジア・パシフィック統括会社	
1989年	米国（シカゴ）	米国統括会社	
1994年	中国（北京）	中国統括会社	1997年に、香港返還後の中国と台湾の中華圏統括会社であるOMCCが加わった。

注：現在は、上海に中華圏統括会社を、また北京には中国統括会社を設けている。
出所：聞き取り調査、オムロン㈱大連工場、2010年8月19日、およびオムロン健康機器商品開発有限会社、オムロン㈱大連工場2011年9月6日。

1997年にインドに合弁販社（同社の持ち株率51%）を設立したり、中国内陸部に営業拠点を相次ぎ新設したりしながら、日系メーカーや現地の企業に制御機器の販売拡大を図った。

7. 2000年代の展開

1990年代末から2000年代初頭にかけて、オムロンの売り上げは増えたが、利益率は伸び悩んでいた。2000年のITバブル崩壊を引き金に、半導体関連企業の設備投資が急激に落ち込んだため、同社の主力事業の制御機器の受注残が大幅に減少し、経営は悪化の一途を辿った。さらに、海外部門の拡大や多角化向けの人件費や経費が膨らみ、こうした固定費が同社の収益を圧迫していた。同社は2001年から10年にわたる長期ビジョンである「グランドデザイン（GD）2010」を策定し、不況とグローバル競争の中で、あるべき姿として「21世紀企業の創造」を掲げ、社会の発展に寄与する公器性、顧客満足度の最大化を起点とした企業価値の長期最大化などに取り組んでいた。しかし、すぐには業績が振るわず、2001年度には26年ぶりに158億円の連結最終赤字を記録した。

そこで、同社は2001年11月から2002年5月まで、3回にわたる「グループ生産性構造改革（VIC21）」と命名された縮小再編志向の改革案を講じ、事業構造、生産構造、購買プロセス、マネジメント生産性、本社構造、資産構造の6分野に及ぶ構造改革を図った。また、創業以来、初の早期退職優遇措置がとられたが、これが後に創業者家の経営者が自ら経営の座から退く重要なきっかけになったとされている。

このように民間設備投資が低迷する中、情報技術（IT）産業に代わる牽引役が不在だったため、オムロンの主力事業である制御機器の需要においても、好転の兆しは見えなかった。そこでオムロンは光通信デバイス事業への新規参入を決断した。オムロンの電子部品事業カンパニーは基板上に光を伝搬させる線路を作る光導波路の技術で業界をリードしていたのである。

海外戦略に目を転じると、同社は中華圏市場でのさらなる成長を図ることになった。2002年4月には、香港のオムロン・マネジメント・センター・オブ・チャイナ（OMCC）を中華圏統括会社（中国・香港・台湾）から準本社に昇格させ、中華圏戦略の本社機能の代行を強化した。具体的には、中華圏での財務、法務、知的財産管理などの業務を移管したのである。このOMCCの準本社への格上げには、それまでカンパニー別に進められてきた中国戦略を統合し、製造と市場開拓の両面からより一層中国シフトを加速化する狙いがあった。これは、カンパニー制度の導入を機に事業軸中心の海外展開が確立されたにも関わらず、中国において再び、地域軸中心の再編を試みたものといえる。ただし、現在においてはOMCCを準本社と位置付けるという考え方は希薄になっており、事実上海外5極間の明確な序列関係は見受けられない[13]。

また、オムロンは2002年11月国内外の購買機能を強化し、経営合理化と海外戦略の両立を図った。2003年9月までに本社の購買部門の人員を発足時の2倍の80人程度に増やした。同時に、2002年中に重点市場と位置づけられていた中国に集中購買センターを開設した。同社は、集中購買センターの導入により、各事業部が個別に実施していた部品の発注業務を一本化し、コストの削減に取り組んだ。この集中購買センターはそれまで取り扱っていた資材の点数を2倍に増やすほか、工場や事業部が個別に発注・購入していたプリント基板などの加工部品まで扱うなど、その業務の範囲を更に拡大させた。一方で、海外

からの調達のうち市場の成長が見込まれる中国関連部品は中国に新設する購買センターに集中させ、それ以外の地域の調達は本社の購買部門が受け持つという、全社集中購買と地域集中購買を併用した柔軟な体制をとった。

2003年から、オムロンの創業者家以外からは、初となる作田久男氏が代表取締役に就任したが、非オーナー系の経営トップの下でも、対中国直接投資額を2004年から3年間で計300億円に引き上げ、過去3年間の3.5倍に拡大するとしていた。主力事業のFA（ファクトリー・オートメーション）や電子部品の生産拠点や販路整備の加速化と、車載デバイス部品の本格的な立上げが主な狙いであった。また、2004年から「中国事業戦略会議」を新たに設け、この会議を通じて、本社と中国の経営幹部が協議し、四半期ごとに事業戦略を立案する体制を構えた。上海で開催した第1回の会議では、直近3年間の投資計画と、投資を踏まえた中期の売り上げ計画が立案された。

オムロンは2005年頃より本格的にROIC経営（ROIC逆ツリー）を展開し、今日に至るまで、業界で注目されるほど、安定的な成長と収益力を実現し、企業価値を高めてきた。ROIC経営とは全社的な主要な経営指標と位置づけたROICを軸にした、「総括を伴う事業ポートフォリオ経営」に他ならない。

ROIC経営の導入は、同社が各カンパニー制度を本位としつつ、同時に統括（parenting）という本社機能を強化させ、大局的で合理的な資源配分を可能にしただけではなく、戦略的買収[14]や戦略的提携[15]といった思い切った戦略的判断を後押ししている。

2000年代は、このようにオムロンが新しい経営トップのもとで、経営不振から脱却し、メリハリの効いた企業戦略と中国市場浸透戦略によりV字回復を遂げた時期といえる。ROIC経営、すなわち統括を伴う事業ポートフォリオの導入が同社の国際戦略に与えた影響は、本社部門の各カンパニーへの関与を強化する結果となった。従って、事業軸主導が一定程度後退し、地域軸との全社的調整が容易になったと考えられる。

8. 2010年代の展開

オムロングループは、2011年に"Value Generation 2020"（以下、VG2020）と銘打った10年間の長期ビジョンを策定し、2020年の達成目標を売上高1兆円以上、営業利益率15%と掲げ、事業活動を行っている。ここで同社が標榜しているのは第一に、「質量兼備の地球価値創造企業」の実現であった。そのために取り組むべき3つの課題を、成長力、収益力、変化対応力としている。その実現のため、第一に買収・提携を含めた外部との連携による成長の加速化を追求するとしている。例えば、2014年にはブラジルの生産・販売会社とその傘下の2社の子会社を、また2015年には、米国のモーション制御機器メーカーとその傘下の8社を買収した。第二に、グローバル人材の積極的な登用と育成をさらに強化するとしている。第三に、世界5極体制を拡充し、地域本社をインド、ベトナム、ブラジルに設立するというものである。

では、このような全社戦略の中で、同社の海外戦略はどのような変遷を遂げたのかについて述べる。図表9-6に示されているように、同社の売上高における国内の割合は、次第に減少する傾向にある。その一方で、北米に中南米を加えた米州地域と中華圏、東南アジア、すなわち新興国市場への依存度が高くなっていることが分かる。

引き続き、図表9-7にオムロンの地域市場別の売上高における事業構成比の現況を示した。図表9-7から分かるように、第一に世界5極体制を中心に、一定の地域別ビジネスポートフォリオが実現している。確かに、理念系としての世界5極体制まではまだ到達しておらず、地域毎に、規模や事業の多様性において依然格差が見受けられるが、国内に集中している「社会システム事業」を除けば、世界5極向けの売上高の間のばらつきが大幅に縮小される様相をみせる。社会システム事業では、例えば電車の駅の改札口や自動券売機などの社会インフラと直結した設備を扱っているため、一部台湾などにシステム輸出の実績を有するも、現状においては各国の社会インフラの相違により、海外進出は容易ではないと考えられる。

8. 2010年代の展開 187

図表 9-6 オムロンの地域別売上高構成比

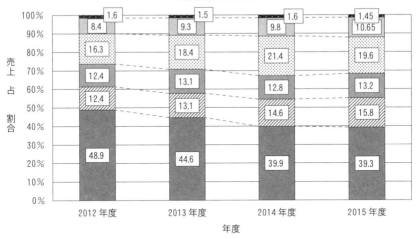

出所：オムロン（2016）「有価証券報告書 2016 年度版」より編集。

図表 9-7 オムロンの地域別売上高の事業構成

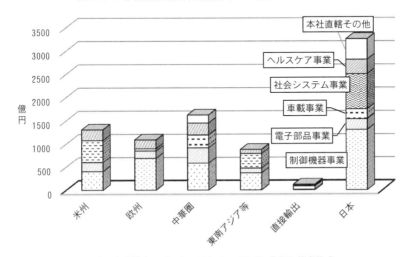

出所：オムロン（2016）「統合レポート 2016」45 ～ 55 頁に依拠し筆者作成。

第二に、海外売上高において、先進国市場向け（米州、欧州）と新興国市場向け（中華圏、東南アジア）がバランスをとっている。

第三に、各極向けの売上高の中の事業構成比も、一定のバランスが認められる。特に主力の中華圏市場において、社会システム事業以外の同社の全ての事業がバランスよく進出していることが分かる。

総じて、現在における同社のビジネス構成においては、一部地域特殊性の強い事業を除けば、地域別にみても、事業別にみても、バランスのとれたポートフォリオを実現しつつあると言えよう。

9. オムロンの海外戦略と組織体制における事業軸と地域軸の変遷

同社は、近年国内の方でタテヨコ経営と称し、製品軸と職能軸とを組み合わせてマトリクス的な組織運用を試みているが、同社の世界5極体制における本社組織傘下の地域統括会社と地域本部の組織体制は、製品軸と地域軸のマトリクス的な運用に他ならない。なぜなら、本社組織の地域統括会社・地域本社と各カンパニーの地域拠点が絶えず、調整を繰り返しながら、全社的な見地からROICを最大化させる方向に進められているからである。

しかし、オムロンが成長を遂げ、現在の世界組織体制が確立されるまでは、事業軸と地域軸を如何に組み合わせるかを巡って、度重なる試行錯誤を通じた学習があったと考えられる。

そこで、ストップフォードとウェルズの国際組織構造段階モデルを修正したフレームワークに照らし、オムロンの世界組織体制の変遷を示していきたい。

やや抽象的ではあるが、図表9-8の方に、オムロンの国際組織体制がいくつかの変曲点を描きながら推移してきた軌跡を図示した。例えば、1970年代職能別組織から事業部制組織へ移行したオムロンは、経営者の企業家精神により1987年には世界4極体制を導入し、地域軸重視の姿勢を鮮明にした。その過程で、組織内での製品軸と地域軸の位置づけを巡っては一定の葛藤があったと見受けられる。しかし、実際1980年代まではオムロンは輸出の比率が高かったため、製品軸を中心に据え置きつつも、将来を見据え地域軸の組織整備を

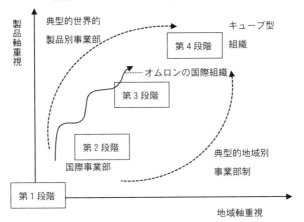

図表9-8　オムロンの国際組織体制の発展段階

出所：Stopford and Wells（1972）を修正し、筆者作成。

行っていたと考えられる。

　その後、1999年カンパニー制度を導入したことによって、製品軸中心の組織構図が確立されたが、同時に世界5極体制や地域統括会社制度の整備も進められている。

　今後は、この2つのマトリクス化がさらに統合される形になるのではないかと考えられる。つまり、職能軸、製品軸、地域軸の3軸を同時に最適化できる、キューブ型とも称すべき組織運用へと進化が求められると考えられる。

10. オムロンの国際戦略のまとめ

　以上の内容から、オムロンの国際戦略における成功事例が、多くの日本のコア技術展開型複合事業企業に与えうるインプリケーションをまとめ、この章を結びたい。

　第一に、コア技術は国際戦略に先行するということである。コア技術を軸にして多角化を進めてきたオムロンによる本格的な海外直接投資は、あくまでもコア技術がある程度確立されてからのことであった。言い換えれば、コア技術

展開型複合事業企業はコア技術をテコに事業軸、地域軸に沿って拡張を図ることができることから、比較的にリスクの少ない成長戦略の経路を選ぶことができるのである。ここで、コア技術展開型複合事業企業の国際的な成長の論理はハイマーの海外直接投資の優位性論と非常に親和性があると考えられる。一方、オムロンに関する過去の記録によると創業者の起業家精神による先駆的な海外市場開拓の試みが見て取れるが、それはあくまでも探索的なレベルにとどまっていたといえよう。

　第二に、コア技術による優位性の確立が海外進出の潜在的要因であるなら、外部環境の急激な変化は、海外進出の引き金になるものである。オムロンの探索的な海外進出が見られるのは1970年代であるが、本格的海外進出はプラザ合意の2年後の1987年以降になってはじめて見られる。同社の主力製品は高付加価値の生産財であったこともあり、国内の顧客が、円高により輸出が困難となったため、生産拠点を海外に移転するにつれて、同社も次第に事業の主軸を海外に移し始めたのである。そこで、当時オムロンが国内で経験した「プロデューサ・システム」（生産組織の下請化）の経験は、のちの海外生産子会社の設立と統括にもつながるものがある。

　第三に、企業家の洞察がうかがえるのは、先駆的な海外進出そのものではなく、その構想と経験から編み出された、組織体制における先行的環境適合であると考えられる。すなわち、オムロンは現状の組織体制が環境との不整合を起こす前に、組織再編を図っていたのである。同社は本格的な海外直接投資が始まって間もない1980年代には、すでに地域統括会社を加味した世界的製品別事業部制など先進的な組織体制を展開していた。このような世界組織体制が形作られるまでは創発的なプロセスがあったものの、その構想そのものは起業家によって比較的早い時期から準備されていたものである。

　第四に、事業軸と地域軸との調整の重要性が挙げられる。オムロンにおいても、海外事業の比重が高まるにつれ、事業軸と地域軸の中でどちらを優位にして世界組織体制を組むかを巡って、試行錯誤や揺り戻しが繰り返されていた。しかし、最終的には事業軸が優位にたち、地域軸を拡張していく構図（カンパニー主導による地域統括会社との調整）にたどり着いている。今後は、職能軸、事業軸、地域軸を最適化できる「キューブ型組織」を目指すべきと考えら

れる。

　総じて、オムロンの安定的な付加価値創出の基盤の一つに、「統括のとれた地域市場ポートフォリオ」の構築があったと考えられる。それを支える組織体制は、職能別組織、職能別独立採算組織制、国際事業部、事業部（事業カンパニー制）を経て、現在の地域統括会社を加味した世界的事業部組織の段階へと発展してきたのである。

注
1　本章は、佐武弘章・入江安孝・李在鎬（2016）「製造業高付価値経営の調査分析（オムロン株式会社）」Discussion Paper Series No.004, JSPM の第 4 章「オムロンの海外戦略と組織体制の変遷」（李在鎬著）を修正・加筆し、再構成したものである。
2　ヒアリング調査時期と訪問先は以下の通りである：オムロン京都本社グローバル理財本部、グローバルものづくり革新本部（2015 年 7 月 9 日、9 月 2 日、12 月 17 日、2016 年 2 月 25 日、7 月 25 日）、オムロン綾部事業所（2015 年 10 月 1 日）、野洲事業所（日本生産管理学会活動として）（2016 年 9 月 29 日）。
3　Bartlett and Beamish (2014), p. 276.
4　Bartlett and Beamish (2014), p. 277.
5　聞き取り調査、オムロン㈱大連工場、2010 年 8 月 19 日。
6　1989/08/21 日経産業新聞。
7　日本経済新聞社によるオムロン社長立石義雄氏へのインタビューによる（1991/04/23 日経産業新聞）。
8　聞き取り調査、オムロン綾部工場、2015 年 10 月 1 日。
9　この時点では、地域統括会社と地域本社は厳密に分化されていなかったと考えられる。
10　1996/02/29 日経産業新聞。
11　オムロンは、同年課長クラス以上の職位を対象に年俸制を導入した。
12　1997/02/05 日経産業新聞。
13　聞き取り調査、オムロン本社、2016 年 7 月 25 日。
14　例えば、同社は 2006 年米国のセンサーメーカーであるサイエンティフィック・テクノロジーズ社（STI）の工場向け安全センサー事業を 110 億円で買収すると発表した。
15　例えば、同社は ATM 事業で 2000 年以降共同開発を行っていた日立製作所と 2004 年から合弁事業を始めた。新しい合弁企業は「日立オムロンターミナルソリューションズ株式会社」でオムロンから 45％、日立製作所から 55％の出資を受けている。この合弁事業により、CD（現金支払い機）から ATM（現金預け払い機）への移行が進む海外市場で、日立というブランドを活用しつつ、高付加価値部品を同社から納品できるようになった。

参考文献
浅川和宏（2011）『グローバル経営入門』第 6 刷、日本経済新聞出版社。
オムロン（2016）「統合レポート 2016」。
オムロン（2016）「有価証券報告書 2016 年度版」。
中川功一・林正・多田和美（2015）『はじめての国際経営』有斐閣ストゥディア。
李在鎬・佐武弘章・入江安孝（2016）「コア技術展開型複合事業の全社戦略—オムロンの事例研究」

『京都橘大学大学院文化政策学研究科研究論集』41-54頁。
Bartlett, C. A., P. W. Beamish (2014) *Transnational Management: Text, Cases & Readings in Cross-Border Management*, McGraw Hill Higher Education; 7th Revised.
Buckley, P. J., Pervez Ghauri (ed) (2015) *International Business Strategy: Theory and Practice*, Routledge.
Hamel, Gary, C. K. Prahalad (1996) *Competing for the Future*, Harvard Business School Pr; Reprint 版（一條和生訳（2001）『コア・コンピタンス経営—未来への競争戦略』日経ビジネス文庫，日本経済新聞社）.
Stopford, J. M., and L. T. Wells Jr. (1972) *Managing the Multinational Enterprise: Organization of the Firm and Ownership of the Subsidiary*, NY: Basic Books（山崎清訳（1976）『多国籍企業の組織と所有政策—グローバル講造を超えて』ダイヤモンド社）.

あとがき

大東和　武司

　『〈際〉からの探究』とのタイトルをかかげ、広島市立大学国際学部叢書として7巻と8巻の2巻の刊行となった。2017年3月刊行の7巻は、科学と政治、国際関係、国内政治と国際政治、言語、観念・世界観、ビジネス、教育、スポーツなどにかかわって、10篇の論考によって編まれている。このたびの8巻は、植民地と独立国、支配者と被支配者、母国と移民、国際標準化と各国社会、思想の伝来と変形、人名と言語政策、指導者と学習者、企業の国際展開などにかかわって、9篇の論考によって編まれている。まさに8巻の副題「国際研究の多様性」のごとく、〈際〉をめぐってさまざまな視座からの考察が行われた。

　7巻の「はしがき」に記したが、〈際〉は、白川静（『常用字解』平凡社）によれば「であう」ところ、それも神と人がであうところであるという。したがって、人が達することのできる極限のところを意味することともなる。「であう」ところは、接点、接触面であり、「つながるところ」でもあるし、極限のところとなれば引き差しならぬ「摩擦」に至ることもある。

　この脈絡でいえば、7巻『〈際〉からの探究：つながりへの途』においては、政治的現われとしての摩擦要因、現状、また結果にかかわる考察、スポーツを通して人そのものにかかわる考察、社会のメンバーを育むあり方にかかわる考察、そして言語・観念・ビジネスの側面からの国を超えるつながりにかかわる考察がおこなわれた。8巻『〈際〉からの探究：国際研究の多様性』においては、政治的摩擦過程の一端と摩擦からの移行過程にかかわる考察、伝承また教育現場における送り手と受け手にかかわる考察、グローバリゼーションのなかでの人・ビジネス・言語・観念などのつながりと対応にかかわる考察がおこなわれた。

　ところで、1994年に創設された広島市立大学国際学部の卒業生は2千人を

超えているが、総じてどの学生にも言えることは、「好奇心」をもち、自らで「壁」をつくらない姿勢をもっていることであろう。多様な分野への関心があり、多様な分析方法での考察をまず検討する態度がみられる。空間的に言えば、俯瞰的な視野と緻密・繊細な考察。時間的に言えば、必要なものと不要なものの峻別でなく統合していく姿勢。基礎としての哲学、地歴・政経公民、理科、数学、語学、文学…いわゆる教養を深めるために他の人びとの考え、独自性を認め、異なる意見を聴き、お互いに学びあう「謙虚な姿勢」を持っているように感じる。

　こうしたことは、国際学部がめざし、求めてきたことと同方向であると思える。入試においては、知識・技能だけでなく、思考力を育む、また可能性を見い出す設問をこれまでもしてきたように思えるし、カリキュラム（教育課程）にしても、こうした資質を育み、深めることを求めてきたように思う。

　「国際研究」の領域は、学問分野も多岐にわたり、分析方法においても定性、定量、また事例研究などとさまざまである。広島市立大学国際学部は、人文科学・社会科学を中心として幅広い専門分野の教授陣によって構成され、各々がそれぞれの分析方法で研究を進めている。研究者はややもすると、研究の深化、専門化だとして、タコ壺化し、それぞれの研究分野、分析方法に固執してしまうところがある。しかしながら、「ことば」において、話者は十全の意味をそのなかに含んでいると思っていても、聴き手には十全の意味が伝わっていないことは多い。ましてや、方言であれば、それが育まれた土壌の波動など、微妙なところは伝わらない。研究者も同じ分野だとしても、捉え方、表し方がそれぞれ異なる。専門分野が異なれば、方言以上にことばが異なる場合がある。それが国際研究となると、さらに拡大するだろう。

　例えば、定量研究への集約化がみられる米国のビジネス研究分野では、条件設定等の難しさから、国際研究に取り組む研究者は減少しているようだ。おそらく、国際研究というのは、唯一無二の学問分野・分析方法への収斂を考えてはいけないのであろう。国際研究の要諦は、多岐にわたる学問分野の、またさまざまな分析方法でなされた成果を各々がまずは認め、自らの専門分野での成果との違いないし共通点を見い出し、違うのであれば、それがもたらされた要因をはっきりさせ、そのうえで自らの専門分野を自らの分析方法で発展させて

いく、ということに尽きるのではないだろうか。このことは、国際学部という場にいて、時間とともに、異なる専門分野への理解が少しずつだとしても進んできた、ということとつながっているように思える。

このたびの7巻と8巻は、国際学部の教授陣および国際学部・国際学研究科で学んだメンバーによって、〈際〉をキィワードにおきながら、それぞれの問題意識に即した論考によって編まれた。それぞれに〈際〉が違って見えてくるはずである。読者には違いのなかからの発見もあると思われる。他方で、2巻を通じて、あらためて国際研究の多様性という共通点も確認できた。しかもその方向性は、摩擦とか断絶のままではなく、つながりへの途にかかわる考察であった。このことは、つぎのように換言できるだろう。

要素を分解し、その本質や本性を究め、そこから現象を理解しようとする分析主義ないし還元主義には大事な部分がある。だが、それだけでなく、また二項対立的でなく、要素が相互に関係を持ちながら全体が作り上げられていることを理解していく姿勢が大事なのである、と。

今日、世界はまさに世界に拡がった。科学では普遍性を求め、それが産業、経済を通じて標準として広まってきた。普遍性は、首尾一貫的であり、単一性、画一性となり、その過程では不満、妬み、恨み、怨念、ひいてはマグマともなる。表面的には「隠れたもの」となっていても、格差、排除などにつながれば、お互いの理解や共感も進まず、内向きになり、ひいては外向きに爆発し、紛争にまで至るかもしれない。

となれば、懸念を和らげ、できればなくすことが求められる。分野、ジャンルを超え、さまざまな「際」を行ったり来たり、混交させる柔軟性を持つことが必要なのだろう。そして、「際」の内外の近傍に変化をもたらす現象がひそんでいるかもしれない。その発見のためには、一方でどこか「に」表れていることから種々の原因・経緯・結果を探りつつ、もう一方で、飛行中のエアポケットの前にかすかに上昇する気配を感じることなど、どこか「で」気づく些細とも思われることにも目配り、気配りしながら、それぞれの場で仕事を行うことが大切なのであろう。

これは、さまざまな製造現場、創作現場の一人ひとりがそれぞれ極めへの探究をしつつ、つまり科学的にも普遍性を追求しながら、他の「何か」にも想い

をよせることでもある。例えば、ウィスキーのベテラン・ブレンダーが、その
できばえを自らの探究の結果としてのみでなく、その製造にたずさわったすべ
ての人びと、また木樽などをはじめとした自然の反映の結果であるとする境地
に行きつくことであるのかもしれない。それぞれの場は、いわば地域だった
り、コミュニティーであったりであり、単なるグローバルな世界ではない。自
在な越境、越「際」をできるようになることが今日ますます求められているよ
うに思われる。こうした心境、行動がさまざまな場で連なれば、世のなかに多
様性への理解とその複雑さへの緩和が少しでも進むように思われる。

　このたびの叢書を通じて、国際研究をめぐる新しい世界と今後への可能性の
一端が読者のまわりに広がっていけば幸いである。

　最後になったが、出版事情がますます厳しくなっているなか、そのたびの叢
書7巻と8巻の出版を快くお引き受けくださった株式会社文眞堂・前野隆代表
取締役社長、実務を取り仕切っていただいた同社編集部・前野弘太氏には心よ
りの感謝と御礼を申し上げる次第である。

引用・参考文献

大東和武司［2017］「いま三浦梅園に学ぶ」『世界経済評論 IMPACT』（一財）国際貿易投資研究所、
　　2017年10月16日

大東和武司［2017］「『複雑さ』をめぐって」『世界経済評論 IMPACT』（一財）国際貿易投資研究
　　所、2017年12月25日

　　　　　　　　　　　　　　　　　　　以上、http://www.world-economic-review.jp/impact/

松岡正剛［2017］『擬 MODOKI「世」あるいは別様の可能性』春秋社

執筆者紹介（掲載順）

吉田 晴彦（よしだ・はるひこ：広島市立大学国際学部第8巻の刊行にあたって）
　　　広島市立大学国際学部教授・学部長
欒 竹民（らん・ちくみん：まえがき・第6章）広島市立大学国際学部教授
板谷 大世（いたや・たいせい：第1章）広島市立大学国際学部准教授
田浪 亜央江（たなみ・あおえ：第2章）広島市立大学国際学部准教授
曾根 幹子（そね・みきこ：第3章）広島市立大学国際学部教授
卜部 匡司（うらべ・まさし：第4章）広島市立大学国際学部准教授
今中 厚志（いまなか・あつし：第5章）横浜美術大学美術学部特任助教
施 暉（し・き：第6章）蘇州大学外国語学院日本語学部教授
張 強（ちょう・きょう：第7章）広島市立大学大学院国際学研究科博士後期課程修了
迫 俊道（さこ・としみち：第8章）大阪商業大学総合経営学部教授
李 在鎬（リー・ジェホ：第9章）広島市立大学国際学部教授
大東和 武司（おおとうわ・たけし：あとがき）
　　　広島市立大学名誉教授・関東学院大学経営学部教授

広島市立大学国際学部叢書8
〈際〉からの探究：国際研究の多様性

2018年3月24日　第1版第1刷発行　　　　　検印省略

編　者　広島市立大学国際学部
　　　　〈際〉研究フォーラム

発行者　前　野　　隆

発行所　東京都新宿区早稲田鶴巻町533
　　　　株式会社 文　眞　堂
　　　　電話　03（3202）8480
　　　　FAX　03（3203）2638
　　　　http://www.bunshin-do.co.jp
　　　　郵便番号(162-0041)振替00120-2-96437

製作・モリモト印刷
© 2018
定価はカバー裏に表示してあります
ISBN978-4-8309-4985-2 C3030

広島市立大学国際学部叢書 刊行にあたって

　大学の使命は教育と研究にあります。教育と学問の融合としての成果を還元することは、学生に対してだけではなく、知識の交流として、広く社会に対しても期待されています。とりわけ、社会的問題が次々と生まれる今日のような状況にあっては、その多くに地域、民族、国家を超えて地球規模で解決していかなければならないものが含まれているといっても過言ではないでしょう。これらの解決策を探究することは現代世界からの要請であり、まさに大学の重要な役割のひとつです。

　広島市立大学国際学部は、「科学と芸術を軸に世界平和と地域に貢献する国際的な大学」を見学の基本理念に、「国際」、「情報」、「芸術」の3学部からなる大学として、1994（平成6）年に開学しました。国際学部は、学際性の実現による国際人の育成を目指しています。つまり、相異なるものの価値を認め受容し、複雑な現実を複眼的な視点で分析することで、問題を解決へと近づける能力を高めようとしています。

　知識は、聴き、話し、読み、書くことによって豊かになっていきますが、書物による双方向性は社会的なつながりを深めるために大切だと思われます。本叢書は、主に人文・社会科学を専門とする本学部教授陣が執筆したものを、学内外の多くの人びとに読んでいただき、知識の交流をはかろうとするものです。たとえば、分野を横断してプロジェクト・チームを立ち上げて取り組んだ国際研究にかかわる諸問題、それぞれの書斎で練り上げた新しい発見、オムニバス講義を発展させた学術的な議論、あるいはまた公開講座の講義から生まれた時代の本質にかかわる展望など、本叢書を通じてさまざまな内容が表現されていくことでしょう。それらは、いわば寛かな目による新しい知の探求といえるかもしれません。

　本学部の教育・研究を通じて生まれた成果を広島市立大学国際学部叢書として長く時間を越えて記録することは、私たちにとっても励みであり、本学部がより充実・発展していくための原動力となります。一人でも多くの方々が、この私たちの叢書に関心をもっていただき、本学部の将来に資する率直なご意見をくださることを心より期待してやまないものであります。

2008（平成20）年3月21日

広島市立大学国際学部
学部長　大東和　武司